成龙
朱墨
著

Jackie Chan
&
Zhu Mo

我是成龙

I AM JACKIE CHAN

江苏凤凰文艺出版社
JIANGSU PHOENIX LITERATURE AND ART PUBLISHING

果麦文化 出品

前言

第一次见大哥，是 2006 年。

那时我刚上班没多久，正逢他主演的电影《宝贝计划》宣传，我的工作是写新闻稿。发布会上看到他被一群人簇拥着来去，只觉得是个大明星。

2012 年的 5 月，我们去戛纳电影节宣传《十二生肖》，这时距离第一次见他已经过了 6 年，我作为项目的营销负责人，得以观察到银幕之后更真实的他。

那天下午，我们帮国内媒体安排了一些访问。当地公关公司定的房间有点小，大哥看到房间的情况，当机立断带记者到他自己的房间做访问。他在阳台上布好五把椅子，四把给自己和其他演员，一把放在对面给记者坐，动作干脆利落。

第一家媒体访问结束，大哥走过来跟我们说：要提醒媒体，问问题不能只问我，一定要照顾其他演员，不能因为人家是新人就忽略。几轮访问过后，助手提醒他是否需要吃些东西。我们这才知道他上午都在做国际媒体访问，还没时间吃午饭。刚巧这时来的记者只需图文专访，不需要录影，助手趁机把午餐拿来，是一份蔬菜汤和三明治，他边吃边跟记者聊，访问结束时刚好吃完。

下一家媒体准备了录音笔，找不到合适的地方放，只好放在地上。只见大哥起身进屋，搬来一个小圆桌，帮记者把录音笔摆好，坐下，整个过程不过10秒钟。记者先是恍惚，后来才反应过来是怎么回事，不知该说什么，只对着大哥笑。

我在旁边看着这些自然流露的细节，心中一直感慨。你不能说，因为他是在演艺圈几十年的前辈，他就理应这样。做表面功夫很容易，把这些都融进生活的细节里，很难。

大哥对记者说，“现在别人都用蓝布绿布去拍，但我要每一站都是实景；别人都是威亚或特技，但我要每一招都是真打不用替身。要拍火山，我们就去火山；要拍风洞，我们就去风洞。为了4个镜头，我们跑去瓦努阿图。每一场打戏，我们都足足拍摄了一个半月。我们跟好莱坞在技术上差距太大，所以只能用这种笨办法来赢得胜利。”

这段话让我感动得眼眶发红。

那天晚上，我们在一个带露台的宴会厅举办晚宴。活动开始前，几面巨大的落地窗忘了拉窗帘，许多国外影迷路过这里看到里面有大哥，全都驻足不肯离开。外面的人越聚越多，大家大声呼喊“Jackie Chan”，大哥听到，马上走到露台跟影迷打招呼握手，成群的外国影迷声嘶力竭地大叫“Jackie Chan，I love you（成龙，我爱你）”。

当晚，这场景反复出现，我远远站在后面，看着这位华人巨星的背影，在闪光灯光晕中，有一种超现实感。

我想，所谓一个人的传奇，大概不过如此。

大哥的工作方式很不一样，团队里的人就是他的家人，几乎除了睡觉之外，他都跟大家待在一起，讨论工作，吃东西，喝咖啡，聊天。他在全世界都有朋友，与大家聊天的过程中，他会讲一些小故事。几十年来闯荡江湖的经历，传奇有之，惊险有之，爆笑有之，感动有之，听得大家目瞪口呆。加上他作为演员的职业习惯，很多时候我们都是连听故事带看表演，简直是种享受。享受之余，我就想，这么多精彩的故事，应该写出来分享给大家啊。

2013年春节，大哥带着整个《十二生肖》剧组去东南亚度假，也邀请我一起参加。抵达之后，我跟他商量，“大哥，我想把您的那些故事写下来。”他说：“你可以试试。”

这之后的几个月，我一边整理以前积累下来的素材，一边尽量跟随他在全世界的行程，随时访问，随时记录。他在北京的时候，我白天上班，晚上跟他和团队一起吃饭，收集素材和资料，回家之后再写……先后整理了300多段访问录音，初稿将近30万字。

当年9月，大哥在粗略看过一遍书稿之后，发现里面有一些细节不准确，他希望全部校对一遍，确保无误之后再出版，这样才对得起读者。

2015年4月，这本书的第一版终于面世。到今天为止，这本书已经陆续出版了中文简体、中文繁体、英语、俄语、法语、德语、韩语、日语、泰语、越南语、保加利亚语、匈牙利语、伊朗语、阿拉伯语等十几个语种的版本。

2019年初，我们一起到纽约做英文书的签售。出版社安排了两站的行程，第一站是在新泽西一家历史悠久的书店，我在那里的墙上看到很多著名作家来这里做活动的留影。来参加签售的读者中，让我们印象最深刻的是一个十来岁的美国女孩，她是带着爸爸当年在《尖峰时刻》做武行时与大哥的合影来的。只是爸爸已经因病离开了，她和妈妈带着书和照片一起来，就想见到大哥，跟他当面说一声“谢谢”。

第二站是在纽约第五大道最大的书店，签售的时间是上午10点，前一天夜里1点多，就已经有影迷带着帐篷排在了书店门口，抢到了第一的位置，在他身后排着从美国各地、欧洲赶来的影迷，都是从半夜开始排队。签售当天早上8点，出版社的工作人员给我们发来了视频，等待的队伍已经蜿蜒到了好几条街之外。那是纽约的冬天，是穿着羽绒服都会冻得发抖的温度，这些影迷为了可以早点见到大哥，在寒风中等了一夜……

每次跟随他去国外，不管是去最荒芜的贫瘠之地，还是去最繁华的大都市，“成龙”二字永远都是老外眼中的神话，半个世纪以来从未改变。同为动作巨星的施瓦辛格对此表达过羡慕，“有多少明星稍纵即逝，他们在某一段时间特别火，然后就毫无预兆地消失了，但是成龙，他一直在做主角，做了几十年——几十年啊。”

2022 年，是大哥入行 60 周年。

此前，我们已经在考虑把这本书做一个新版本出来。在过去的两年里，我们拿出了很多时间，重新梳理他过去的人生故事，很多闪闪发光的瞬间，被他从记忆的深处打捞起来，得以呈现在读者面前。这一轮，又是一百多段采访录音，十几万字的文稿，最终提炼出了这本书的新增内容。

整理稿件的过程中，我反复听他讲起小时候在戏剧学院的故事。那时候他自己也不过八九岁，却会在比自己还小 3 岁的元彪哭时，安慰他说“不哭不哭，我给你讲故事”，这画面实在太有爱；十几岁做武行，每天只赚几十块钱的时候，他会拿出自己全部积蓄 3000 块，给到公司要退休的老管家；二十多岁成名了，他会凭借自己的话语权，改变整个业内武行们的待遇和地位；之后数十年，他驰骋国内外电影界，提携帮助过的人数不胜数……

到了今天这个阶段，他花了很多时间和心力，主办“成龙国际动作电影周”，希望能给所有动作电影带来更多的关注。他还成立了“中国特技人工作委员会”，希望能给所有普通武行提供基本的保障。

如此种种，你会发现，他永远保持着一颗赤子之心，这颗心从未因为他的境遇好坏、地位高低而改变。

在这本书的上一版里，我曾经写道，“希望大家能珍惜全世界唯一的 Jackie Chan。”现在我想把这句话再说得具体一点——希望我们能珍惜这位来自我们中国的，全世界唯一的 Jackie Chan。

因为他，就是那个独一无二的奇迹。他会在很多时刻，以平凡的姿态出现在你面前，但他终究还是那颗最耀眼的星星，永远璀璨炫目，持续向周围辐射着最温暖的光芒。

朱墨

目录

第一章　野孩子

第二章　且狂且醉趁年少

第三章 不做第一，要做唯一

第四章 闯荡好莱坞

第六章 普通，不普通

野孩子

第一章 野孩子

阿炮

1954 年 4 月 7 日，我出生在香港，爸妈给我取名陈港生。

在妈妈肚子里的时候，我就不是个老实孩子，很爱折腾。这倒也没什么稀奇，稀奇的是，妈妈怀胎到了 12 个月，我还不肯出来。有天妈妈肚子疼得受不了，爸爸赶忙把她送进医院。她在床上疼得直翻滚，后来疼得钻到了床底下，医生检查之后说婴儿太大，有难产的危险，建议马上开刀做剖宫产手术。

爸爸在同意书上签了字，整个手术花了将近两小时，我才从妈妈肚子里被拿出来。刚出生的我重达 12.5 磅（约合 11 斤半），让医生和父母都有点傻眼，后来还因此登上了当地的报纸，文章标题里把我称作“巨婴”。因为一出生就这么大块头，爸妈给我起了个小名叫“阿炮”，“炮弹”的“炮”，有时也会叫我“炮炮”。

那时候，父母的工作是在法国领事家做厨师和帮佣。尽管家里经济条件窘迫，但我一出生就是在维多利亚山顶的富人公馆里，只不过别人的家是在前面，气派而宽敞，而我家隐藏在后面，狭窄而简陋。生活在同一个地方，领事一家对我们也很好，但我们从一开始就身处两个世界。

这中间还有一个小插曲。

剖宫产的费用是几百块港币，当时爸妈根本拿不出这么多钱。那位外科医生是个英国女士，没有小孩，她跟爸爸商量，如果把我送给她，她不仅不收手术费和住院费，还会另付 500 块港币。这是个很高的价码，爸爸竟然认真地考虑了这件事。其实那时候很多穷人会把小孩送给有钱人抚养，这样不仅自己可以拿到钱，也可以保证小孩有好的未来。幸好，爸妈没有接受这个交易。毕竟我是他们第一个小孩，又长得生龙活虎，他们舍不得。爸爸的几个朋友也很支持，他们说，这可能是你最后一个小孩了。那时候我妈妈已经 40 岁了，“怀孕 12 个月，生下来 12 磅重，这个孩子将来也许会很了不起！”朋友们借了钱给爸爸，让他付清欠款，我也得以在亲生父母身边长大。

我的家很干净，也很拥挤，三口人挤在十几平方米的空间里。爸爸亲手

爸妈给我起了个小名叫“阿炮”

做的家具总是被妈妈擦得很亮。家里摆不下两张床，我们就睡上下铺，爸妈睡上面，我睡在下面。晚上我总是大声哭闹，折腾得一整栋房子都不得安宁，吵到爸妈也就算了，还经常把领事一家吵得无法入睡。尽管他们很有修养，但有时也会下楼来，看我到底是怎么了，是不是不舒服，这让爸妈感到非常不好意思。有时候我的哭声大得甚至吵到其他楼的住户，半夜就会有很愤怒的吼声传出来："谁家的小孩在哭啊！烦死啦！"每当这个时候，妈妈就赶紧把我抱出门，带到远处的花园里，轻轻帮我扇着风，唱着歌，哄我入睡。我那时候已经很重了，妈妈白天要不停地干活，晚上还要抱着我，很累。

打记事起，我就对爸爸整日在厨房忙碌的情景印象深刻，妈妈则经常是在洗衣房里对着成堆的衣服。我稍微长大一点之后，她就把我带在身边，自己又洗又涮，熨烫折叠。我就在她脚边爬来爬去，经常会险些绊她一跟头。有时趁她不注意，我一会儿吃个碎纸片，一会儿又吃个肥皂块，这让妈妈很苦恼。后来她终于找到一个方法对付我，只要把我放进盛满水的浴缸里，我就会开心得不得了，在里面啪啪地拍水，自己跟自己玩，这样妈妈就可以稍微安生一阵。

爸爸说我小时候比较像妈妈，一出生头发就很长，眼睛小，人很胖。还有件很丢人的事情，妈妈因为溺爱我，让我吃奶吃到 3 岁。长到四五岁，爸爸开始对我严格起来。每天早上天刚蒙蒙亮，他就会把我拽起来，跟他一起晨练，有时还会一起洗冷水澡。

邻居问我，你长大想要做什么？我说我想做飞人。人家又问，怎么飞？我就说，就是飞得很高那种飞啊。人家说，现在先不要去飞啊，不然会摔伤的，等你长大了再去做飞人。我就点头说好。

小小"女朋友"

生活在富人区，周围几乎都是有钱人家的外国小孩，在他们眼里我只是一个很穷的中国小孩，所以他们并不爱跟我一起玩。领事家有个小女儿，长得很漂亮，跟我年纪差不多大。领事夫人鼓励她的小女儿跟我一起玩，这是出自她的教养，这对我们家来说是一种很温暖的鼓励。我们两个很喜欢彼此，她总是把我称作她的“男朋友”，我也觉得她是我最亲近的伙伴。

爸爸年轻的时候曾经练过小洪拳，身手很好，他也会利用有限的条件来训练我，教我一些简单的套路和招数。他的手很巧，会用一些废旧材料做成健身器械，每天就在旁边监督我练习。加上我天生身体条件就好，所以在小孩子之间的打斗中我往往可以占到上风。不过我从来不会主动去欺负别人，总是别人找我碴儿的时候才会还手。只有一种情况例外，就是有小男孩欺负了我的“女朋友”时，我就会马上替她出头。不管是谁把她气哭，也不管是谁的错，我都会立刻冲出去打他们，用我胖乎乎的身体使劲压在他们身上，直到他们哭着求饶，向我的“女朋友”道歉。

有一回就是这样的情况，不巧被我爸爸撞见了，他看到我正压在邻居小孩身上，那个小孩脸和脖子都憋青了，在大声号哭。我老爸赶紧走过来，一手拎起正在作恶的我，一手忙把那个小孩扶起来。我看着自己的手下败将一路哭着跑回家，心里很得意，完全没想到自己会因此受到爸爸的严厉惩罚。一路被拎着往家走，我还在满口大叫：“爸爸，我打赢了，我打赢了！”

本来以为爸爸把我拉回家只是为了替那个小孩解围，没想到到家之后，他用皮带把我抽了一顿，然后关进了领事家的垃圾房。那是平时我犯了错误之后被爸爸惩罚的地方。我很意外，跟爸爸说：“爸爸，我赢了啊！”结果他的反应严肃而又冷淡：“我教你武术不是为了让你欺负别人。”“可是爸爸，

我从来不会主动去欺负别人，总是别人找我碴儿的时候才会还手

是他们先欺负我的朋友，我才教训他们的！”爸爸瞪了我一眼，没说什么，转身关上了垃圾房的门。

我就跟一堆垃圾袋坐在一起，听到门外妈妈赶过来的声音，她替我跟父亲求情，但是两人吵了起来。过了一会儿，没有声音了。

这不是我第一次被关禁闭，其实还蛮熟悉这个窄小的环境。待在这里倒没什么好怕的，我只是担心自己已经咕咕叫起来的肚子。好饿。好想吃东西。我盯着房门上方透进来的一点点光，心想，不如先睡一会儿吧，睡着了就不饿了。爸爸真讨厌，我保护自己的“女朋友”，就像电视里的大英雄一样，为什么他不表扬我呢?

恍惚之间听到有人在敲门，我迷糊着醒了过来。走到门边，我问：“是谁？”外面传来妈妈的声音：“炮炮，你往上面看。”我抬起头，看到门的上方有一条窄缝，就是刚刚光透进来的地方。那里有一团东西被塞了进来，掉在了我的身上。我赶忙捡起来，还没打开就闻到一阵香气。我三下五除二撕开包在外面的纸，里面是一块大大的烤肉三明治。天哪！太好了！我大口大口地吃着，觉得无比幸福。

后来我才知道，爸爸之所以那么生气，是因为被我打的是领事馆官员家的孩子，他担心自己因为这个丢了工作，毕竟我们过的是寄人篱下的生活，要小心看人脸色。所以那一次，我不仅被爸爸打了一顿，关了禁闭，后来还被爸爸带着去给人家道歉。到了人家家里道歉时，爸爸当着领事馆官员的面，作势还要再打我，好在那个官员人很好，赶紧过来拦住，说没事没事，小孩子之间打架没关系的。

这一次的经历并没有阻止我此后为了“女朋友”打架。在整个院子的很多小孩都吃过我拳头的厉害之后，跟我打架的人就越来越少了。

维多利亚山顶的决斗

开始上学后，因为住在山顶上，自己家也没有车子可以接送我上下学，所以每天早上我都要从山上走下去到学校。出发前，妈妈会准备丰富的早餐给我吃，然后再放一个三明治或便当在我书包里作为午餐。可我小时候实在太能吃也太爱吃了，每次都是在下山的路上就觉得饿，接着就打开书包把午餐拿出来吃掉。

妈妈担心我的安全，希望我放学之后可以坐公共汽车回家，所以每天还会在我包里放上坐车用的零钱，这样就不用很晚还一个人走在山上。可等到放学的时候，坐车的钱早就被我拿去买鱼蛋粉了，所以我还是会一个人往家走，半路上看到有人开车过来，就竖起手指希望搭个便车，这是跟电视里的西部牛仔学来的。现在回想起来，那时候的好心人真多，我几乎每次都能搭到便车，也没有被人拐走或伤害。

偶尔也有运气差的时候，途中一辆上山的车都没有，就只好走着回家，全程需要好几个小时。为了不回家太晚，被妈妈发现我每天都把坐车的钱吃掉了，我总是会在上山的最后阶段抄近路。所谓抄近路其实就是类似攀岩，我凭借自己的小身板抓着那些树枝和岩石，像猴子一样很快地爬回家里的后院。有次不巧被刚好路过的爸爸发现，他看见我吊在半空中，就走过来一手把我拎起再放到院子里。当天我就被关了禁闭。后来我学聪明了，爬上来的时候先探头看看有没有爸爸的踪影。

有那么几次，我放学正在往山上爬，富人家的小孩坐着车子刚好从旁边路过，他们打开车窗朝我大声喊叫，说一些难听的话。

有一回，他们下车后故意在院子里等着我，挑衅道："喂，你天天爬来爬去的干什么？""你个穷小孩，没钱坐车，干吗还去上学？""用人家的穷孩子！"我觉得忍无可忍了，他们还在喋喋不休的时候，我忽然冲过去揍他们，一群人瞬间厮打在一起，在地上滚来滚去。我把爸爸教我的格斗招数都使出来，但毕竟寡不敌众。他们中有个人忽然抓住我的腿，我一瞬间失去了平衡向后倒去，头撞到了地上的石头。我眼前一黑，躺在那里不动了。这下他们吓坏了。抓我腿的是另一个领事家的孩子，他赶忙跑回家去叫大人来看我，其他人立刻四散跑掉了。

他的父亲很快来到我面前，脸色看起来很紧张，我当时其实也没完全失去知觉，只是觉得晕晕的，没力气站起来。后来我才知道他们很担心我摔出

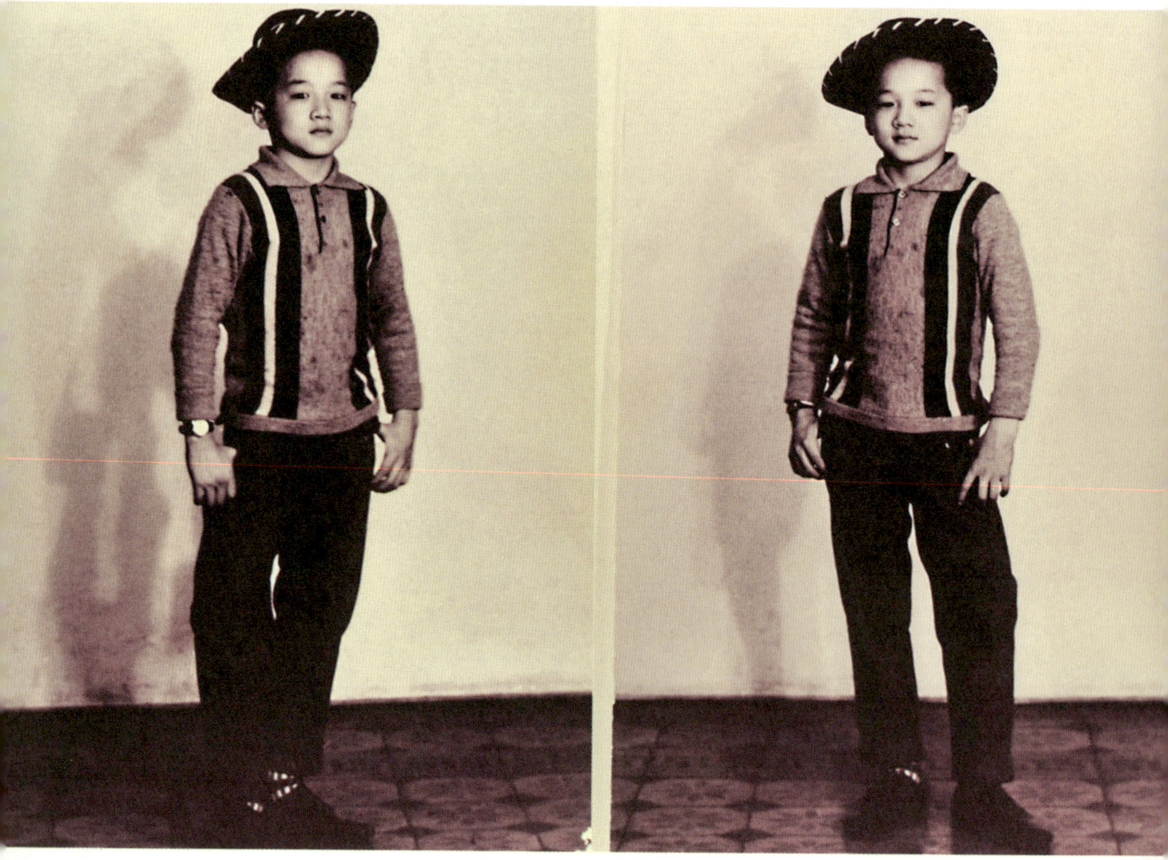

小时候很想当牛仔

个好歹，毕竟是生活在领事馆区的香港小孩，真出了事可大可小，大的话也可以上升到国际事件。如果我的家人告他们，他们会很麻烦。

他们把我送回了家。我昏昏沉沉睡了过去，不知道多久之后醒过来，感觉后脑勺一直在疼，摸了摸，起了个大包。浑身都很不舒服。这时听到门吱呀一声打开，是爸爸走了进来。“阿炮，这是那个小孩送你的东西。”我慢慢抬起头，看到他拿着一大盒巧克力。爸爸把它放在我的旁边，摸摸我的头，转身出去了。

巧克力！对于贪吃鬼来说，这简直就是最棒的礼物！尽管我浑身疼痛，脑袋发晕，但并不影响强烈的食欲。我迫不及待地打开盒子拿出一颗放进嘴里，哇，太美味了。再来一颗。隔了一会儿，又来一颗，就这样把整盒巧克力吃完了。满嘴都是甜腻腻的糖味，很快我的胃里开始翻搅，但我拼命忍住了，这么好吃的东西我可不舍得吐出来。巧克力很快抵消了打架失败的挫败感，我甚至觉得有点幸福。

门再一次开了，是爸爸走了进来。他看到我满嘴都是巧克力，惊呆了：“你把一整盒都吃了？你知道自己刚刚受了伤，不能乱吃东西吗？”我不知道该怎么回答，只好“哦”了一声。他看我那副模样，伤势似乎已无大碍，气得把我又拉起来打了一顿。

读书郎

5 岁时的一天早上，爸爸照例很早就把我叫起床，跟他一起去晨练。练完之后他跟我说：“阿炮，你要准备上学了。”

我一听就不高兴了。上学？那不是意味着再也不能随便玩了？我们住的地方很多有钱小孩已经上学了，我看着他们每天早上起来背着书包，穿着制服出门，而我自己可以在院子里跑来跑去，想玩多久玩多久，无聊了就去帮妈妈叠叠衣服，看爸爸切菜做菜，或者就跟我的“小女朋友”聊天，多开心！

我跟爸爸抗议，说自己不想去上学，可以在家学东西，结果完全没用。

几天之后，我就像自己讨厌的那些小孩一样，穿着制服，背着书包出了门。

南华小学是当地一所很好的学校，老师的素质都很高，对学生很耐心和蔼，教室的环境也非常好，同学们也都蛮听话的，一般都有挺好的修养。其实能进这所学校读书，是爸妈托了很多关系才搞定的，算是很幸运。可我小时候哪里懂这些，只是一味觉得不想上学，常常赌气，一走进校门就觉得讨厌。

我从小就是个过动儿，课堂上总觉得没事干，老师讲的东西根本不想听，很多单词也看不懂，看着老师的嘴一张一合，脑子早就不知道跑到哪里去了。有时候实在无聊，真是恨不得被爸爸拉出去晨练，或者干脆被他打一顿，也比在座位上枯坐着要好。那时候我最爱上的课是体操，终于可以走出门去动一动，很开心。

这样无聊得久了，调皮捣蛋的我就开始自己找乐趣了。在课堂上故意坐在椅子上向后摔倒，逗得全班哄堂大笑。有时向同学做鬼脸，有时噼噼啪啪地敲桌子，搞得大家没法安静上课。这样的招数要得多了，老师也就没那么好耐心了，他把我拖出教室让我在外面站着。为了避免吸引班上同学的注意，他还要压低声音瞪着我："陈港生，你不要觉得自己了不起！"

后来老师发现我完全是屡教不改，于是我成了展示惩罚手段的最佳样板。有时候上不到半节课，我就已经在走廊上站着了，被命令把凳子举过头顶，老师不说停就不许放下。再后来他们还会在我胸前挂块牌子，上面写着我犯了什么错误，例如"我又调皮捣蛋了""我把课本弄丢了""我没做家庭作业"，有时干脆就只写两个字"没用"。其实我那时候也认不全牌子上的单词，但老师嘴里骂了什么我是听得懂的，估计跟上面的字八九不离十。

由于经常挂个牌子举着凳子站在门外，我在全校变得很有名。时间久了自己也学会了偷一点懒。假如老师没有盯着我，我就会把凳子轻轻放下来，靠着墙眯一小觉。如果说那时候我学到了什么对未来有帮助的东西，那就是如何站着睡觉。很多年后我在片场常用到这个技能。

继调皮捣蛋、不写作业、弄丢课本之后，我开始在学校里打架，虽然也不算是故意欺负人，但还是让学校觉得头疼。

果然，一年级我就留级了。爸爸妈妈看我这个样子，意识到儿子可能真的不是读书的料。他们把我领回了家——我简直心花怒放，又可以回到无忧无虑到处玩的日子啦！

但我没想到的是，10 年地狱般的训练和生活即将开始。

且狂且醉
趁年少

第二章

且狂且醉趁年少

“卖身”戏剧学院

我退学之后，爸爸得到了一份工作，要去澳大利亚做厨师长。这份工作可以让爸爸赚到更多的钱，获得更好的机会，但也意味着他要离开香港，暂时与我和妈妈分离。也是在这个时候，父母开始认真思考我的未来。如果完全无法在学校乖乖待着，那我的未来到底在哪里？

爸爸的朋友们给了他一个建议，把我送进于占元师父的中国戏剧学院。在那里，有师父的严格管教，我的顽劣习性肯定大大收敛，还能学到一技之长。不过，那里是包吃包住的封闭式管理，一旦爸妈把我送进去，就相当于替我签了卖身契。这听起来很残忍，但对当时的爸妈来说，未尝不是一个选择。

一天早上，爸爸破例说要带我出门去玩，我开心死了。回房换上最心爱的牛仔套装，手里抓了一支玩具手枪，兴高采烈地出了门。一路上，爸爸竟然一句都没训我，要吃豆沙包也马上买给我，简直不可思议。到了戏剧学院，爸爸把我带进门，我进去看到满院子白衫黑裤的男生女生，正在排着队踢腿练功，好威风的样子，觉得特别兴奋，在那里四处溜达着玩了半天，临走还特别舍不得。爸爸问我，如果以后送你来这里，你觉得怎么样？我说太棒了！

刚到那里的几天，看着什么都好，师父对我也特别好，还认了我作干儿子。每天看着别人刻苦训练，我就坐在师父旁边看着，还蛮有优越感。我在领事馆住得久了，不经意间跟周围的人学了不少法文，在戏剧学校里，我时不时会跟大家飙几句法文，一会儿“Bonjour”（你好），一会儿“Salut”（你好）。

可惜，这样的好日子没能过上多久。有天，我掉了个东西在师父的冰箱后面，就钻进冰箱底下去找，被师父看见了，他问我在干吗，我说捡东西，只听他说了一句，“现在是时候请你吃炸酱面了……”

我还没反应过来是怎么回事，就被师父暴打一顿。

师父的打和以前爸爸的打，完全不是一个概念。这顿打，让我从天堂掉

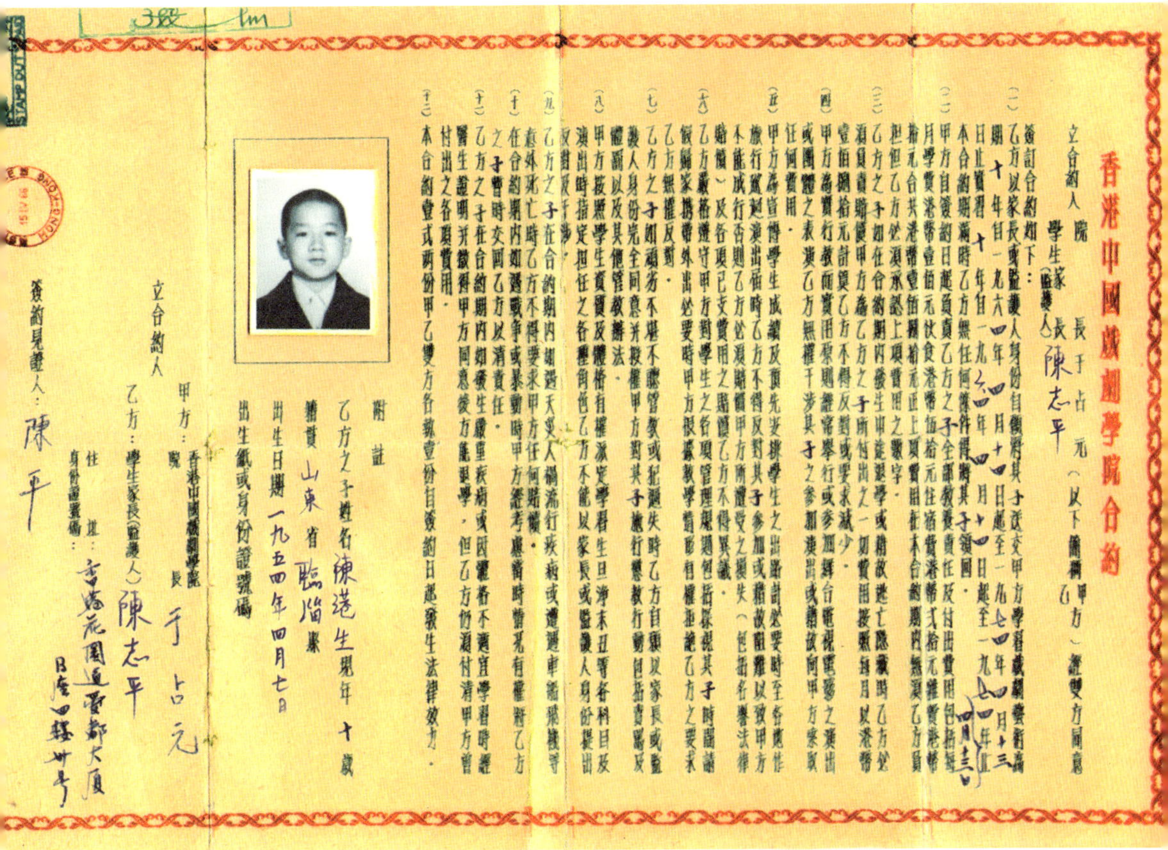

香港中國戲劇學院合約

立合約人 院長于占元（以下簡稱甲方）學生家長(監護人)陳志平（以下簡稱乙方）經雙方同意簽訂合約如下：

(一) 乙方以家長或監護人身份自願將其子送交甲方學習戲劇藝術爲期十年自一九六四年四月十四日起至一九七四年四月十三日止實習十年自一九七四年四月十四日起至一九七四年四月十三日止本合約期滿時乙方無任何條件得將其子領回。

(二) 甲方自簽約日起負責乙方之子全部教養責任及付出費用包括每月學費港幣壹佰元伙食港幣伍拾元住宿費港幣弍拾元雜費港幣拾元合共港幣壹佰捌拾元正上項費用在本合約期內無須乙方負担但乙方必須承認上項費用之數字。

(三) 乙方之子如在合約期內發生中途退學或藉故逃亡隱藏時乙方必須負責賠償甲方爲乙方之子所付出之一切費用按照每月以港幣壹佰捌拾元計算乙方不得反對或要求減少。

(四) 甲方爲實行教而實用原則經常舉行或參加舞台電視電影之演出或團體之表演乙方無權干涉其子之參加演出或藉故向甲方索取任何費用。

(五) 甲方爲宣傳學生成績及預先安排學生之出路計於必要時至各地旅行巡迴演出届時乙方不得反對其子參加或藉故阻難以致甲方不能成行否則乙方必須賠償甲方所遭受之損失（包括各種法律賠償）及各項已支費用之賠償乙方不得異議。

(六) 乙方嚴格遵守甲方對學生之各項管理規則包括探視其子時間請假歸家携帶外出於必要時甲方根據教學情形有權拒絕乙方之要求乙方無權反對。

(七) 乙方之子如頑劣不堪不聽管教或犯過失時乙方自願以家長或監護人身份完全同意並授權甲方對其子施行懲教行動包括責罵及體罰以及其他管教辦法。

(八) 甲方按照學生資質及體格有權派定學習生旦淨末丑等各科目及演出時指定担任之各種角色乙方不能以家長或監護人身份提出反對或干涉。

(九) 乙方之子在合約期內如遇天災人禍流行疾病或遭遇車船殃禍等意外死亡時乙方不得要求甲方任何賠償。

(十) 在合約期內如遇戰爭或暴動時甲方經考慮當時情況有權將乙方之子暫時交回乙方以清責任。

(十一) 乙方之子在合約期內如發生嚴重疾病或因體格不適宜學習時經醫生證明並徵得甲方同意後方能退學，但乙方仍須付清甲方曾付出之各項費用。

(十二) 本合約壹式兩份甲乙雙方各執壹份自簽約日起發生法律效力。

附註

乙方之子姓名 陳港生 現年 十 歲

籍貫 山東 省 臨淄 縣

出生日期 一九五四年四月七日

出生紙或身份證號碼

立合約人

甲方：香港中國戲劇學院 院長 于占元

乙方：學生家長(監護人) 陳志平

住址：香港花園道雲都大廈日座四樓卅号

身份證號碼：

簽約見證人：陳平

进了地狱。我也终于开始明白，这里是个怎样的地方。可惜，等我明白过来的时候，一切已经来不及了。

当时爸爸已经去了澳大利亚，只有妈妈暂时留下来，陪我经历过渡期。被打之后，我每天的作息是这样的：早上 5 点起床吃早饭，一直训练到中午 1 点吃午饭，饭后继续训练到夜里。每天只睡 6 小时，周而复始。学校里的女孩子们待遇稍微好些，有房间可以住，我和所有的师兄弟则是一起打地铺，睡在一个角落里。房间的地毯多年来从未换过，大家吃饭睡觉起夜撒尿发噩梦都在那里，上面有各种脏东西，比如剩菜、剩饭、师父的痰……几年的脏东西沉淀下来，我想那块地毯应该比出厂时重了很多倍吧。人家的地毯都是越用越薄，我们的地毯是越用越厚。

还好那时候妈妈每星期会来看我一次，带着我爱吃的糖果和零食，到学院里分给我的小伙伴们。不仅如此，妈妈每次来还会拎着一大袋开水，跟师父要来浴盆帮我洗澡，这在今天看来是不可思议的。当时香港水少，每天洗澡是很奢侈的。妈妈拎水来学校，开始是一周两次，后来变成了一周一次。她常常边给我洗澡边哭，因为总是在我身上看到一些伤痕，比如藤条的印子之类，我就跟她讲，没关系，我已经习惯了，妈妈就哭得更厉害了。

没多久，妈妈来帮我洗澡的事开始引来大家的嘲笑，说我是个娇生惯养的小孩。在那之后，我就跟妈妈闹开了脾气："你不要每次来了就像抱小孩一样抱我，也不要再拿水来给我洗澡了好吗！我已经长大了！"妈妈没说什么，只是轻轻点了点头。现在想起来，当时是多么不懂事啊。妈妈每次要在领事家烧好热水，很烫的那种，再从山顶开始走，走 25 到 30 分钟的路程，坐一毛钱的缆车到缆车站，再走 30 分钟到天星码头，再坐一毛钱的船到九龙，再从码头走路到美丽都大厦，整个路程要走很快，不然水会变凉，一桶水起码四五十磅重，她只是希望儿子能洗一个热水澡……

两年以后，爸爸回来了。他跟妈妈一起来学院看我，这一次，他们是真正来道别的。妈妈也要跟他一起去澳大利亚了。再次分别之前，爸妈请师父和师兄弟们吃了一顿饭。送他们去机场那天，妈妈给我买了一袋水果。看着他们走进闸口，我的眼泪一直流，流到他们的飞机飞走，手里的水果也撒了一地……

爸妈离开之后，我每天晚上躲在被窝里哭，哭了一个礼拜，也就慢慢接受现实了。那时候，他们每周都会给我寄来录音带，收到之后，我就拿着爸爸送的录音机，躲在后楼梯那里去听。听到他们说“仔啊，好挂住你啊！”就又开始哭。后来爸妈还会寄钱给我，慢慢地我就开始只拿钱，不再仔细去听他们说了什么，反正每次说的内容都差不多，既然一听就哭，还不如不听算了。这也算是一种逃避和自我保护吧。那时候，一到周末就会有点不适应，看着别人有家长来探望，甚至可以跟家人回家，心里就是一阵难过。

戏剧学院的日子很苦，除了没完没了的严格训练，还有各种各样的体罚。

在学院的那10年里，我只病过一次。现在想来很不可思议，但其实根本就是吓得不敢生病。那时我才八九岁吧，有天吃过饭之后就吐了，觉得很不舒服，身上也没力气，学校里白头发的方妈过来摸摸我的头：“哎呀小鬼，你发烧了，快睡旁边去，我给你拿点药。”我一听，心里一阵高兴，病了岂不是可以逃避练功了？起码可以休息个两天吧。我挪到房间犄角边躺下，听着别人在外面练功，拉顶、打飞脚什么的。

过了会儿师父来了，看到我躺在那里，就问：“你怎么了？”我虚弱地回答说：“我病了……”还故意演得夸张了一点。师父说：“哦，病啦？”方妈就在旁边说：“对对对，他发烧了。”“发烧了？这样啊。好好好，其他人都别练了，停下。”大家哗啦一下全起来了。他转头跟我说：“你起来，左扫堂100。”我傻了。左扫堂完了，又右扫堂100。接着就左飞脚100，右飞脚100。完了之后问我：“你好了吗？”我马上说：“好了好了好了！”从此以后，不光是我，学院里的其他人也都不敢生病了。

我们学校里有几个小房间，大家会被师父拉进里面去打藤条。路过那些小房间的时候，常常听到“师父不敢啦”这样的哀号。我自己也进去过，房间很小，藤条又很长，你想躲都没地方躲。打完结束，四处看看，我天，连屋顶上都有鞋印！可见这群功夫小子逃窜得有多么仓皇……

少年元楼

我们的师父名叫于占元，年轻的时候是京剧班里的文武总管。我们在学校里的艺名都以“元”字开头，比如洪金宝当时叫元龙，我叫元楼，还有二师兄元泰，后来的师弟元彪、元德、元文……

在元彪进入戏剧学院之前，我是学校里最小的师弟，每天被各个师兄欺负。他来了之后，成了最小的师弟，就变成他被欺负。师父的关门弟子叫元俊，是最末一个徒弟，那大家就可以想象他的处境有多“悲惨”了，基本上每天就是帮所有人跑腿，还会被所有师兄师姐打。

那时候，几块西瓜，一群人吃，师兄们吃上面那些红色的瓤，到了我这边就只剩下一点点红色了，更小的那些师弟们，就抱着西瓜皮把它从白色啃到绿色。

元彪刚来的时候，只有五六岁，是个小肥仔，脸蛋圆圆的，两颊鼓起来，特别可爱。我比他大 3 岁，对学校环境已经比较熟悉了，自然有种想要保护他的本能。他的性格有点内向，来学校第一天，跟爸妈告别之后就一直在哭。我看他那个样子，想起自己父母离开时候的难过，就马上走过去跟他说，“别哭啦，我给你讲故事啊”，然后就讲一些我以前听妈妈讲过的故事，慢慢他就不哭了。

自那之后，每次不管他是想家了，还是被师父打了，或者被其他师兄欺负了，只要他一哭，我就过去抱抱他，拍拍他，给他讲故事。我从那时候到现在都很疼他。

随着训练的进行，大家也看到元彪很有练功的天分，尤其翻跟斗翻得很专业，人又可爱，大家就会一起保护他。比如师父要打屁股了，一群师兄师姐就给他一堆底裤，让他全穿上，可以稍微做点防护。打完回到房间，大家还会给他糖吃，安慰他说“不痛，不痛”。

在戏剧学院里虽然每天以练功为主，但我们也是要读书的，形式比较像传统的私塾。

师父为我们请来了私塾老师，学习内容不是学校里教的那些数学语文英

大合照，最后一排左一是我（元楼）

文，而是四书五经。一群小孩子哪有耐心好好学这些，还会讨论说，“谁要学这些东西啊？有什么用？”所以一上课，我们就睡觉的睡觉，打弹子的打弹子。

再加上我们上文化课的时候，师父通常会出去见朋友或赌马，所以我们就更撒了欢。男生们在课堂上扔书、做鬼脸、打来打去，女生们则会大声聊天喧哗，老师拿我们也没辙。专门负责放风的人会及时提醒大家“师父回来了”，我们马上就乖乖地坐在座位上装模作样。学院能够付给这些文化课老师的薪水并不高，自然就没人愿意忍受我们这群坏小孩，几年里我们先后气走了 11 个老师，大家每次说起这事都得意扬扬，直到后来一位国文老师出现。

那位老师名叫董郎英，很有学问。我到现在还记得他写字非常漂亮，永远都是一笔下来，特别流畅。他教我们《大学》《论语》《三字经》，教我们写毛笔字，一开始我们以为他也像其他老师一样“好欺负”，在课堂上照样不好好学习。

谁知董老师曾经是黄埔军校的教官，他可不是好惹的。他有一把戒尺，是一个很厚的板子，当你没有好好学习，该背的东西不会背时，他就会让你把左手伸出来，伸直，说好了打几下就是几下，你不能喊痛，也不能把手收回，否则不管打了几板子，都要再重新来。

他打板子那个阵势，就算只是在旁边看着都会害怕。高高地把戒尺举起来，然后“啪”的一声，快准狠地大力甩到手掌上，只一下你那个手就黑掉了。有的人打三下就已经扛不住了，手一收，就又从头来数，打到最后，手已经是麻木没有知觉的了。

董老师的原则是不打右手，有个师兄“啪”地挨了一板，左手不敢动，但他实在太疼了，就下意识地把右手在空中狂甩，好像那样可以缓解左手的疼痛一样，我们在旁边想笑又不敢笑。

有了这样的体罚作威慑，那些课文哪里还敢不背？“大学之道，在明明德，在亲民，在止于至善。知止而后有定，定而后能静，静而后能安，安而后能虑，虑而后能得……”那时候背下来的东西，到现在还记得很清楚。

说来也怪，可能是我们被打习惯了，皮糙肉厚，每次打完板子，也没听说有谁很久都养不好，常常过个两三天就没事了，有些人上午挨完板子，下午就又活蹦乱跳了。

时间久了，我们这群皮孩子还是找到了偷懒的诀窍。偶尔没有完成背诵，怕被老师打，就会去恐吓那些已经完成的师弟师妹：“你们都不许说会背，听见没有？！”到了董老师检查的时候，“《论语》修身篇，元楼你来背。”我就说：“对不起，我还没背会。”老师瞪我一眼，就又叫洪金宝：“元龙，你来背。”洪金宝也说还不会，最后问完所有人，大家都说还没背会，齐刷刷站在那边，他也就懒得惩罚我们了。要打一两个还有力气，全班几十人，打都打不过来。

不过在于占元师父那边，我们几乎没有一天不挨揍的，只是轻与重的区别而已。练功的时候，每个人拉开架势摆好，好端端地站在那边，师父路过也会每人打一下。还有一个说法是“打同堂”，就是不管哪个人犯了错，全体一起陪他挨打，大家经常莫名其妙就被打了。每天都提心吊胆的，早上从一睁眼就想，只要今天不挨打，那就是很不错的一天了。前一秒不管玩得多

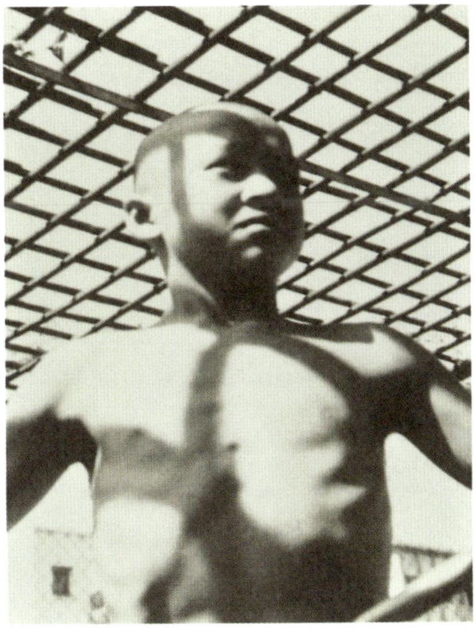

到戏剧学院以后，学了一些武术，觉得自己威风得很

开心，只要听到一句“师父来了”，马上全体安静，吓死。

有一次，师父交代我去擦祖师爷的神像，我擦一擦发现他的胡子松了，有几根就快要掉下来了，我就很认真地想要把它塞回去。这一幕刚好被师父看到，他大骂道，“元楼！你居然敢拔祖师爷的胡子？！”说时迟，那时快，又是一顿暴打。

我们在学校里吃的很简单，平时就是煮一大锅菜，肥猪肉，黄豆芽，熬成一锅热汤，另外就是“猫鱼”了——以前在香港，那种小黄鱼是喂猫吃的，两块钱可以买一大堆，蒸好之后，放一点油一点菜，这就是我们的两菜一汤了。

即使如此，大家还是疯狂地抢。师父规定年纪小的可以先去拿饭菜，毕竟他们更需要营养。等年纪小的几个人拨了一些饭菜之后，所有人就拥上去，碟子、盖子全都抢得乱七八糟，一片狼藉。今天很多人说，吃饭要细嚼慢咽，每一口都要数着嚼了多少下才能咽下去。我们那时候别说嚼几下，经常食物塞进嘴里就直接进肚子了。等你在那儿细嚼慢咽数个十几二十下，饭早就抢没了。我记得二师兄元泰为了抢饭，还在饭菜上面吐口水，吐完之后跟大家说，你们谁还吃啊？没人吃，就都是他的了。

有一次，学校的水管爆掉了，整个学校全都泡了，米也都泡得发霉了，但我们还是把那些米都吃完了，连续吃了一个月。我们的房间角落里，有时会摆上一锅粥，给唱戏回来的人吃。有个同学，每天晚上都梦游，有时梦游会去那一锅粥里撒尿，大家唱完戏回来了，也不知道，还是把粥喝了。

没办法，学校人太多了。师母有时还会去外面找红十字会要救济粮，如果能要来一些面粉，就给我们做疙瘩汤吃。后来我们的演出被一些人看到，他们觉得很厉害，很新奇，就问我们是哪里来的，要来我们学校参观，参观之后发现原来我们那么穷，回去之后就会给我们捐粮食。

初登台

师父是梨园行出身，那时候常常带我们去演出。人家结婚、过生日，家

前排从左到右：元武、元华、元德、元文、元彪、元楼（我）、元泰

里做堂会了，我们也会去表演。湾仔，尖沙咀，到处都是我们一群小光头的身影。

登台表演是非常开心的事情，还能离开学校到外面看看，最重要的是还可以有好东西吃，所以我们很珍惜这样的机会。

有一阵子，我们每天都由师父带队，从美丽华饭店过马路，经过半岛酒店那边，到尖沙咀坐巴士去表演，整个路程很远。每次排队路过半岛酒店，旁边就总有一群人，可能是在那边工作的工人，见到我们就很不爽。因为那时不知哪来的迷信说法，说你只要见到光头，赌马就一定输。在我们经过的时候，他们就会一个一个地打我们的脑袋，一边打一边骂，“光头仔！”每个人都被他们抽一巴掌。

一天，师父有事没有来，换成大师兄元龙带队。二师兄元泰排在第二个。路过那边的时候，那群人又在，有个人一边打元泰的头，一边骂人。

忽然间，我们后面的人就看元泰停住了，盯着那个人。

那个人很拽地问：你看什么看?

元泰说：你骂我？还打我?

说完这句话，就看元泰“唰”的一下就冲过去打他，紧接着就感觉“嗡”的一声，像一个马蜂窝被捅开了一样，我们三四十个人，一起冲上去围上了那群人，噼里啪啦，不过 10 秒钟的时间吧，那群人已经躺在地上头破血流了。

之后，我们两拨人就都被带进了警局。场面非常好笑，一边是七八个成年人捂着脑袋呻吟，另外一边是三四十个光头小孩正在哇哇哇地哭。

我们整帮人在那儿哭得鼻涕眼泪一大堆，并不是在演戏博同情，而是担心一会儿师父来了，知道我们居然闹事进了警局，回去还不知道要怎么挨揍呢。再说，都是一群小孩子，第一次进警局，心里也确实害怕，越怕就哭得越大声，嘴里还念叨，“他们打我们……”

没想到的是，师父来把我们保出去之后，居然夸了我们：好样的！

从此以后，我们再排队经过半岛酒店的时候，那群人远远看到就会默默往后退，我们大家就摇头晃脑、神气活现地从他们面前走过。

中间就是“小不点儿”元文，第一排右二是我

戏台剧照，左一是元秋，左三是元文，右四是我，右五是元华

一群小孩子演的戏剧，其实在观众眼中很有看头。尽管我们年纪小，但功夫可没有半点含糊。刚上台就要给观众露一手，当时有个固定节目是这样的：

鼓点咚咚锵锵地打起来，我们就开始在台上做动作，十八般武艺全都亮出来，踢腿的踢腿，翻跟头的翻跟头，忽然间鼓点“咚”的一停，不管是动作做到哪一步，我们都要马上停在原地一动不动，有些人可能是刚巧站着或手脚同时撑地，那还稍微好点，但有些人可能刚好停在了一个最难的姿势，那你也要咬牙撑住。

为了增加戏剧效果，打鼓的人还会慢悠悠地站起来，互相递烟啊，抽烟啊，聊天啊，有的人还会起身去上厕所，那我们所有人就要屏气凝神地继续保持不动。这时候观众就开始鼓掌了，大家一直鼓掌，直到伴奏的人回来坐定，烟也抽完了，鼓点重新打起来，我们才能动，继续翻跟头，继续踢腿……

这些基本功得益于师父对我们的魔鬼训练。那么苦的环境下，你只能认认真真学东西，不敢有一丝马虎。

我们的同门里，有一个叫元文的，是我们这群人里的天才儿童，年纪跟我差不多大，但是个子长得很小。师父非常喜欢他，平时唤他“小不点儿”。

我们一起坐巴士到剧场唱戏，他就坐在师父旁边，师父看到谁在前面坐得不端正，或者在那边搞小动作，给他一个眼色，元文就会过去，“啪”地打一下，我们被他打完，心里就想，哼，你等着。

平时师父吃什么，也会叫“小不点儿”先过来吃，西瓜他能吃到上面最甜的部分，师父煮了麦片，也会分给他吃一些。我那时候看着麦片，心里总在想那到底是什么味道，以至于我后来师满毕业了，出去第一件事就是去买麦片吃。

“小不点儿”有多厉害呢？

唱念做打全都能行，生旦净末丑全都能唱，而且几乎什么乐器都会。后手翻随便能做四五十个。两张很小的桌子摞起来，他站在上面可以直接做 20 个小翻，翻完最后一个，再一个后空翻下来稳稳落地。

这是什么概念呢?

学过传统戏剧的都知道，连续做小翻，你会觉得像高原反应一样，缺氧，头晕眼花。拍《A计划》的时候，我跟洪金宝在片场打赌，我说我还能做10个小翻，他说你肯定不行，我二话不说开始翻，翻了10个之后眼冒金星。我见过做了3个小翻就晕过去的，一般情况下，一班人里成绩最好的也就是翻30多个。

我们学校里面，能做小翻的不到30人，每次师父要检查这一项的时候，就会给出一个总数，比如大家总共要做满150个。下一个出场的要比上一个做得多，所以都是从最小的师弟开始，很小的小孩子，能做一个就不容易了。接着就变成2个、3个，我们这些大一些的就要等在后面，心里默默希望可以排在前面一点，比如你前面那个人做了10个，那你做12个就可以了。我那时候最多能做20个，已经算是很不错的了。元文这时候就会很潇洒地等在一边，跷个二郎腿，因为在这个任务里，他永远是负责收尾的那一个，我们前面所有人欠下的数字，不管是30、40、50，最后都由他一人补齐，就是这么厉害。

我们在外面演出，也常常因为元文的精彩表现，博得观众满堂彩。

大家逐一亮相，从侧面的帘子一个个翻着跟头出来，其他人都在前面，留元文在最后，轮到他时，他还在帘子后面就已经开始翻跟头了，观众不见其人先闻其声，咚咚咚咚，人还没出现，已经连续翻了十几个。翻着跟头亮一下相，他又翻着跟头回到帘子后面去，继续咚咚咚咚，这时候你就发现帘子这一侧的观众全都站起来，走到另外一边，歪着头，想仔细看看帘子后面的高手。等他再度亮相的时候，观众已经开始大力鼓掌，我们就随着鼓点和观众的掌声，一起帮他数，33、34、35……他翻到第50个的时候会停一下，让人以为他不能再做了，然后忽然之间再继续翻，我们就接着数，51、52……观众这时候已经疯掉了，开始往台上扔钱。

到了60多个的时候，他开始故意翻得很慢，假装很累的样子，我们也跟着他的节奏慢慢地喊，69……70……他的最高纪录是一次翻了70多个。

结束之后，他会躺在地上大口地喘气，起来拿钱的时候，也是一副累到

不行的样子。但我们都知道，以他的实力，这里面有一半是为了剧场效果，他其实没事。

师父虽然最疼“小不点儿”，但在练功和演出的正事上对他一样严格。

有段时间师父去赌马，会带上我们几个人一起去新新饭店吃饭。每人一份叉烧饭，在我们眼中是无上的美味。一份叉烧饭里面大概会有 5 小块叉烧，我们舍不得吃，就把它摆在旁边，先舔一舔，再用米饭蘸着叉烧汁猛吃一大口，这就已经觉得很香了，慢慢地，咬一小口叉烧，再把它摆在旁边。他们还会配给你一半辣椒、一半芥末的料包，我们把这些佐料跟米饭搅和起来，也觉得很香。等吃到最后那一口叉烧时，简直觉得没有什么比此刻更幸福了。

跟师父出来吃饭本身已经是特别优待，我们谁都不敢有更造次的想法，每次都沉浸于研究如何把几块叉烧更好地分配在整个用餐过程中。但有那么一次，我们都在埋头扒饭，服务生从身边经过，忽然听到元文的声音，“再来一碗白饭。”

我们所有人都瞪大眼睛，他居然敢当着师父的面多叫一碗白饭？

只见师父把眼睛抬起来，在眼镜上方看了他一眼，什么都没说。

我们心里想，果然还是偏心他啊，但这样的话，岂不是下次我们也可以多叫一碗米饭了？

第二天，照例练习拉顶，一个小时结束了，大家都下来了，就听师父说，“哎？小不点儿，你回去，你白饭都多吃一碗，拉顶也再加一个钟头。”

在新新饭店，服务生还会不定时地推着点心车从旁边经过，“蛋挞，虾饺，马拉糕……”

每次我都在想，蛋挞、虾饺我都知道是什么，但是“马拉糕”是什么东西呢？听起来很好吃的样子。

有一天，又是元文，点心车经过的时候，他忽然抬手，“来一份马拉糕。”

说完这句话，他马上转头看师父，当下就“啊啊啊啊”地哭了出来。

我们所有人又震惊了，就见服务生刚把盘子给他摆上，他抓起马拉糕一边往嘴里塞，一边哇哇大哭，知道回去肯定会被罚，但是此刻食物的吸引力实在太大了……

"七小福"的诞生，要感谢一位专门教唱大花脸的孙老师。他除了教人唱戏，还在一家可以吃到烤鸭的北京菜馆"洛公楼"做经理，餐厅里常常会举办各种堂会，会有杂技表演、魔术表演等等，他发现餐厅里每天都会有很多国外来的观光客，于是就跟我们的师父说，不如安排一组人去餐厅里做京剧表演。

师父在我们所有人当中选出了7个人，作为一个表演的班底，取名"七小福"。不过这个班底并不只有7个人，事实上，元龙、元泰、元华、元武、元奎、元楼、元彪、元德、元秋、元文、元红……全都是七小福的成员，大家每次去演出都是混搭着来的。我第一次入选七小福，也是我们第一次出国演出，去的是日本，那是我第一次坐飞机。再后来，我们演出的邀约越来越多，师父还选了一个"七小虎"出来，相当于是"七小福"的B组，比如我们最小的师弟元俊就是"七小虎"的成员。

今后名震影坛的"七小福"就是这样诞生的。

我的这群师兄弟各有神通，元秋能够做到"七不落"，双手一抱，7个后空翻，手都不需要撑地，元彪可以完成极高难度的杂技动作，倒立就像走在平地上一样轻松，元华跟斗翻得很高，元泰冲劲特别大，元彪和元武都擅长各种武术套路，元奎则是精通勾脸谱，大师兄元龙长得英俊挺拔，是那时候的美男子，也是学院里最厉害的拳击手。当时的我呢，没有哪一样很强，但是哪样都不差。

当时师父对我们有很多奇怪的管理方式，我们也猜不到他在想什么。反正平时他在哪里，我们就尽量躲远一点，他一叫你名字，你就开始发抖了。而且他不能输钱，输钱你就完蛋了，但是赢钱了太开心也不行，总之不开心、太开心他都要打你。

去演出之前，为了让我们不犯错，还没上台，在后台就每人先打三藤杆，让你表演的时候不准砸锅，什么都要认真对待，不能出错，不能放松。你还别说，打完确实是管用的，大家全都把神经绷得紧紧的。

左图元德后面是元秋，元文右边是我
右上图左一是我；右下图左四是我

每次演出完，大家一起坐在台上，师父会问，这次谁错了？自己站出来。如果他问你，你错了吧？你自己想想，不确定，那就只能站出来。师父继续问，你错在哪了？你也答不出来，他啪啪几下打完，说，你没错。就算你觉得自己没错，但遇到这种情况还是要主动站出去。因为万一你真是错了，不主动报上去的话，会被打得更厉害。

当然，那时候的演出经历，不只是挨打而已，也有很多只有我们这群人才能闹的乌龙，搞的恶作剧。

有一次，元文在上台之前悄悄跟我们说，你们看我今天怎么在台上整元奎。那次是演《草船借箭》，元奎演曹操，元文演蒋干。到了那场戏，我们就站在旁边等着看。

原本那场戏应该是，“报——”蒋干上台，“啊——丞相，孔明借箭而逃！”

曹操一听，就扶额无奈道，“唉，又中了他人之计。”

旁边鼓点一起，大家就下场了。

到了台上，元奎把“又中了他人之计”讲完，刚刚准备起身，旁边的鼓点刚刚要起，忽然元文说道：“啊——丞相，你看怎么办哪？”

元奎完全没有想到会有这么一出，一下子愣住了，“啊？”

那些打鼓的也愣住了，刚想打让曹操下场的点，蒋干忽然一句“啊——丞相”，那个鼓点也打不下去了。

元奎迟疑几秒，“我吗……”

元文又接着说，“啊对呀，你看怎么办哪？”

元奎硬着头皮说，“这个嘛……你是军师，你看怎么办哪？”

这下换成元文不知道怎么回答了，他也卡在那边，“我吗……”

实在编不出来，他赶紧拿扇子挡住嘴，小声跟元奎说，“哎呀下场吧下场吧！”

底下观众早就已经笑成一团。

这场结束之后，两个人被师父打得呀，打完还骂元文：“自己本事不够，还敢去整别人？你要么就自己真能编点东西出来啊，结果最后你‘下场吧下场吧’……”

左边是元文，右边是我，这次我演曹操

直到今天，元家班聚会，我们还会一起对着元奎说，“啊——丞相，你看怎么办哪？”

有一天，终于轮到我做男主角，演的是《得胜回朝》，元龙和其他人都是演兵的，帮我作配。

上台前，我特别紧张，终于盼到出场那一刻，元华翻一个跟斗，假装一拉马，我一亮相，全场就拍手，我以为是在对元华的跟斗鼓掌，但紧接着就是全场哄堂大笑。我不知道大家为什么在笑，很困惑。

这时，元华一拉我，低声说，“牛仔裤。”

我说，“什么牛仔裤？”

他说，“在你头上。”

我转头一看，天哪，我的靠旗上竟然挂着一条牛仔裤？！

我马上往回跑，用力抖，抖也抖不下来，我又赶紧蹲下来，让另外一个人帮我把牛仔裤扯下来，再重新出场……

那时候我们的后台很小，墙上总是挂着各种东西，小包啊，换下来的衣服啊。估计是我在上台前，靠旗勾到了墙上的裤子，结果完全没察觉，太丢

那时候的戏班后台

人了……

第二天，我演包公，大家都知道包公有一条大胡子，平时那条胡子有很多人戴，所以味道不是很好，我在上台前，会把胡子先洗一洗。这一次，我把洗完的胡子挂在了腰上，出场之前着急忙慌地找不到胡子，就从墙上另扯下一条戴在脸上。上台一开腔，一捋胡子——不对呀，这胡子怎么这么长？低头一看，两条胡子连在一起，都拖地了，又是全场哄堂大笑。

这两次的失误加在一起，换来一顿好打。

还有一次，我依然是演包公，旁边打锣，一共 13 下，完了之后我就开始唱我的词。随着我的词“人来与爷向东走”，台上所有人开始走，站定之后再唱几句。随着我说“人来与爷向西走”，所有人又绕回原地。然后我站定，说完词，就换女生开始唱了，女生的唱词很长，起码十来分钟吧，我就站在那边摆好架势听着。忽然间，我听见有个人很轻声地在后面说，“师兄——”

我用余光一看，是站在后面的一个兵，元彪演的，因为我的嘴有胡子挡住，就轻声答，嗯？

他说，我想尿尿。

我说，你等等啊。

他说，我已经尿完了。

我说，啊？

再用余光一看，他的红色裤子上已经湿了一长条……

那时候元彪年纪还很小，所以在舞台上不会负责什么重要角色，不是演个兵，就是负责喊“报——”，有时候，他一整天只有一个任务，那就是在《三国志》里面负责喊“报——”，到了现场，化好妆，就在后台等着。戏班的后台通常都是非常忙的，也没人管他，他就干脆找个地方躲起来睡觉。等快到他出场的时候，会有人把他叫醒，他冲上台，喊个“报——”，一天的差事就完成了。

刚巧就有那么一回，到了那场戏需要他的时候，后台的人没找到他。台上到了该有人上来喊的时候，没有人。戏不能耽误，后台就有一个人远远地

中国戏剧学院成立三周年演出特刊，陈元楼就是我

喊了一声"报——"，台上的人意会，就接着往下演了。

等整场戏都结束了，我们都下了台，卸了妆，换了衣服，才发现他躲在一个桌子底下睡觉，还在打呼噜。我们过去把他叫醒，"哎到你了到你了"，他猛地一睁眼，如同离弦的箭一般冲了出去，奔上台大喊："报！"

定睛一看，师父坐在台中间，观众已经都走了。元彪一秒就哇哇大哭起来。

这顿打肯定是躲不过去了。

还有一次，我们唱《汤怀自刎》，大师兄元龙演金兀术，我们其他人都是演兵的。上场之前，我们在后台玩，过了会儿有人来通知我们：到你们了！我们就随着鼓点上台，上去就看元龙摆开个架势站在那边，文武场的人给了他一个"锵里个锵"，下面该他说词了，但他没说，人家再给他一遍"锵里个锵"，他还是没反应，我们当时就知道，他肯定是忘词了。

他那四句定场白应该是："孤家兴兵夺宋朝，南征北战费辛劳，但愿宋室一起扫，扶保老王坐龙朝——"

正当我们也替他捏一把汗的时候，随着下一个"锵里个锵"，就听他叽里咕噜地胡言乱语，还带着抑扬顿挫的腔调，说得跟真的一样。

我们所有人都傻了，面面相觑：他在念什么玩意啊？？

结果演完下来，师父居然没打他！没打就算了，竟然还夸他！"小子，临场反应不错，到了这种时候，不怕你胡念，就怕你不念！"

元龙那时候还总在台上整我。

有段戏是我们俩对词，他说，"这便如何是好，小人便有一计。"

我说："计从何来？"

他说："附耳上来。"然后就迅速在我耳边说一句脏话。

不管他说的是什么，我只能大声回答："好！照计而行！"而且我每次想躲都躲不了，只能凑上去听他说。

就这样，在苦乐参半的一次次演出中，我们慢慢长大了。"七小福"的名声也逐渐建立起来。

师父的女儿于素秋是（20 世纪）60 年代香港很红的武侠片女星，而且那

左二是洪金宝，左三是师父的女儿于素秋，右一是元秋，右二是我，右三是师父

个时代香港电影几乎所有的武行都认识我们师父，所以我们这帮师兄弟很早就有机会参与电影演出。虽然和萧芳芳、冯宝宝这些当红童星比起来，我们只能算是跑龙套的，但正是这最早期的银幕体验，让我们得以很小就在镜头前历练。

那时候我大概八九岁，元彪他们更小，去了现场，每个人头上粘个辫子，就学人家做戏了。演完回来，师母会单独给我们煮饭吃，那是非常幸福的时刻。

打是亲，骂是爱

尽管已经入选“七小福”，成了小小的角儿，我们这群人也没少闹事。

有个阶段我在学校里被叫作“小外国人”，因为小时候住在法国领事馆，周围很多都是外国人，爸妈给我取的小名“阿炮”也可以当作英文名“阿Paul”。到了戏剧学校，妈妈去看我的时候会叫我“阿 Paul”，周围只有我一个人有英文名，偶尔还跟人家讲法语，这让我在很长时间里都跟周围环境格格不入，师兄们经常看我不顺眼，不喜欢我。我小时候喝牛奶吃面包长大，比其他人体力和营养都好，吃东西总是“双料”（双份）。有一次，我跟元奎两个人打架，忘了是为什么，大家就把我们围在中间看热闹。

我的剪刀脚很厉害，打起来的时候，旁边就有人说，“不许你用剪刀脚”，我就不用。打着打着，师父来了，所有人吓得站起来往两边跑。他先是喝住大家，然后转头问我们：“怎么了？”我和元奎还在喘着粗气，互相仇恨地瞪着对方。师父说：“行，喜欢打架是吧？所有人闪开！你们两个站出来，打！”我俩先是愣住看着师父，忽然师父大吼一声：“打啊！”我们两个只好开始打。

你们不知道，其实打架很累的。打三四十秒还好，如果是连续打下来真的很累。那时候我们也小，不太懂步伐、呼吸那些东西，就是拳拳到肉地连续猛打，到后来两个人都躺在地上没劲儿了。师父说：“不打了？”“打不动了。”“打不动了？好，跪下，面对面，抽巴掌。”我和元奎只好互抽巴掌，

《大保国》剧照，右一是我

左一巴掌右一巴掌，打到后面手的力气也没有了。开始的时候还使劲抽对方，他力气大，我力气更大，到后面他力气小了，我也力气小了，最后脸也肿了，牙血都打出来了，两人又累又痛就开始哭。看我们确实没力气了，师父命令我们趴下，一人再打 10 藤条。10 声响鞭之后，我俩差点昏过去，简直后悔死了。

从那以后，大家都不敢随便打架了，如果非要打也绝对不敢再让师父看到。

不知道是哪一天，元奎跟元彪结拜了兄弟。十三四岁的时候，我们去台湾演出，在一个叫永和镇的天台上，三个人一起看公仔书，就是那种漫画小人书，书是元彪的。我看书看得很快，也不太在乎顺序，总是元彪一看完我就拿起来看，这时候元奎说："我们俩是结拜兄弟，他看完就该轮到我，几时轮到你？给我先看！"我一听就很生气，看他过来抢书，我不给，他再抢，我干脆往地下一丢，他刚刚想捡，我又一脚把书踢走。这下他也怒了，要过来打我，他刚一探身，我咚地一闪身就给了他一拳。

那时候在学校里，除了不敢打元龙，剩下的人里面我身手已经是最好的，身体又壮。结果我一拳过去，他一摸鼻子说："我现在下去照镜子，如果鼻子肿了，我一定回来打你！"我站在原地等，待会儿他上来了："我鼻子肿了！我要打你！"这时候我们打架，已经不是小时候那种滚在地上乱抓一气了，动作都已经带有套路和招式。他逐渐打不过我，要去拿板凳，一看他要拿板凳，我回身就抓起一个水泥罐子，很重，摇摇晃晃地叫嚣："你来啊！来啊！"

这时，忽然听见师父在楼下的声音："你们在干吗？"我们三个人一瞬间"咚咚咚"就从五楼下去了，真是不夸张，就几秒钟，已经连滚带爬地出现在师父面前。师父问："干什么呢？"我们说："在上面练功啊。""元奎你脸怎么了？""哦没事，我自己撞的。"他看看我们几个，懒得理我们，转身走了。等他走了，我俩又继续打……

我们还经常做出一些匪夷所思的行为。一天，我和元奎忽然要比饭量，他非说他比我吃得多，我说我比他吃得多，我们就一碗又一碗地添饭，吃到

当年的元龙、元楼，今天的洪金宝、成龙，还有不变的元彪

顶了还在吃，最后他吃了 8 碗，我吃了 7 碗半。这还不算完，为了证明身体素质比对方更强，我俩放下饭碗就上台去比翻跟头，也不知道翻了多少个之后才停，俩人都憋着不能吐，真的是太幼稚了。

在学校那些年里，大师兄元龙、二师兄元泰都没少欺负我们，但大家都顶着“尊师重道”的祖训，绝对不敢还手，还手就是“欺师灭祖”。

元彪跟我关系很好，我经常为他打抱不平。有一回，元龙先是借了元彪的钱，我们当时在巴士上面，元彪没钱买车票，就让他还钱，他不还，还讲脏话，我去帮他出头，我说“你不还钱没关系，但是你不要骂人”，他没被这么挑衅过，就说，“关你屁事啊！”我说，“就关我的事！”

他气坏了，就追着我打，我不敢还手，只能跑。先是从巴士跑下来，他也从巴士上追下来，我看他追过来，就一下子跳过栏杆，跟他说，“来啊来啊！”他绕个圈跑到栏杆这边来，我又“腾”的一下跳回栏杆那一边，那时候他已经开始有点胖了，追得很费劲，我的身手又快，给他气得呀。

就这么一路从礼顿道跑到佐敦道，他还是没追上我。只可惜我们最终还是要回到学校，回去之后就无路可逃，被他暴捶了一顿。

在学校里练拳击也是一样，本来我跟大家练得好好的，我总是能赢，这时候元龙就会站出来，说，“我来！”

他知道我不能打他，我只能用双拳护住头，他趁我一个不注意，“咚”的一拳，把我直接打得撞到墙上。

大的欺负小的，小的服从大的，是学院里多年来不成文的规定。对于师兄们的“欺压”，我们虽然不敢还手，但是练就了一身逃跑的功夫，我后来跑得那么快、耐力那么强，就是被元龙追出来的。

我以为这样的日子永远也不会结束，没有想到的是，大师兄元龙第一个离开了学校。

那一回，他在训练中把脚摔断了，疼昏了过去，送到医院之后养了很久。他本来很英俊的，断了脚之后，他爷爷每天来看他，给他做打卤面吃，每天吃面，他的身材很快就像吹气球一样胖了起来。脚伤好了，身材却回不去了，师父只好停止他的演出。这让他非常挫败，终于有一天，他背着铺盖离开了学校。临走的时候，他依然用大师兄的口气跟大家说：“戏曲的时代快要结束了，以后电影才是真正的事业！以后等我混出个名堂，你们就来找我！”

随着日子一天天过去，我们越来越体会到元龙那句话的英明。的确，戏曲表演的机会越来越少，取而代之的是电影事业的蓬勃发展，学院里的学员一个个陆续离去，投身到这个新的前景里面。

初恋

十四五岁，本应是情窦初开的时候，但我从小就跟一群男孩子混在一起，在师父的监督之下过着艰苦的训练生活，每天不挨打就已经万幸了。尽管学校里也有一些师姐妹，但对我们而言她们就像自己的亲姐妹，不会有任何其他想法。

偶尔听到师兄们说些这方面的悄悄话，我的脑海里会浮现出来的女孩形象，就是很久以前那个山顶上的小伙伴，法国领事家的女儿，那个我曾经为了保护她而跟别人打架的“小女朋友”。在我的概念里，女人都是母亲那样温柔体贴的样子，总是在我受到伤害的时候关心我。我也希望将来长大以后可以保护她们，就像故事书里的大侠那样。

当时在香港，潮州戏已经有了几十年的传承。一路唱下来，到我们那个阶段，顺应观众的喜好，开始加入武打动作，就需要我们这种会打的演员了。当时这种加入了武打的戏码被称为“神功戏”，每年鬼节的时候，就会有人邀请我们演出，大家在街上贴出海报，当街搭一个棚就现场表演。“神功戏”很快就变得很受欢迎，慢慢地，名声就从香港传到了东南亚。

那时我在戏班里做小兵，其实就是负责打的临时演员。有一年，我们被邀请去泰国演出，就在那时候，我喜欢上了戏班里的当家花旦。她也是香港人，比我大 1 岁，如果我 15，那她就是 16。

大家都很小，也很单纯，我每天都要跟她配戏，打来打去地混在一起，就忽然喜欢人家了。人家喜不喜欢我呢？当时也不知道，但就每天想办法靠近她。

泰国演出结束，我们回到香港，两个人已经开始谈恋爱。

那时候，大师兄元龙已经离开学校，经过他的介绍，除了戏曲演出，我们开始有机会在片场打零工。从武行做起，赚的钱要拿回去给师父保管。每天清晨6点，跟师兄们去一个地方集合，等车子来接。晚上收工之后，还是这部车子把大家送到上车的地方，大家再一起回学校。每天就是重复地练功，等工，开工，拍戏，收工。那时所谓的“拍戏”，要么是演那种看不见脸的人肉背景，拿把刀站在最后面晃来晃去，要么就是演个小偷给别人打一巴掌，或者在一群人中被主角一脚踹开……

我刚开始谈恋爱，懵懵懂懂的，每天都想着怎么能跟我的女朋友多待一会儿，但师父管得严，我经常假装6点出门开工，其实半路就溜去九龙公园。她要早上10点以后才能从家里出来，我就一个人坐在公园，从6点等到10点多，等待的时间里，看到旁边很多人在打太极，我就在旁边打功夫，旁边的人都停下来看我打。就这样耗几个小时，看到她来了，就特别开心。两个小孩子，只是一起肩并肩坐在公园的长椅上。我常常用手搭着她的肩膀，一搭就是五六个小时，手都麻了，也不好意思拿回来。中午两个人一起买点吃的，就这样一直坐到晚上10点，她要回家的时候，我也就假装收工回去。回去之后还要跟师父讲我“过钟”，就是说今天开了工赚了钱，再把爸爸从澳大利亚寄来的生活费抽出一些，交给师父，假装是当天赚的钱。

从戏台到片场

去片场常常乘坐的交通工具是双层巴士。我们认识了一个开车的管工，他负责带我们上车，看我们坐好，再让师傅开车。上车后他负责帮我们买票，三四十个人，一毛钱一张票，一共就花三四块钱。他的儿子叫崔六，是司机，工号1033。每次上车他就会说，“家属，崔六，1033”，这样他就免票了。

我们大家记了下来，有时他没法带我们，会把车钱分给大家自己坐车回

当年的我们，站在学校门口，右一是我

去，我们就把车钱拿去买吃的，等上车的时候，就一本正经地说："家属，崔六，1033。"

有一天，一起上车的人有点多，大家都用这一招，售票员就觉得不对劲了，开始讲粗话："我就不信崔六他妈能生十几个小孩！"拉着我们非要买票，我们稍一出手，他卖票的包就被弄翻了。我记得当时车开在太子道上，他大声嚷嚷着不让司机停车，要直接开到警察局。我们把车门一拉，直接跳下巴士，几个人连续"啪啪啪"跳下去，滚一下，马上很稳地站起来，一点伤都没有，还叉着腰挺着胸气人家。现在想来，这大概是我们最早的特技动作练习了。

最开始去片场的时候，我们就算到了现场，化好了妆，一切都准备好了，只要机器不开，就没有工钱拿。比如有时候男女主角忽然有事不能来，我们就等于白来了，没有钱赚，这样对大家很不公平。后来我们所有武行一起去争取权利，最终争取到了只要车一开，就算是开了"半工"，就能拿到一半的工钱，30 块；到了片场，机器一开，就算是开了"整工"，就能拿到 65 块了。

虽然每个人的酬金是 65 块钱，但回到学校之后，师父会扣下 60 块，只给我们 5 块钱零用。明明已经开始独立混社会了，我们却全都囊中羞涩。记得我当时相中了一条喇叭牛仔裤，白色扣子，很漂亮，价格 45 块，我足足存了半年的钱才买下来。每天珍惜得不得了，洗得干干净净，烫得整整齐齐，出场面的时候才穿。

元龙离开学校之后，元泰成了我们的大师兄。元泰、元华、元武和我，4 个人经常搭伴出门，早上五六点起来，经过附近的早茶店，想进去喝茶也不敢，因为你一坐下来就要给钱。门口的服务生招呼我们，"要不要进来饮茶？"我们几个就会说，"啊，吃过了，吃过了。"

偶尔鼓起勇气进去坐下，也只敢喝茶，不敢点吃的。如果是吃饭加喝茶，钱就是双倍，如果只是喝茶，那就只需要付茶钱。我们一边喝，一边很机警地看着周围，看到哪桌人离开，桌上还有东西没吃完，就会马上站起来走过去，"啊？走啦？这些东西你们都不吃啦？太浪费啦。"就赶紧拿起来吃掉。如果那天不巧没什么人剩饭，我们就只能喝个水饱出门，每天就是这样过活。

时间久了，我们自己也会私底下议论，钱真的太少了，实在不够用啊。师父扣下那么多，都是我们赚来的，是不是有点不公平？议论得多了，我们想要为自己发声争取的愿望就越来越强烈。可是在学校那么多年，我们从来不敢忤逆师父，可想而知这样的“谈判”对我们来说，有多大的心理压力。

我们合计来合计去，最终决定 4 个人一起去找师父，由元泰代表大家开口。那天看到师父路过身边，我们先是小声说：“师父，我们有事情想跟您说。”他说：“好啊，一会儿过来吧。”

我们 4 个战战兢兢地一起进了师父的房间，看到师父坐在一边，师母坐在另一边。

师父先开口，“找我有事谈？说吧。”

空气中一阵沉默。我们 3 个人都盯着元泰，等着他开口。

好不容易他张开了嘴，说的却是：“哦，师父，没事了。”说完转身就走了。

我们只能跟着他一起走了出去。出去之后就围着他痛斥，“什么情况？我们不是说好了吗？为什么不讲？”

他被我们骂得受不了，又重新鼓起勇气走回师父房间。师父和师母都还坐着没动，我们 4 个人都紧张得发抖。

师父不耐烦了，“有什么事快说！兔崽子们。”

我们被吓了一跳，元泰终于豁出去了，声音跟蚊子一样嘟囔着，“师父，我们人也大了，钱不够用……”

说完之后，我们 4 个都在等待一场暴风骤雨，没想到师父并没有出声，也没有打我们。他脸上的表情从惊讶变成无奈，后来用手捂住了眼睛，手指缝中分明有眼泪流了下来……我们几个也傻了，这可是破天荒的第一次，我们吓得跪在了地上，也想哭。心想，完蛋了，我们竟然惹师父伤心成这样。

我们一边发抖，一边听到师父带着哭腔的声音，“你们现在翅膀硬了，要飞了……”

师父为香港乃至世界影坛培养出了武术指导的半壁江山

在我们更加不知所措的时候，师母说话了，“别这样，孩子们确实都长大了。”

师父定定神，叹了口气，“好吧，以后就一人一半吧。”

我们简直不敢相信自己的耳朵，什么？一人一半？那岂不是我们可以从5块直接涨到32块5！我们4个人一起带着哭腔说，“谢谢师父！”

默默从师父师母的房间出来，默默关上门，默默走到外面的房间，退出来，再默默关上一道门，之后回到我们自己的房间，把房门关紧，确定师父听不见了，我们4个人爆发出狂喜的叫喊：啊——啊——啊！

这是一次伟大的胜利。后来我们每天带着65块回来，师父会让我们放35块在他那边，只留30块给我们，虽然并不是严格的一人一半，还要吼我们“省着点用”，但我们已经很开心了，这可是原来的6倍啊！

10年时间里，我没有真正离开过戏剧学院。

到了我10年师满的时候，爸爸还没来学校接，我就不能走，只能羡慕地看着大家一个个离开。

终于有一天，爸爸来了。那天他跟师父在外面聊天，我在房间里收拾东西，把这些年的全部家当塞进箱子之后，我特意穿了3条牛仔裤。照旧时的规矩，出师那天是要挨10下藤条的。

我拿着板凳端着藤条跪在那里，跟师父说，“师父，我走了。”他过来摸摸我的头，“唉，免了。”我松了一口气，“多谢师父。”爸爸跟师父又寒暄了几句，“走了，有空回来探你啊。”我抓着行李箱，“干爸，我走啦。”跪下磕了3个头之后，转身走出了学校。

出门之后，回头望望学校的门，心里还是没有放松。爸爸叫了的士，我上车之后再转头看，依然害怕。车在佐敦道转弯，再转身已经看不到学校了，我在车里大喊：“啊！啊！啊！我终于离开啦！”

“死得最好”

17岁那年离校，我忽然自由了。

爸爸原本希望带我回澳大利亚，跟他们生活在一起，但我希望留在香港闯荡电影圈。毕竟学了10年的功夫，片场可以给我施展拳脚的机会。爸爸看我态度那么坚决，就在新蒲岗给我买了一间小公寓，花了大概3万块港币。那是我妈妈多年攒下来的小费和爸爸辛苦做饭炒菜近10年的存款。那一刻，我忽然理解了当初爸爸妈妈离开的决定，他们没有能力赚大钱，只能靠日复一日的体力劳动，用辛苦攒下来的所有积蓄，给我买一处容身之所。

多年后，爸爸回到香港，一直住在那间小公寓里。我很多次希望他搬家，搬到给他买的大房子里去，有更好的居住环境，他每次都拒绝。后来我只能骗他，那个小房子卖掉了，他这才搬出来。直到过世，他都以为我已经把它卖掉了，其实直到今天，那间小公寓仍然在我的名下。那是爸爸妈妈留给我的纪念。

在这间公寓之前，我从来不曾有过自己的房间。小时候跟爸妈睡一张上下铺，后来在学校睡大通铺，现在，终于有了一个完全属于自己的空间。尽管房子不大，里面也什么都没有，但我已经非常开心了。手头没有什么钱，我就在市场上买了一些木头，自己锯木头，钉钉子，亲手做了几件家具。从这时候开始，我从热热闹闹的群体生活忽然变成一个人，开始学着适应孤独。

那时候是吃着这一餐不知道下一餐，家徒四壁，只有一张烂沙发、一只矮板凳、一个小电视、一张台子、两个哑铃。在家里等开工电话的时候，就穿个短裤，坐在矮板凳上看电视，一边看电视一边打拳，时刻在练功。

电话一响，才有工开。我家那个电话线，要多长有多长，即使去上厕所也要抱着电话机，就怕错过人家的电话。铃声一响，马上就飞身去接，因为那些负责叫人的人很没有耐性的，现场通告又出得很快，一个纸头把数字拉出来，“明天要10个武行”，打给你，电话没接，这个工作机会就没有了。

“喂！礼拜一6点！收到！”毕恭毕敬。

有机会去了现场，假如动作指导觉得你还不错，就有可能连续拍上个五六七八天，就能连续有钱拿了。每天只有等到电话之后才敢出门，这意味着未来几天的饭有着落了。

当时邵氏是最大的电影公司，旗下有规模很大的电影城和摄影棚，我们一群相熟或不熟的武行，天天混在附近等待机会。所谓的机会，依然是当不露脸的各种人肉背景，或者是被踢被打被砍被抽的临时演员。有时候也会被制片叫去做一些体力活，帮着搬搬东西之类。无论如何，只要有活干，我们就很开心了。

去片场上车的集合地附近，有一家台球厅，我们一群武行也常常聚在那边等电话，有工开了，去现场也方便。等待的时间里，大家可以打台球，总比自己一个人在家要好。后来慢慢地，就变成吃饭、睡觉都在那边，台球厅对面有澡堂，可以去洗澡。

那时候香港的黑社会已经很猖獗，有时候我们打着球，忽然“砰”的一声，几十个拿西瓜刀的人冲进来，一边破口大骂，一边问，“是不是他？”这时候我们都会很紧张，万一有人认错了，指着你说个“是”，那几十个人就砍过来了。那么小的地方，逃都不好逃。

在片场有很多时间都是在等待，这时候我就会观察所有的人在怎样干活，后来慢慢看明白，原来拍一场戏有那么多学问。单讲“Action”，就分“开机”“Rolling”“开始”几个阶段。我们常常要在片场扮演死尸，死尸当然是不能动的，但很多人没经验，导演刚喊开机就开始闭气，等到真正开始的时候，就快要憋不住了，身上横七竖八插着刀和剑，一起一伏地动，有些憋得快晕了，身体和刀还会一起抖，导演气得骂脏话，“什么情况？死人怎么还在动！”

自从学到“Action”是怎么一回事之后，我每次都会等到真正“开始”的那一刻再闭气。也有些时候即使导演喊了“开始”，但机器是从一边慢慢移动过来的，我就会在看到机器来了之后才开始闭气。当机器划过去之后，拍不到你了，其实你又可以抽空呼吸了。这样反复几次，导演就会指着我对旁边的人说：“那个人死得不错！下次有什么需要死的就叫他来，他很会死。”

有一次在某个片场，导演要拍两个大侠在雨中对打，一群死尸在后景处横七竖八，身上都插着刀。那天特别冷，所有群众演员都泡在水里，很多人没办法坚持闭气，再加上冷的缘故，满地的刀都在上下抖动。导演大吼：“咔咔咔，不要动啊！你们已经死掉了，明白吗？”接着又指着我跟副导演说："就那个人，他死得最好，明天叫他来继续开工！"

那时候也有人嘲笑我，演个死尸你演那么认真有什么用？但是我认为，机会就是这样一点一点来的。因为我在武行里最初的名声，就是从"死得最好"开始的。

这段经历后来还被放进了周星驰的电影《喜剧之王》里——

"我"被副导演叫到导演面前，"喂，过去死给导演看看。"

"导演，你想我怎么死？"

"中枪死。"我做了一遍。

"这样才对嘛，换衣服！"

"谢谢导演。"

"这位大哥，你在哪学的戏啊？"

"我没学过戏。"

"哎呀，你真是天才。"

"你用点心就行了，用点心。"

第一次当男主角

有一天，我接到了一个电话，是某个制片人的助理，这通电话为我带来了一个好消息。"制片人想为新片找一个男主角，要会武打动作，我向他们推荐了你，他们愿意见见你。"听到这里，我已经按捺不住心中的激动了，做了那么久不露脸的工作，我竟然也有机会当男主角？

沉浸在喜悦中不能自拔，我完全没理会人家接下来说的，"这部片给你的报酬可能不会很多，其实我也不知道他们打算给你多少片酬……"我打断了她的话，"没问题！请问我去哪签字？"

那部戏片名很有趣，叫《广东小老虎》。刚开始的时候，我也搞不清楚他们找我是要演人，还是要演一只小老虎。玩笑归玩笑，等我到了拍摄现场，才发觉事情不是我想的那样。这部我人生第一次担纲男主角的电影，明显是一部低成本片。剧情讲的是在帮派之间的打打杀杀中，我饰演的小虎子替父报仇的故事。我身为武行，已经在片场摸爬滚打了好一阵子，看得出怎样的电影是好的，怎样的是混的。拍摄过程很让人尴尬，没有剧本，没有武术指导，我只能兼任武术指导，带着元奎和徐小明。当时的拍摄环境很恶劣，设备陈旧落后，工作经常超时，而我这个男主角，只是被导演吩咐在镜头前摆出各种动作或姿势，连我自己都觉得没劲。随着拍摄的推进很多人陆续退出，最终整个剧组以散伙而告终，制片人和导演带着钱消失了，没人领到报酬，这部戏就画上了句号。

那时候武行们开工是当天就收钱的，我还记得最后那场戏，所有武行连当天的钱都没拿到，我觉得很过意不去，就自己掏腰包付了钱。那时候我才赚那么一丁点，还是拿爸爸给我的钱把武行的钱给付掉了。

结果，这样一部作品当然没能上映，我的第一次男主角经历也就此告终。

小武行

1971 年，比我们资历更深、更早离开学校的大师兄元龙，也就是洪金宝，已经跟嘉禾公司签约，成了一名动作指导，元奎、元华、元彪、我，几个师弟就跟着他在片场混饭吃。

当时，有一部电影叫《合气道》。导演是黄枫，动作指导是洪金宝，他是导演的干儿子，带着我们进了这部戏。

在片场，我们永远在琢磨和学习的，就是怎么样可以让自己多赚一点钱。制片为了省钱，喜欢在主角旁边放特约演员，特约比武行的价钱便宜，一天五块十块而已，所以一拍完打戏就让武行撤了，只留下特约演员。有个老师傅教过我们，如果谁可以站在主角旁边，谁就是一定需要连戏的，武戏完了就剩文戏，你只需要站在旁边就可以赚钱了，但如果你打完时站得离主角远远的，那后面肯定就没有你的事了。我一直记得这个小诀窍。

那天正是拍摄一场打戏，我一直盯着女主角茅瑛旁边的位置。一打完，恨不得从 80 米之外三步并作两步，飞奔到茅瑛的后面站定。那时候我的头发很长，站住之后下意识地甩了一下头发。茅瑛刚刚要开口讲对白，忽然之间，就听到导演喊：“咔！”

我心想，“没问题啊，咔什么呢？”

“你他妈的甩什么头发？！女主角的镜头你也敢抢？你哪里来的？给我滚出去！”一连串大骂就冲着我来了。

我当场就被骂得愣住了。骂我个人什么都可以，但是我从小到大都受不了别人骂我的妈妈。以前在学校的时候，元泰骂了我妈一句，我立刻就骂了回去，他一个巴掌甩到我脸上，学校规定不能打师兄，我不敢打回去，就继续骂他，我骂一句，他打我一巴掌，骂一句，一巴掌，这样不知道重复了多少次，直到被旁边一个师叔看到，才让他停了。我被他抽得脸都肿了，满嘴是血，也坚决没有服软，我要让他知道，不可以骂我的妈妈。

此刻，我灰头土脸地从片场走了出去。心里憋着委屈，也有一部分是懊悔。原本是想出去后慢慢平复心情，没想到外面那些等待的武行们一直笑我，“让你抢镜头啊，让人骂了吧”，我的眼泪都要下来了，他们还在笑。这样一来，我就更生气了，心里想着，我情愿不捞也不允许有人骂我的妈妈，于是在道具堆里拿了一把木刀就往片场冲。洪金宝看到之后，一把抱住我，“你想干什么？”

“他骂我妈妈，我要去砍他！”

“神经病啊你！不想开工了？不许去！”

我那时候已经克制不住情绪，还是要往里冲，忽然间，洪金宝说，“你不要闹了！你知不知道今天我是因为找不到其他人才找你来的？！”

就这一句话，其实很伤我的心。如果我不提起，可能他也早已经忘了。我知道他当时是为了我好，不希望我跟导演起冲突，影响到我之后的工作，但是那句话真的很伤我的自尊心。

被导演赶出了片场，之后一整天就没有我的事了。我就一个人坐在那边，最后孤零零地一个人回了家。

那之后，他们再给我通告我也不接了。我情愿穷，也不再接他们的工作。

自此，我就暂时不跟洪金宝了。

之后，我跟了梁小龙的叔叔梁少松，他在邵氏做武术指导，跟我们师父于占元也认识，虽不算同门，但也是熟人。记得当时那部戏叫《黑店》，施思做女主角，午马做副导演。我就想，我要怎样表现自己，给人家看到呢？

那天有场戏，在酒楼的二楼有场打斗，要有武行从二楼摔下来。大家在下面铺上纸皮盒，铺好之后就要上去打了。开拍之前，我们全部站好，梁少松就像点将一样分配工作，“待会儿纸皮盒铺两边，一个人要从那边二楼摔下来，这边也要有一个人摔下来……”

他还没讲完后面的话，大家就看到一个人“咚咚咚”就上二楼去了，那个人就是我。上楼之后，我就站在那个栏杆旁边，意思是，这个难度最大的位子是我的了。

结果，我又被骂了。

“你他妈的是谁呀？你干什么呢？”我那时候刚入他的门，他对我还不熟悉。

“我负责在这里摔下去。”

“你给我下来！”

大家就看着我又“咚咚咚”地走下来，这个过程中，所有人都在笑。

梁指导又分配任务：“好了，准备啊，梁小龙，一会儿你上去，那个谁谁谁，你去那边……”总之，他把自己团队里的高手都派了上去。武行也是分等级的，做高难度动作的可以拿到更多钱，小武行就负责做些辅助和服务的工作。那天的我，被分配到的任务就是在纸皮盒旁边保护摔下来的人。

一整天下来，我一直都被笑。“你上去？几时轮到你了？”

我真的觉得很糗。之后，我就离开了梁指导。

再之后，我又跟了徐小明的哥哥，叫徐二牛，也是武术指导。进了这个团队，我已经知道不可以随便出位了，人家叫我干什么我就干什么，尽管心里是不甘的。当时程小东、火星（蒋荣法）都在他的团队里，后来我们的关系很好。

徐二牛的班底里面有将近30人，我是新人，依然只能做铺纸皮盒这种保护、辅助的工作。每次指导到了现场，跟他时间久的、本事高的，都站在前排，我们这些新来的、年轻的都站在最后，他最多就是跟我点个头。很长时间，他根本不认识我。

我想，不能永远是这样子啊，他都不知道我的能耐是什么，我要如何表现自己呢？每天都在想这个问题。

那时候，我们接到通告，一般会在两个地方上车，一个是在台球馆附近，一个是在清水湾，那边有个车站，每天早上有一趟去邵氏片场的大巴士，错过这趟车就没有了。爸爸给我买的房子位于新蒲岗，坐巴士到清水湾更近。怕错过大巴士，我每天早上 5 点多就在那边等，大概 6 点半、6 点 45，大巴士就来了。

等车时，总是会看到一部我当时的 dream car（梦想之车）——BMW2002，黄色的，正是我们武术指导徐二牛的车，经过车站的时候引擎“嗡——”的长长一声，特别帅气。

自从发现徐二牛每天都从那边经过，我就不在车站的位置等了，每次都刻意往前走一些，站在路边一个没有人的地方，空空的，就只有我一个人，再前面不远就是红绿灯。等他的车子“嗡”的一下过去了，我再走回车站。

不出一个礼拜，忽然有一天，他的车停下来了。手向我一招，我赶紧跑过去。

“车来了吗？”他问。

我说，“还没到。”

“上车吧！”

哇，终于让我等到了。

我打开车门，屁股先坐到座位上，脚仍然在车外，下一个动作是把两条腿悬空，两只脚互相磕打，把鞋上的灰抖到地上去，然后再把脚轻轻地放进来。一旦坐定一个姿势，我就完全不动了，一直到他开到片场。

我知道他很爱惜他的车。对于爱车的人来说，如果你上车之后大大咧咧的，一点规矩也没有，人家一定会很讨厌你。

“叫什么名字啊？”

“陈元楼。”

“……”

跟着他的车，我比别人早到很多，一到片场就换好衣服坐在那边等其他人。等的时候，我看到徐二牛自己出来擦车。

那时候我们普遍称呼武术指导为“蛇头”，我说，“蛇头，我帮您擦吧。”

我擦车是怎么擦的呢？

他的轮毂，我是用牙刷刷的，他的车标的缝隙，我是用牙签去清洁的。收工的时候，他看到车被我擦得发亮，脸上露出了满意的表情。

自此之后，每天他都在车站那边停车，我就在那里上车，慢慢就靠近他了。

看着徐二牛在现场威风的样子，我觉得武术指导这个工作太牛了，不仅掌握着大家的工作机会和薪水，还能完成那么专业的动作设计。我希望有朝一日可以像他一样，这成了我的第一个明确的人生目标。

我开始比以前更加留心去学习。

在片场，你要学的第一件事情是“站”，要知道站在哪里不妨碍人家做事。我找了一个适合的地方站着，看徐二牛怎么对导演讲话，看导演怎么跟他分镜头，看他拍动作戏时镜头怎么摆、灯要怎么弄，什么时候要把反光板拿来，什么时候又要拿走……每天都这样观察，有时候还把一些要领写在纸上，放在口袋里，每天看一看。

那时候我的年纪比周围人都小，所以大家都叫我“少爷兵”。徐指导已经跟我熟了，有时看到我在旁边，就会说，“少爷兵，帮我拿杯茶”，我就赶紧去拿杯茶，“少爷兵，帮我去买个面”，我就去买个面，后来就变成，“帮我把套招的东西拿过来”，再后来，需要用替身的时候，他也会点我名，“来，少爷兵，你来替”。

一开始是替那些非主要角色，比如一堆“大内高手”，就需要很多人，在现场跑一跑、摔一摔、滚一滚，就完成了。有了“死得最好”这样的经验积累，我也愿意多做替身。别人替一个，我可以替两个、三个、四个、五个。只要有表现的机会，我都不会错过。

这样的表现多了，徐二牛也看到了我的能力、悟性和态度，他开始安排我做男主角的替身。自那之后，只要是他做武术指导的戏，男主角的替身几乎都是我。替当时的大明星岳华、罗烈是最省事的，他们都非常英俊，只要贴个头套就完事了，最怕的就是替老人家，要贴白眉毛、白头套、白胡子，要弄好久。

慢慢地，我有越来越多的机会展示自己的本事，他也知道我不是只会拍马屁，我是有能耐的。就这样，我很快成了徐二牛的左右手，当然，他也在不断考察我的能力。

套招的时候，他会叫我，“来，你做岳华，我们走一次”“来，你走给他看”，我开始有机会给岳华、罗烈这样的大明星演示如何套招了，这是非常荣幸的事情。

有一场戏，他说，你负责套舒佩佩那部分，我去套男主角的部分，我马上领命。允许我独立完成其中一位主角的套招，这是对我能力的肯定。可是当我跟团队里的其他人互动时，就发现有问题了。比如我说，先这样一剑，正常来讲，他们会还一招给我，我再给出下一招，这样才是所谓的套招嘛。可是我出招之后，那些人根本不还招，还会很拽地问我：之后呢？怎么样？

他们一直不接招，就变成我一个人要套五六个人，这样我就套不下去了。过了一会儿，徐二牛走过来，发火了，“你怎么这么久还没套好？”

那时候我就知道，因为我上位太快，周围的人对我已经很反感了。原来在一个团队里做事，人际关系也是一门学问。我下定决心，一定要靠自己的本事让大家无话可说。

辛苦的日子里，我的初恋给我很大的鼓励。她对我很好，每天 10 点钟来我家，帮我收拾房间，洗衣服，晚上才回家。跟她在一起的日子无比美好，我会把片场发生的好玩的事情讲给她听。直到有一天，她父母听说我的职业之后，断然要求她跟我分手，毫无商量余地。她爸爸说的话我到现在还记得：“一个武行，不会有出息的。你不要碰我的女儿。”

片场的辛苦与危险，都比不上这一句话给我的打击大。我第一次体会到现实的残酷，这种对自尊心的践踏，杀伤力远远大过在学校被师父痛打一顿。我把家里唯一那把椅子砸得稀烂之后，慢慢冷静下来，开始思考未来。

也许在那之前，我没敢想过要出人头地，但在那之后，我知道自己未来只有这一条路可走。

龙虎武师

失恋之后，我把所有的精力和体力都用在了工作上。每天都最早到片场，最晚收工，表现得特别积极，希望给剧组留下一个好印象。在徐二牛的团队，我会自告奋勇尝试一些不属于我工作范畴的、高难度的危险动作。完成动作之后，我总是装作一副很轻松的样子，绝不让别人看出我身体上的痛苦。

在片场，龙虎武师是动作组里地位仅次于武术指导的人。作为高级特技人员，他们是一部动作戏不可或缺的重要成员，赚的钱比普通武行要多，是武行们羡慕的对象。“龙虎武师”，光听这个名字，你就可以体会到那种威风凛凛。这是我给自己定下的第一个目标。我要用别人完不成的动作来证明自己。

终于有一次，机会来了。

那场戏，导演希望拍翻越过河的画面，要求把 3 个弹床相连，放在水面上，再让武行在弹床上弹起来，连续弹 3 次。

大家都知道，水是上下浮动的，弹床铺在水上，不像铺在平地上那样有一个稳定的支撑，相当于弹力就没有了。有经验的武行们听了这个要求，直接就说，这个动作没法做，要么把水抽走，要么给弹床底下加上足够高的腿，这样它才可以立在水里。制片觉得把水抽走是不可能的，导演也不同意给弹床加腿，因为会穿帮。

这时候，我说，我来吧。

旁边有人拦着我，说这个做不到的，太难了，不可能的。

我说，没事，可以的。来吧。

到了实拍的时候，弹床果然没有什么弹力，我完全是在用自身肌肉的力量做翻滚，最终完成了这个动作，把大家都看愣了，觉得这小子还是有真本事的。

这次赢得的认可，让我成为一个年轻的龙虎武师。从那之后，我开始真正了解自己未来的生活——充满刺激，但变幻无常。

血气方刚

我们一群武行，十七八岁，血气方刚，每天都感觉身体像充了牛血一样，有使不完的劲。

那时候香港流行骑电单车。有一天，我们几个人一起过马路，在美丽华大厦那边看到路边有 7 个人，旁边停了 7 辆 125 的电单车，很有型。我看着有点羡慕，就指了一下电单车，跟旁边的朋友说，“等我长大有钱了，我也要买一辆这个。”结果其中一个人忽然就骂我：“你指什么指？”

我嘴里还在说着“啊？”，我旁边的朋友已经冲过去，一脚踹在他的电单车上，7 辆电单车就像多米诺骨牌一样倒了下去。那群人骂骂咧咧地冲过来的同时，我感觉自己眼前有两阵疾风“唰”地闪过，刹那之间，一群人就扭打在了一起。

我们当时是 3 对 7，大概不到 30 秒吧，对方 7 个人都被我们放倒了。你都反应不过来过程是怎样的。

对我们武行来说，打架的时候有一整套连续动作，打、挂、推、过，连起来速度非常快，对方还没反应过来，就已经倒了。而且我们打架有个习惯，无论旁边有多少个人在打你，你一定要盯住一个人打，把他打倒为止，然后再去打下一个。一般人打群架的时候，会拳碰拳、脚碰脚，但我们不一样，目标明确，下手稳准狠，不分心去顾及旁边，不让自己的节奏乱掉。当你的肾上腺素激增的时候，旁边的人打你，你是感觉不到痛的。

我们看他们都倒了，就赶紧跑了。其实我自己也有点害怕加兴奋，浑身一直在发抖，跑到一半才发现自己流血了，大腿给人家拿尖棒插了一下，就干脆去一家牛仔裤店买了条新的牛仔裤，把伤口扎起来。这时候我们已经跑到了对面，远远看着打架的地方，有救护车把他们抬走了。当时大家也有点害怕，怕打出事，还好第二天报纸也没登。

等我跑回家，就看到右手肿得很厉害，手背居然连骨头都露出来了。当时也不敢去医院，就自己用漱口水冲了一下，再用布包起来。两天之后，手背竟然发臭了，血和脓一起流出来。我打开仔细看了看，发现那块露出的骨头还在，拨了它一下，居然掉了——原来是一颗门牙！也不知道哪个倒霉鬼吃了我一记重拳，竟然带下他一颗门牙……

在片场的日子，一群年轻男孩混在一起，有时候也会搞些恶作剧。比如看到片场有些女演员，见了导演嗲得不行，看见武行却像看见蚂蚁一样，一脸不屑，有时候还会欺负大家，不把大家当人看。这时候武行就会想办法整她。

比如挤血包，本来可以挤得很有技巧，但为了整人，就故意挤她们一脸一身，她们去换衣服，武行们就乐得休息。现在看，这样真的挺坏的，但大家当时的想法其实很简单：职业不分高低贵贱，不要随便看不起别人。

像郑佩佩这种既聪明又敬业的女演员，到了片场总是带着一堆甜品和汤，给导演和武行们一起吃喝，对大家也都很客气，永远都是叫“师父仔”，大家就会在拍戏的时候特别照顾她。

那时候，我们还常常喝酒。有一次，我们去一个武行的婚礼，为了逞强，我喝了整整一瓶伏特加，是那种不喝酒的人只要喝一杯就能倒的度数。元奎也喝了特别多，后来我们自己都不知道是怎么回去的，听说是被人从饭店楼梯一直拖回家，睡了两天一夜才醒。那之后的几天里面，我们俩吃什么吐什么，难受得够呛，之后才懂得不能那么猛喝。

也许你会好奇，大家每天赚那么少的钱，怎么还会舍得花掉，为什么不攒起来呢？原因很简单，我们每天的工作都是拿命去拼，尽管大家不会说破，但每个人都知道，也许下一个危险动作之后，你就没机会看到明天的太阳了。既然如此，当然是今朝有酒今朝醉，有多少钱就马上挥霍掉，不必留给明天。

1971年底，《精武门》开拍。罗维导演，李小龙主演。武术指导是韩英杰，他是我师父于占元的女婿，平时很关照我们，我们都叫他师兄，他把我们几个兄弟带进了剧组做替身。

那个年代，如果你可以去拍李小龙的戏，是一种极大的荣誉，临时演员也好，武行也好，都会令周围人非常羡慕。

到了现场，李小龙身边总是围着一群人，我们凑不到跟前去，只能远远看着这位真正的大明星。当时，元华替的是李小龙翻跟头的动作，我则是去替戏中的一个小喽啰。

有一个镜头，是这个小喽啰一脚踢向空中，划出一条直线，然后再"砰"的一声落到水泥地上。罗维导演的要求很高，他觉得武行们做得不到位，听到他不停地说"不行！落地没有力！"，我就决定豁出去了，一开拍，我就飞速地踢向空中，然后"咚"的一声，重重地砸在地面上。导演觉得我做得不错，说："这样才对！机器有没有跟到？没有？再来一次！"

一次又一次，我大概做了4次，导演终于满意了，我的腿也跺得快要碎掉了。这个时候，李小龙从旁边走过来看，我猜他应该注意到我了。

下一个镜头，我要跟他对戏，画面是他把我一脚踢出木窗。拍摄的时候，他踢过来一脚，先是要拍我被他踢飞，然后我要到外面，被威亚吊起来，再重重地摔在地上。

拍完这个镜头，他走过来拍拍我，问我怎么样。我做出有点痛的样子，但嘴上跟他说"没事没事"。其实他能过来跟我说话，我已经超级开心了。

到《龙争虎斗》的时候，韩英杰又带着我们一起开工。

有个镜头，李小龙要打很多人，拿着两个棍子，"啪啪啪啪"，我依然是这群被打的人里的最后一个。拍摄的时候，他的动作非常快，打得很好看，打完前面所有人，到我了——可能是因为距离太近，他一不小心把棍子砸到了我的左脸上，发出一声闷响，我强忍住没出声，继续表演倒地。当时我听到他下意识地"呃"了一声，但是导演没喊"咔"，他就得继续演，把我们

《龙争虎斗》里我被李小龙抓着头发的画面；我在《精武门》中做替身，飞出窗外的画面

所有人打倒在地后，他一转身，看大家都躺下了，再帅气地离开。

此刻导演喊“咔”，镜头完成。

我躺在地上，看到他把棍子往旁边一丢，嘴里大声喊着“Oh my god”，很快从远处跑回来，到我面前一下子抱住我的头说，“啊对不起！对不起！”

我们从小挨揍挨习惯了，加上拍戏时精力高度集中，肾上腺素激增，那一下确实痛，但不至于有多么严重。在他跑过来之前，我本来已经要站起来了，看他这个样子，我就捂着脸，一副好像很疼的样子，笑着跟他说，“没事！真的没事！”

没办法，被偶像这样关心，太幸福了，不疼也要装得疼一点。

那一整个晚上，他只要转身看见我，就会远远地跟我示意，嘴里说着“Sorry，sorry”。晚上放消夜了，他经过厕所，在一群武行里面看到我，依然在说“对不起，对不起”。我真是受宠若惊。

白天拍完，到了夜班时间，现场要留武行在。他跟动作指导提出要把我留下。哇，那时候一个普通武行一天 65 块，但是你过钟、补钟、接夜，连起来就多了很多钱可以拿。紧跟着有要下水的戏，李小龙又提出让我下水，下水又可以加钱。

拍摄下水的戏，我的节奏把握得很好，他走过来双节棍一甩，我可以抓到刚刚好的节奏，“砰”地掉进水中，出来的效果非常真实，大家都很满意。

夜班戏结束了，又开始接早班，就又能继续赚钱。那一个晚上，我因为李小龙的缘故，多赚了一千多块！

不过，这部戏里我唯一露脸的镜头，就是被李小龙抓着头发的那个画面了。在一群人里，我排在最后一个，上来“啪啪啪”打完，他抓着我，再一个转身，咔！

最后一次见到他，是我们两个在街上偶遇。

那天我要去四海保龄球馆打球，经过半岛酒店那边的时候，看到街上有个人——啊！那不是李小龙吗？

“小龙哥！”我朝他招手。

他也看到我了，“哎？是你。”他还不知道我的名字，“你到哪去啊？”

我说，“我去打保龄。”

他说，“打保龄？我跟你一起去。”

我惊呆了，一边说着“啊”，一边马上抬手，“计程车！”

其实如果没有碰到他，我是打算坐巴士去的，但是他在旁边，我马上叫计程车。在车上，他问了我的名字，我也跟他介绍自己学过哪些功夫，他还夸我动作不错，胆子也很大。

进了保龄球馆，你们可以想象我有多威风，所有人看着我都瞪大了眼睛，拜托，我带李小龙来打保龄球啊！

我昂首挺胸地走进去，安排了一个赛道，请他坐在那边，帮他叫了一瓶汽水。问他要不要打，他说先不用。那时候我原本是在跟人打连续比赛的，那天也不打了。他坐在旁边看着我打，有时候会说，“Good! Good shot!（好！好球！）”不过大多数时候，他都若有所思，我也不去打扰他。

如果有人过来要签名，我就像训练有素的保镖一样，过去挡着说，不行不行。

我打了几局之后，他起身跟我说，“你继续打，我先走了。”

我说，“哦，好。”就送他下楼去坐计程车。

临上车之前，车门打开着，他没有说“下次见”之类的客套话，只是回头看看我，好像想要说什么，但什么都没说，跟我挥了个手，就走了。

我站在路边，看着他，像做梦一样。

一个礼拜之后，就听到了他去世的消息。整个影坛为之震动，为之悲恸。

直到现在，我还记得，他穿着一件大领子的衣服，搭配一条喇叭裤，一双浅咖啡色的厚跟鞋，跟我挥手告别的样子。

武术指导

当上龙虎武师之后，我的人生目标已经非常明确，那就是早日成为武术指导。每天在现场，我依然抢着去做那些苦活累活。动作完成得漂亮，人又“醒目”又勤快，眼观六路耳听八方，时间久了，我的人缘越来越好，只要是合作过的人就都蛮喜欢我。

有一天，我做完一个特技动作，狠狠摔在地上之后，大家收工，我很累也很痛，就没有马上站起来。这时有个人走过来跟我打招呼，我心不在焉地应了一声。等这人说明来意之后，我立马精神了起来。

他是一位制片，上海人，在片场观察了我很久，我的勤快和机灵，被他看在了眼里。"小赤佬，我接下来有一部戏叫《四王一后》，在找武术指导，你可以吗？"

天哪！这不是我梦寐以求的机会吗？我才 18 岁，就有机会做武术指导了！

他继续说，"我们的新戏预算不高，负担不起目前的武术指导的钱，想尝试跟新人合作，所以我来找你，看你有没有兴趣跟我们签约。"

我跟片场的人学过几句上海话，马上就说，"伢叔，谢谢侬！"

第二天，我早早到他们的公司，跟制片人见了面，很快就把合约签了下来。我问能否雇一些帮手一起来做，他们很爽快地答应了。我去找元奎、元彪和火星一起加入这个剧组，带着他们一起畅想着美好的将来。

真正到了片场，我意识到事情没我想的那么好。剧组内部非常混乱，到处都充斥着争论声。制片人干涉摄影师所用的设备，导演又嫌美术组搭的布景太劣质。元彪是我的小师弟，他没说什么，元奎则在旁边叽咕："你看现场这样子，跟你说的根本不一样。"这让我很没面子。

尽管我们在动作戏上用尽了全力，也没能阻止这部电影失败的命运，最终票房只有几十万港币。没多久，我以武术指导的身份跟他们合作了第二部电影，名叫《码头龙虎斗》，鲍学礼做导演，陈惠敏做男主角，票房成绩依然不好。此时，这家公司已经负债累累，甚至连大家的薪水都快发不出来了……

那个阶段最难忘的经历，是跟吴宇森的第一次合作。那时他也是新人，拍的第一部戏叫《过客》，我和元奎一起做武术指导。

跟吴宇森合作之前，按照我们已有的经验，所有的动作戏都是到了现场才开始套招的。往往都是导演把任务布置下来，武术指导带着武行开始套招，导演就去拍文戏了。文戏拍完之后，导演就会把动作戏全部丢给武术指导，自己在旁边睡大觉或者干脆收工，武术指导就按照自己的步骤去准备和拍摄。那时候导演在片场就像是国王一样，地位至高无上，武术指导也不敢随便去问导演问题，也不敢主动去讨论。

加入这部戏的时候，我以为吴宇森也是这样的，开拍第一天，我和元奎到了现场就开始套招。根据剧情套完了基本的招式之后，导演过来了，主动跟我们讨论一会儿要怎么打。我们也顺势问了一些问题，一会儿怎么开始，对白讲到哪里开始打，谁赢，谁输，谁死，谁跑，等等。

现场的文戏拍完之后，吴宇森并没有离开，而是过来问我们打戏的拍摄细节。我们说，男主角拍一下桌子，然后从桌子上翻过来，接着开始打，然后就展示给他看。

吴宇森看完说，好的，那下一个镜头呢？

我们当时刚刚准备好第一个镜头，还没来得及思考下一个，于是我就先凭着想象，跟他形容了一下，第二个镜头要怎么打。

听完之后，吴宇森说，那再下一个呢？

我心里就有点慌了，但又不能让导演看出来我们没准备好，就灵机一动说，再下一个镜头，可以让男主角飞踢一脚，从窗子穿出去。导演说，好的。

你们知道要拍一个演员从窗子穿出去，有多麻烦吗？首先，整个窗户要锯开，人才能撞出去，而且每拍完一条，现场要重新恢复，想再拍一遍的话，就要再重新锯一次。这个过程需要很长的时间，我就有时间继续跟元奎套招了。而且，这里面还藏了我们另外的小心机，拍这样的动作肯定需要替身，那不是我替就是元奎替，我们就可以赚到替身的钱了。没办法，那时候太穷了。

拍完前面两个镜头之后，现场开始准备穿窗画面的拍摄，我和元奎赶紧跑到一边去套后面的招，琢磨穿窗之后要怎样打。

第一个穿窗的镜头拍完，导演问我，你觉得怎么样？

我说，嗯，不太好。再来一个吧。

现场就又开始锯窗户，我和元奎就又赶紧躲到旁边继续去套招。

这个怎么样？导演又问我。

我说，哎呀，还是不太好，再来一个吧。他们就又开始锯窗户，我和元奎就又赶紧去套招……

这之后，只要是套招的部分还没准备好，我们就安排一些撞烂桌子、撞碎椅子、撞烂窗户的动作。我和元奎就靠这样争取时间，才把那部戏拍了下来。

现在如果吴宇森导演看到这本书，估计会哈哈一笑，很抱歉我当时不得已，对他用了这些小心思。也是在跟他的第一次合作过程中，我认识到自己在能力和经验上都有很大的不足，以前觉得自己还挺聪明，这一次合作之后就不敢这么想了。

这部电影拍完之后，因为一些原因，没有马上上映，好不容易跟一个很好的新导演合作，却连成片都没看到，唉……

第一次出远门

武术指导没做出个名堂，其他的工作也不顺利，放眼四周，除了爸爸买的小公寓，我一无所有。一个人在香港的生活忽然变得很难熬，我给远在澳大利亚的爸妈拨了电话，告诉他们我想去看他们。准备出发的那几天，我没再联络片场的同行们，只是每天给自己洗脑——除了电影，也许我还有很多别的工作可以做。

那是我长这么大第一次单独出远门。

朋友帮忙买的是打折机票，我穿着一件大大的棉衣，登上了狭窄的机舱，把行李塞进行李架，手里抓着一个十六七磅重的保龄球。那时候我很喜欢打保龄球，想到自己去了澳大利亚可能就再也不回香港了，那就一定要把自己的保龄球也带去。

在飞机上，空乘让大家填表，我不会英文，没法填，还要麻烦一位空少帮忙。飞机上的英文广播说了什么我听不明白，也不敢睡觉。后来就感觉飞机在下降，接着就降落在了一个在那个年代都算很落后的机场。我看大家都在拿行李，我也跟着拿，看到大家开始下飞机，我也只好跟着人群出了飞机。出去之后我一脸茫然，不知道自己在哪里，也不知道应该去做什么，但我感觉那里不像是澳大利亚。

刚好看到刚才那位空少走出来，我就像抓到救命稻草一样赶紧向人家招手。空少过来慢慢跟我解释说，这趟航班不是直飞澳大利亚的，需要经停印尼一晚，航空公司会帮我安排酒店，接着又帮我叫了一辆计程车，跟司机讲怎么去那个酒店，这让我更加感激。他还提醒我，晚上不要随便出门，不安全。

航空公司安排的酒店条件很差，房间也极其狭小。进了房间的门，害怕护照丢掉，我就把一个台子掀起来，把护照藏在里面，钱绑在身上，不敢拿出来。自己一个人在房间里，很无聊也很孤单。忽然有人敲门，是那个一路都在帮我的空少，我很热情地把他迎进门来。

他进来之后就询问房间怎么样啊，都 OK 吗？我英文也不太好，就说 OK 啊，都很好。接着两个人就坐下来聊天，“你是做什么工作的？”“我是拍戏的。”“哇，拍戏的很厉害啊，那你认识不认识姜大卫、狄龙他们啊？”“认识啊。”“真的？他们都很棒啊，你也很棒啊，你的肌肉练得好厉害啊……”说着说着，空少的手已经放到了我腿上。

我忽然反应过来，情况不对……

整个人一下子浑身别扭又紧张，不知道怎么办才好，然后他竟然开始摸我的腿，我就绷不住了，脸拉了下来，站起来跟那人说：“请你出去！”

那个人倒没觉得不好意思，站起来很有礼貌地说：“我能不能摸一下你的肌肉？”我凌乱了：“不行！ Go！！”

那个时候我英文很差，就只会说“Go”。接着把人推到门口，没想到空少走到门口还转过来说：“Just one kiss（能吻你一下吗）.”

我终于抓狂了，大声喊：“No！ No！ No！”

……

第二天一早，五六点醒来，叫了计程车到机场，到了之后才发现护照忘了拿！还好我会说护照的英文，赶忙跟计程车司机大声说“Passport”，司机帮我找了一个路边的电话亭，打电话给酒店，央求酒店派人给我送来。护照送来之后，司机说我得给人家钱，就拿了我50镑澳币给那个送护照的人，接着又跟我要车钱，我给了一些，他说不够，最后从我手里又抽走100镑。当时的我毫无概念，后来才知道是被骗钱了。

再上飞机的时候，我跟一个很壮的人坐在一起。他很傲慢，两个手撑在座位两边的把手上，挤得我只好缩在自己座位上。

下了飞机，终于到澳大利亚了，很开心，排队拿了行李就往外跑，但没有看到来接的爸爸妈妈，就自己去了等计程车的地方。

那时候我知道自己要去堪培拉，它的英文发音跟摄影机“Camera”差不多，这是我知道的少数几个英文单词之一，就一直默念“Camera，Camera……”找到车，把行李摆好，再把我家地址给计程车司机看，就听司机讲了一大堆英文，我也听不太懂，后来他拿出地图跟我比画，我才勉强明白，大意是你现在在这里，这里叫悉尼，你要去的堪培拉，在很远的地方，他用手比出飞机的手势，说你至少还要再飞一小时……

我几乎要崩溃了。

把行李从车里拿出来，心里忽然觉得很怕，完全不知道该怎么办。还要再飞，去哪买机票呢？怎么转飞机呢？到哪里转飞机呢？全都不知道。

再走进机场里，忽然看到之前隔壁座位那个壮汉，我赶紧跟到他身边，看他先是到了一个柜台，把行李往磅秤一摆，就跟柜台的人讲话，接着就把行李送了进去。我心想，如果我把行李交给人家，人家收下的话，就说明是对的。我也把行李摆在那里，果然收下了，人家又给了我一张登机牌，告诉我说大概几点再回来之类，但我整个人是蒙的，也没听太懂人家在讲什么，工作人员跟我讲话的时候，我就一直看着那个壮汉。拿回证件和一堆票卡之后，我赶紧跟上那个壮汉，他逛街，我也逛街，他去一家餐厅吃早餐，我就站在门口等着他，大概等了一个多小时，他才走出来，我继续跟着他走。看他到一个登机口坐下来，我也跟着坐下来，接着是过关，上车，我也跟着上了车。在车上，那个壮汉递给人家一张票，我也不知道自己的票在哪里，又稀里糊涂给了人家钱，这才终于上了飞机。其实我手里的一堆票里就有车票。

就这样，几经波折，转了两次飞机，我终于真正降落在堪培拉。

那是一个杳无人烟的小机场，房子都小小的，只看得到机场跑道、森林和沙漠。出来之后，我远远看到一个白发苍苍的人，那是我的爸爸。几年没见，他头发已经都白了。我走过去，感觉有个人抱住了我，低头一看，是妈妈。原来这些年之后，我已经长高了这么多，以前妈妈抱着我的时候，跟我是一样高的……

看到他们俩，回想这一路坎坷的遭遇，我号啕大哭。

再度跟爸爸妈妈聚在一起生活，中间隔了十几年的岁月，我花了一些时间才适应。

晚上爸爸收工了，会带我去当地的酒吧打台球。那边酒吧文化很流行，我记得有一家 Gentlemen Club（绅士俱乐部），还有一家 Camera Club（摄影俱乐部）。随便哪一家你推门进去都有很多人，几乎都是男的，大家也都认识我爸爸。一见面就打招呼，“Hi, Charlie.”

酒吧里总有一个台球桌，一个不成文的规矩是，输了的人要请赢了的人

我打保龄球的获奖奖杯“仁爱杯”

喝一瓶啤酒。两个人在打，如果旁边有人摆一个两毛五，那么这一局输了的人就要把位子让给他，这两毛五是开一次机器需要用的钱。假如没有人放钱，那么你们可以一直打。

我在香港一直打英式台球，就是斯诺克，澳洲这边打美式台球，这对于我来说太容易了。做武行那几年，我不知道在台球厅泡过多少个日日夜夜，技术当然不是闹着玩的。每次去酒吧，爸爸会把我介绍给大家，很骄傲地说，这是我儿子。如果球桌没人，我就会跟爸爸两个人打。有人在旁边放钱了，我就跟新来的人打，就这样一局又一局，我一直赢一直赢，直到爸爸跟我说，儿子，你可以不要再赢了吗？我今晚喝太多啤酒了……

在家靠父母照顾着，陪伴他们过了几个月舒心日子，但我既不喜欢学英文，也不爱吃那里的东西，最重要的是，我心里有种感觉蠢蠢欲动，我知道自己开始偷偷想念片场的生活。

终于有一天，我骗父母说，香港有工作机会，需要我回去。他们也许看出我是在说谎，但没有拆穿我，爸爸只是安慰我说："这里永远都是你的家，香港不好混就赶快回来。"

功夫片的寒冬

再度打开香港那间小公寓的门时，我被结结实实地吓了一跳。几个月没人住的房子原来那么恐怖，里面到处都是灰尘和蜘蛛网，很多我自己做的家具也坏掉了。我打起精神，先从收拾房间做起，从头开始。

尽管只离开了短短半年，电影行业的大环境却已经发生了很大变化，再度回到片场的我，又变回了彻头彻尾的新人。我给大师兄洪金宝打了电话，请他帮我找一份工作。虽然在戏剧学校那些年，他没少欺负我们，但是离开学校开始混社会之后，他对我们一直都很照顾，有时回到学校还会悄悄塞钱给一些师弟，让大家买东西吃。直到今天，他都是我们最敬仰、最尊重的大师兄。

幸运的是，大师兄很快就帮我介绍了一份工。

那部电影叫作《少林门》，1976 年上映的，洪金宝做武术指导，我是副指导。导演是吴宇森，这是我们俩的第二次合作。我们第一次合作拍摄的《过客》，后来改名《铁汉柔情》，隔了好几年才上映。

《少林门》是一部不错的电影，我不仅在这部电影里做副指导，还演了一个配角“谭小弟”，耍霸王枪。在这部戏里，吴宇森经验比以前更加丰富了，他依然会认真去看我们是如何套招，如何分解、如何完成每一个动作场面，而且他也没有那些老导演的暴脾气，对片场所有人都很温和。闲暇时，他会教我一些关于导演的知识，尽管那时候我完全没想过有朝一日自己也会成为导演。总之，我很欣赏他。后来在好莱坞再度相遇的时候，我和吴宇森聊起这段往事，都非常感慨。

好景不长，就在我想在这个行业继续扎根的时候，洪金宝带来了坏消息。“李小龙去世之后，功夫片直到现在还是不景气，公司最近拿掉了很多项目……”我明白他要说的话了。

随着李小龙的离开，功夫片在香港迅速衰落。观众们仿佛受了伤一样，不想再看没有了他的功夫电影。尽管很多电影人前赴后继地试图打造下一个李小龙，但没有一个成功。很快，电影市场被爱情片和喜剧片占领。

“现在不要说帮你们找工作了，我连自己的工作都可能保不住了。”洪金宝叹了一口气。

我颓然倒在椅子上。公司的墙壁上挂着很多照片，记录着功夫片曾经的辉煌。而现在，我不知道接下来该怎么办。如果能继续在片场卖命，虽然报酬微薄，但起码能勉强维持温饱，心里也能有个奔头。现在连卖命的机会都没有了，真的不知道未来在哪里，我又一次有了走投无路的感觉。

这时候，我想起蔡澜跟我转述过的一句话，那是邵逸夫先生对他说过的，“你很喜欢电影，我也很喜欢电影，你喜欢电影的话就要做长久一点，在电影业低潮的时候，你要想办法生存。”

想到这里，我决定再去澳大利亚找爸爸妈妈，我要先“想办法生存”。

距离上次从澳大利亚回来没多久，本想闯出个名堂再回去，没想到这么快就灰溜溜地打道回府，心里实在憋屈。

我看着满街的高楼大厦和霓虹灯，觉得它们跟我没有一点关系。我还是那个失败者。从小就在戏剧学院，除了武打和动作，我什么都不会，除了一身功夫，我什么都没有。这一次回去，我不希望自己那么落魄，但手里连机票钱都不太够，接下来的一日三餐都成问题，怎么办呢？

初恋女友在这个时候帮了我。她塞了 2 万港币给我，那是一笔巨款。我极力推托，但她坚持说这钱是借给我的，今后赚了钱还她就好。我收下了那笔钱，心里很不是滋味。若干年后，我把这 2 万块还给了她，想多给，她坚决不要。

临行前，我去表店给爸妈各买了一只名牌手表，又买了一些礼物送给自己小公寓的管理员，心里默默地跟香港道了再见。

那块表把妈妈惊喜出了眼泪，那是她第一次收到我的礼物。爸爸也拿布不断地擦拭表盘，我知道他们很欣慰。

接下来的日子，我先是报了一个晚间的语言培训班。语言班的老师讲得很快，我根本没可能跟得上，后来就不去了。后来在一个司机的介绍之下，我找了一份水泥工的工作。到了工地，人家问我叫什么，那个司机就说，他叫 Jack，其实是因为他自己叫 Jack，就随口也帮我取了个一样的名字。我觉得 Jack Chan 叫起来没有韵律感，于是自己在 Jack 后面加了一个 y，就变成了 Jacky。

我每天早上 5 点起床，站在马路边搭个顺风车去工地，在寒风里弄那些泥水，学会了推独轮车，尽管身上的功夫可以提高干活效率，但还是很累。看着师傅们在砌墙，觉得很厉害，也在旁边跟着学。

时间久了，泥瓦工师傅全都认识我了，也听说了我会功夫。每天到了下午 3 点的茶歇时间，他们就会拿出自己的便当、三明治、饼干，围着我说，Hi，Jacky，你给我们表演一下功夫吧！

那时候我就想，要怎么样让他们知道我的厉害呢？于是我就站起来，先给他们打了一些小拳，用我的破烂英文跟他们展示和交流。那些人本来听到功夫就怕，看到了就更怕了，就在旁边一直“Oh my god”。

他们说，那如果有人打你呢？

我说，你要怎么打？

他们说，如果就是这样一拳呢？

他们说话的同时，拳头都不敢真的伸出来，我就说，你尽管打，尽管出拳，打得越快越好，越大力越好。

我心里想，因为我知道你要出这一拳，你无论打得多快我都能闪避开，而且按照我站的这个距离，我只要身体向后仰一点点，你根本就打不到我的。

那个人就“啪”地出拳，我瞬间闪开，然后制住他，大家一片惊呼声。

接着我说，你还可以踢脚啊，用力踢，快速地踢。

他们踢出来，我依然是瞬间闪开，然后使出我早就想好的下一个招式，现场又是一片惊呼。

其实，不会功夫的人怎么出招，我都是知道的，如果面对的是一个会功夫的人，那就是另外一个思路了。

从那之后，每天的茶歇时间，就变成这群老外围着我看我耍功夫，我就向他们展示各种各样的招式。之后我每次到了工地，大家都会直接叫我“Master Chan”！然后朝着我摆出各种很好玩的武打姿势，嘴里还喊着，“嘿！哈！”

最好笑的是，从那之后，这群老外以为所有的中国人都会功夫，毕竟连一个在工地的水泥工都能打得这么厉害。

那段时间的生活很有规律，但我有时晚上会失眠，想起自己曾经的梦想，对比现在的处境，觉得有点心酸。后来想，与其如此，不如多打一份工，既能多赚钱，又能让日子更充实，这样就没空去烦恼了，于是我又找了个餐厅的工作，白天在工地盖房子、推水泥、搬砖，下午 4 点半收工之后回家冲个凉，5 点多赶去餐厅继续打工，大概一个月能赚 800 块。

每天 4 点多从工地到家之前，会经过一片树林，我知道妈妈会在门口等

我，所以每天走到树林那里的时候，不管多累多沮丧，我总是停下来把身上的灰拍干净，振作精神，吹着口哨嘿嘿哈哈地进门，再给妈妈一个大大的拥抱。她问累不累，我就很大声地说“不累”，让她知道儿子过得很开心。很多年后那句大家耳熟能详的歌词“拍拍身上的灰尘，振作疲惫的精神”，是我生活的真实写照。

洗完澡再出门赶去莲花餐厅，那里的老板杜月祥是爸爸的朋友。刚开始的时候，我在那里负责拣菜洗菜，但我生性闲不住，做完手里的活，就去帮别人干活。

帮忙帮得多了，大家对我越来越有好感，开始教我很多东西，慢慢我就混成了二厨，负责配菜。餐厅生意很不错，尤其到周末，面前总是贴着一大片纸条，上面写着顾客点的菜，我要把原料和配料准备好，迅速递给两个炒菜的大师傅。当时其实看不太懂英文，也看不太懂菜单，还好纸条上通常只用一两个词来简写，比如芙蓉蛋可能就是个“egg”，扬州炒饭可能就是个“rice”，就那么连蒙带猜地混过去了。

直到今天，我在世界各地吃饭都不会点炒饭，除非是我认识的餐厅给我现炒，因为我知道国外那些中餐厅是怎么做炒饭的，每次都是放一堆边角料，炒完恨不得一放一个星期，有人点了他就热一下。如果非要点炒饭，我就会说“不要青豆，不要虾仁，不要叉烧”，这样他们就没法拿剩饭去热，只能重新炒给我。

在澳大利亚打工期间，认识了不少朋友。我很爱在工作的时候跟大家讲笑话，一讲得兴起，大家就都听我说话不干活了。老板还因此跟我说过：“Jacky 啊，你可不可以帮我一个忙，做事的时候不要讲笑话，收工的时候再讲。”

那段日子每天都像机器一样连轴转，回到家倒头就睡。爸爸看我这个样子倒是挺开心，妈妈却慢慢看出了我的落寞。“孩子，你现在做的事不是你想做的，也不是你应该做的。”妈妈的体贴让我崩溃了。“我花了 10 年的时间，学了一身功夫，现在却派不上用场，好像白学了一样，我也不知道自己该做什么……”

嘴上这么说，心里却还没有完全放弃。夜里收工回到家里，我会轻手轻脚地走到我们住的领事馆的顶层阁楼，那里有个沙包，里面装的是碎皮子，打起来会响，我怕吵到人家睡觉，就把里面换成沙子，打起来就不响了，用它练拳。

领事馆用来维持秩序的铜杆子，被我拿来做哑铃练习力量；用上一届领事不用的旧床做仰卧起坐；用旧的椅子支撑，做伏地挺身。总之，拿起手边可用的所有东西持续练功，一边练一边跟自己说，我用 10 年学来的功夫，不能荒废。

这之后不久，我接到了陈自强的电报。那时他是罗维导演公司的总经理，正在为导演筹备新片《新精武门》，他向我发出了邀约。原本我以为他是要找我做特技人员，正要提醒他没必要隔这么大老远来请我，他的话让我愣住了，“我们想请你来做男主角。只是片酬只有 3000 港币。”

想了几秒钟，我接下了这份工作。

未来到底会如何，3000 港币够不够生活，如果电影再度失败怎么办，这些问题我都已经来不及思考，我只知道，要为自己再拼一次。

再度向父母告别，妈妈非常干脆地支持我，她知道那是我真正想做的事，但是爸爸给了我一个期限，如果在两年之后还是没有闯出名堂，就一定要彻底回到他们的身边。

临走前，莲花餐厅的杜老板给了我一个皮包，里面装了 10 镑，他说希望我以后可以用这个皮包装更多的钱回来。我离开澳大利亚之后，妈妈就像过去一样，把我的照片摆在床头，每天摸我的照片，亲我的照片。

还好，这一次我没有让他们失望。

不做第一
要做唯一

第三章

不做第一，要做唯一

成龙？成虫！

1976 年，我回到了香港，准备拍摄《新精武门》。

尽管片酬很低，但毕竟可以参与业内顶尖的制作，而且是第一次。罗维是亲手捧红李小龙的大导演，拍摄过《精武门》和《唐山大兄》这样的作品，我有什么理由不珍惜这个机会？

虽然罗维导演认为陈自强推荐的这个演员不够英俊，鼻子又太大，但还是对我寄予了厚望。他希望用《新精武门》这部宏大的制作再度捧出一位功夫明星，为此他还找来了原班人马，很多曾出现在《精武门》中的演员，会在这部片里出演同一个角色。不过这一次，他要拿出的是一个全新的故事。刚听到这个宏伟蓝图的时候，我心里也在打鼓：他们说的这个未来要成为明星的人，是我吗？

星路开始之前，我的名字成了第一个需要解决的问题。

小时候，爸爸妈妈叫我“阿炮”“炮炮”“山东炮”，我爸爸小名叫“老山东”，大家有时也会叫我“小山东”。大名就是“陈港生”。进了戏剧学院，

肌肉发达但“不够英俊”的男演员

师父给我起名叫“元楼”，大师兄离开学校，给自己起了名字“洪金宝”，我就把他曾经用过的“元龙”拿来用，于是“陈元龙”成为我最初做男主角和武术指导时候的名字。现在回到香港重新开始，我的老板认为不能再叫“陈元龙”了，我要有新的名字。

罗维导演找到当时很有名的作家潘柳黛，帮我想了几个名字。那天我去她家选名字，看她写了好多个带龙的名字贴在墙上，问我想要哪一个。“你原来的名字元龙不好，元同圆，圆了就是完了的意思。小龙已经死了，大龙又不好听，你自己选一个吧。”

我先挑了一个“文龙”，很有文化的样子。她说，不行，“文”字太小了。我说，那就“子龙”吧，《三国》里面的大将军赵子龙很威武。她说，“子龙”也太小，你怎么老是往小了挑？为什么不挑一个大一点的？我心里想，我哪敢啊。

其实我早就看见了“成龙”，可我不敢挑啊。

我说，那就叫“云龙”吧。她说，这也不好，你永远出不了大头，在云里面见头不见尾，见尾不见头，你出出进进，永远都在云里面。我说，可是我觉得云龙很好啊。她说，这样吧，我就替你选了，就是成龙了。我说，哎哟不行不行，太大了。她说，其他的没有一个适合你，你就叫成龙吧！

我推托几句，最后只能说“好”。

在罗维导演的办公室，我签下了人生第一份艺人合约。合约期限两年，每月的收入是3000港币，每部电影的片酬也是3000港币。我必须参与罗维导演的所有作品，并接受他指派给我的任何角色。

自此，我有了一份稳定的工作。

对于我的外形，我的老板并不是很满意。除了对我满身肌肉表示了肯定之外，罗维导演觉得我有很多地方需要矫正，比如说牙齿不整齐，眼睛太小。他建议我去做一些整形手术，还好我当时找了各种理由逃掉了。

《新精武门》开机第一天，我很早就到了片场。到了之后，发现大家正在为武术指导出了临时状况而发愁，我立刻毛遂自荐，他们很爽快地答应

在《新精武门》中，我不仅是主演，还是武术指导，而后者的片酬是前者的 3 倍

了。好玩的是，我做武术指导的片酬竟然是做男主角的 3 倍。毕竟，当时的我作为武术指导已经有了丰富的经验，但作为男主角还是个新人。

电影的拍摄过程并不是很愉快。

罗维导演希望把我塑造成李小龙第二。我演的是一个一心想复仇的人，冷血，愤怒，没有人情味，可我自己打心底就不认同这个角色，拍出来的效果僵硬而难看。私底下，我曾经跟陈自强诉苦："我不适合这样的角色，导演希望让我成为第二个李小龙，可我不觉得那是我的目标和方向。"

配音的时候，我想去现场看看。录音室有好几道门，打开第一道，先是看到控制室，再开第二个门，就看到所有配音演员坐在里面，再往里就是录音室了。我悄悄溜进隔间，透过一个小窗口偷看。等到我出现在画面里的时候，就听到配音演员们议论："你说这个罗维大导演怎么想的？为什么要找这个人？还成龙呢，成虫吧！大鼻子小眼睛的，怎么会红啊？浪费钱！"我一边听眼泪一边流，他们也不知道我在后面，还在继续骂，我只好转身轻轻走掉。

《新精武门》的票房果然一塌糊涂。在看到数字的那一刹那，我差点直接买张机票飞回澳大利亚。记得当时我紧张得一直在罗维办公室里扫地捡垃圾，这是小时候在戏剧学院形成的习惯。

好在因为我跟公司签了约，罗维导演立刻给我安排了下一部戏——《少林木人巷》，由一个叫陈志华的年轻人导演。我们两个人在片场迅速熟悉起来，合作得默契而快乐，也在彼此身上学到了不少东西，但这部片的成绩依旧平平。

连续演了好几部戏，每部我都会去看配音，想看自己做得好不好。大家还是继续骂，我就躲着听。其实也可以理解他们，配音往往都要把一个镜头翻来覆去地看，人家本来就不喜欢我，还要几十遍地看我，自然会不爽。

时间久了之后，我听也听疲了，反正说来说去也就那几句话，有时候听他们骂着，我居然也能在隔间睡着。

古龙：我的剧本不是写给你的

1977年，罗维导演看上了古龙的小说《剑花烟雨江南》，想要买下版权，让我演。那时候金庸的很多小说都已经拍过了，所以大家都盯上了古龙，他的武侠故事常常带有悬疑色彩，大家都希望能抢下改编权。

这一天，罗导演、罗太太约了古龙吃饭，叫上了我，还有姜大卫作陪。

席间，罗维一直让我给古龙敬酒，我就拿着很大的一个杯子，倒满白兰地，一喝就是一整杯。

古龙看了我一眼，对罗维说，"我的剧本不是写给他的，我的剧本都是给岳华、罗烈的。大鼻子，小眼睛，他演不了我的戏。"

听了这句话，我的眼眶一瞬间就充满了泪水，不知道该怎么办，只能在心里跟自己说，忍住，忍住，不能哭。

罗维导演打圆场，"哎，别这么说，新人嘛。来来来，再敬一杯！"

我又倒满一整杯烈酒，一口喝下去。

整个晚上，我不知道喝了多少杯，撑不住了就去厕所狂吐。姜大卫跟着我到了厕所，扶着我，我抱着他号啕大哭，觉得自己好惨。他一直在旁边陪着我。在如此脆弱的时候，幸好有他在。

我想起自己还是武行的时候，有一次在片场，看到他戴着一顶很漂亮的帽子，鼓起勇气问他是在哪里买的，他直接摘下来，送给了我。那个画面我一直记得。后来我有钱了，只要看到漂亮的帽子就买下来，每次见到姜大卫，就送他一顶帽子，这个习惯一直保持到了今天。我永远记得他的好。

最终，罗维导演付了古龙50万的剧本费，还是拿下了《剑花烟雨江南》的拍摄权。古龙对他提出的要求是，要找当时最红的女演员跟我搭配。

那时候最红的女演员里面有一个叫张玲，是电影《保镖》的主演。罗维导演约了她和她的经纪人陈明华，跟我一起见面谈。

客厅里一张桌子，4张凳子，我们4个就面对面坐在那边。

罗维问他们的意向，张玲当着我的面直接说，"剧本我看过了，可是，我怎么可能会喜欢他？大鼻子小眼睛的。你们还是找其他人来配吧。那么多男演员可以选，岳华啊，罗烈啊，都可以啊。”

我坐在那里，真想马上找个地缝钻进去，眼泪又开始在眼眶里打转，但是脸上还要赔笑。

他们两位没待多久就走了，罗维导演把两个人送出门，回到房间，看到我眼泪汪汪的样子，半是安慰半是责骂地说，“哭什么哭！没出息！你别理他们，他妈的，我再找其他人来跟你搭！”

那阵子被打击得太多，听了这句话，我心里温暖了好久。

后来罗维找了徐枫，她同意演出。以前在拍胡金铨大导演的戏时，我跟她就已经认识了，她对我很好。这次她同意出演，对我来说也是一个很大的鼓励，所以我一直都很感谢她，后来她有任何事情需要我，我都一定会去。

李小龙是“神”，我是普通人

那段时间，除了《剑花烟雨江南》和《蛇鹤八步》，我还跟大明星王羽合作了《风雨双流星》，接着连续主演了《一招半式闯江湖》《神拳》《拳精》《龙拳》。这些电影有个共同的特点，它们几乎都在讲述复仇的故事，剧情都比较老套，我的形象跟我的角色也不搭。

那个时候香港的功夫片都把重点放在动作戏上，常常一段精彩的打斗、一件稀有的兵器就撑起一部电影，很少会有团队认真考虑文戏的部分，更不会花时间和精力认真弄剧本。结果这几部戏要么票房很差，要么干脆没有上映机会，我顺理成章地被外界冠上了“票房毒药”的称号。

我非常沮丧，拍的电影好像都不是自己想拍的，尽管能够看出其中有问题，但想得又不是那么通透，毕竟经验有限，也没有说话的机会。直到有天独立制作公司的吴思远来找，他希望向罗维导演的公司租借我去拍新片。当时谈定的合作条件是，我每部电影片酬 5 万块，罗维的公司作为我的经纪公司，可以拿走其中的一半。

1978 年的《蛇形刁手》，吴思远大胆起用当时还在做武术指导的袁和平做导演。

袁和平是我们的同门大师兄，虽然我入校时他已经离校了，但他一直关注我的表现，我之前拍的几部戏，哪怕是成绩不好的，他也会去看。我在好几部电影里都打过蛇形拳，到了要拍摄《蛇形刁手》的时候，袁和平大师兄说，我们就找成龙来演吧。

"如果让你拍一部完全自己主导的电影，你会想拍什么呢？"吴思远开门见山地问我。我一时没答上来。过去的生活经验总是告诉我，你不重要，你的意见也不重要，在前辈们面前，你只有乖乖听话的份儿，但是吴思远一直鼓励我表达。

沉思片刻，我把自己的想法和盘托出："吴先生，现在所有人都希望制造第二个李小龙，我也被迫去做了很多这样的尝试，但没有人可以成功，他已经是一个神话，不可能有人超越他。既然这样，我们为什么不去开辟全新的路呢？"

看得出来，吴思远对我的观点很认同。

我干脆站起身，用表情和动作向他做更细致的说明："李小龙总是把腿踢得很高，那我就要把腿踢得低一些。李小龙在跟别人打斗时会大喊大叫，表现的是他的气势和愤怒，那我在打斗的时候就可以一边叫一边做鬼脸，表现的是自己有多疼。李小龙在观众心目中是神，是超人，那我就要做一个普通人。我希望去演小人物，他们也有很多缺点和无奈，他们不是万能的，更不是什么大侠或英雄……"

听到这些，吴思远用力地握了握我的手，"你说的没错！我们就要拍这样的电影！"

在拍摄这部电影的过程中，我终于开始有机会跟导演一起实践自己的想法。跟袁和平导演的沟通很顺畅，不像以前，不太敢跟导演讨论。每天收工之后，我们俩就在酒店里面讨论第二天要怎么拍，怎么把一些喜剧元素融合到动作中去。他会给出很好的指导，也会听取我的意见，这给我很大鼓励。我们俩聊完之后，我就自己去健身房练习蛇形、蛇嘴、蛇头、蛇尾……我自己会编很多动作出来，第二天再表演给袁和平导演看。

这部戏拍了不到两个星期，导演已经很信任我了，我几乎成了他的副武

拍《醉拳》我是演员和武术指导之一，拍《醉拳 2》我是导演、编剧、演员和武术指导

术指导。很多戏份，他会让我自己套招，这给了我很多发挥的空间，因为我知道自己擅长什么，不擅长什么。袁和平的袁家班有一批很好的助手，我们的合作激发出了很多火花。

《蛇形刁手》上映后，随即轰动中国香港，进而影响到日本、东南亚，成绩直追李小龙作品，成为当年掀起功夫喜剧风潮的代表作。影片中硬桥硬马的真功夫加上谐趣幽默的动作设计，让观众看得血脉沸腾又非常开心。在这部电影里，我第一次充分发挥了自己的喜剧天赋，把喜剧表演融入武术中去，形成了一种属于我自己的风格。

因为这一次合作得太愉快了，票房成绩也特别好，紧接着我们又合作了《醉拳》。依然是由袁和平导演，我主演。这部影片无论是动作还是喜剧，都堪称《蛇形刁手》的升级版，相比前者，我在这部片里有了更多的发挥空间，不仅魔鬼训练的花样层出不穷，而且也更多地去研究如何利用器具做出好玩的戏剧效果。最终，《醉拳》再度火爆亚洲市场，当年还打破了韩国的影史票房纪录。

这两部电影大获成功，我不再是票房毒药了，还一夜之间变成了票房灵药。也许是这个原因吧，录音棚里还是同样一批人，但是他们的说法全变了，大家开始争先恐后地夸我："你看这个小子，真不错，连手都会做戏！"

邵氏嘉禾之争

拍完《蛇形刁手》和《醉拳》，我又回到罗维公司，继续拿我的 3000 块片酬，兼做武术指导的话，片酬是 12000 块。我还有两个副指导，行内的惯例是自己留 8000 块，给另外两个人每人 2000 块，但我是 3 个人均分，每人 4000 块。这样算下来，每拍一部戏，我可以赚到 7000 块。

那个时候信息不发达，我只知道自己的片子在香港很卖座，根本不知道自己在外面有多红。老板也不会跟你讲这件事。等到我第一次自导自演的《笑拳怪招》上映，票房也获得成功之后，罗维也看到了成龙二字的潜力，他提出跟我续约，大致条款是每部戏片酬涨到 5 万块，如果我违约离开公司，将要赔偿公司 10 万港币。

他拿出的是一份空白合约，上面只有一条虚线，他让我在虚线上签字，“我刚从国外回来，还来不及备齐合同资料，你先在这上面签字，等我把副本都准备好了，再把你那一份交回给你。”我没想太多，他是给我演戏机会的前辈，一路带我这么多年，我相信他不会骗我，就提笔在合约上签下了名字。

这之后忽然有一天，嘉禾的老板何冠昌找到我。那可是香港影坛的教父级人物啊，所有明星见到他没有不鞠躬的，我自己也是很小就在嘉禾片场拍戏了，当然知道他有多厉害。

他约我在美丽华饭店二楼喝咖啡，我一个人去了，一坐下来，就很尊敬地叫“何先生”。

他直接递给我一张支票。我拿过来刚要看，服务员走过来了，我还没看清楚，何先生就抓起支票塞进了我的衬衫口袋。

然后他说，你出来到我们公司吧，我们会怎么怎么打造你……

我嘴里说着“哦”，脑子里想的却是支票上面写了个“1”，后面多少个“0”也没看清楚……

我跟何先生说，我想上个厕所。一到厕所，我就赶紧把门关起来，把支票拿出来，个、十、百、千、万、十万……好多个零啊！ 10 万啊！我简直开心死了，我有 10 万了！

等我回到座位，何先生说，你回去考虑一下。我说，好。

回到公司里，我跟同事陈自强说，我刚刚见了何冠昌。他说，怎么样？我说他给了我一张10万的支票，他拿过来一看，说，你傻啊，这不是10万，这是 100 万。

哇……我当时感觉要疯掉了！那时候在香港买个房子也不过几万块，100 万对我来说，简直是一辈子都花不完的钱啊！

接着，我去跟罗维导演讲，我刚见了何冠昌先生。他说，怎么样啊？我说他们给我 100 万。罗导演说，那有什么了不起？我现在就给你开户头，先给你 2 万，两年以内给你存 10 万，这样几年后你就有 100 万了。我说，哦，那好吧。

当时觉得一直跟着罗导演工作，他对我有知遇之恩，又一直很努力地帮我安排各种男主角的机会，我自己也不好意思离开公司，于是我就拿着那张支票出了门，跑去街上的影印店去影印，影印完了留给自己做纪念，还送了几张给朋友做纪念。

有朋友跟我开玩笑说，你就把它花掉啊！反正也没有合同，这张支票就是现金啊，他们就算知道了也告不了你的！我说，不行，做人不能这样子。我爸爸说，出来做事情要讲诚信。回到公司，我请陈自强把那张支票还给何冠昌，自己还不好意思去见人家。

不久之后，何冠昌他们又来找我了。他们说，我们不是说只给你 100 万，这 100 万只是你的定金，如果你跟我们合作，我会给你一部戏 200 万。

听了这个数字我傻了。

可是要跟他们合作，就要跟公司解约，这让我很为难，也不知道该跟谁商量，当时我已经到了台湾拍戏，就找当时的好朋友秦祥林和曾志伟聊。这俩人都是我的死党。

秦祥林是当年的第一小生，他的最高片酬达到过 10 万。听说我有 100 万的定金，他吓死了，说："我的 10 倍！还是定金？！"接着他说，"我是过来人，做演员有这样的机会不容易，你这一刻红，也不知道明天会怎么样，不如趁现在拿到自己想拿到的东西。这样吧，今天晚上你想一想，自己这辈子想要多少钱就够了，明天一早你答复我，我尽量帮你达成目标。"

我当时还在拍戏，第二天 6 点就要出工，可是晚上怎么都睡不着，明明前一天还是 3000 块的片酬，怎么忽然之间就能变成 200 万？越想越慌张，但是又特别兴奋，心花怒放。

我起身去洗手间，对着镜子跟自己说，人家竟然给你 200 万啊……

就这样子不知道想了多长时间，忽然间听到外面门铃"叮咚"一声，居然已经 6 点了。

我一开门，秦祥林看我那个样子，就说，你没睡觉？

我说，我想了一个晚上。

他说，那你快跟我讲，多少？

我说，我这辈子有500万就够了。

他说，行！

于是大明星秦祥林成了我第一个“经纪人”，他和曾志伟带着我去跟何冠昌他们见面，最后，把我的片酬谈到了240万。

那时候，我每天都是6点早班拍戏，自己编剧、导演、主演，压力很大，晚上好不容易收了工，就被他们拉着在老爷酒店谈，谈到后来我已经受不了了，就说好吧好吧就签了吧。签完之后就没人缠着我了，收工之后也轻松了。

签完之后，何冠昌他们就飞回香港了。大概两个礼拜之后，我当时还在台中拍戏，有一天回酒店，发现酒店的整面玻璃全部砸烂了，是罗维导演找人砸的。原来是香港的报纸登了新闻，说嘉禾签了成龙。当时罗太太来骂我：“我们当初是怎么对你？谁他妈的把你从澳大利亚请回来的？那时候没人要你，是我们给你机会！你居然这样对待我们！”

我当时又羞愧又懊恼，一直哭，觉得自己是个没信用的人，哭完以后就通过曾志伟转告何冠昌，“对不起，那240万我给你退回去，我不要了。”

拍完戏回香港，一下飞机，我看到邵氏的老板娘方逸华在出口等我。

她请我坐上她的劳斯莱斯Phantom，车牌上面只有一个“6”，没有英文，没有其他数字，那是他们用30万买下的6号车牌。我很拘谨地坐在车里，嘴里说着，“哇，Phantom。”

方姐说，“哎呀，以后你也会有的。”

这么贵的豪车？我真是想都不敢想。

车子开到半岛酒店，停车，一开门，我就看到邵逸夫蹲在二楼云石的楼梯那边，向我招手。

上了二楼，他包了整个餐厅，里面就只有我们三个人。邵逸夫说，“我们希望你能加入邵氏，以前你也是我们邵氏片场出来的呀，我对你很有信心。”

我想起以前拍邵氏的李翰祥导演的戏，那时一部戏的酬劳还是1500块……

邵逸夫继续说着将来如何如何打造我，可是我当时已经跟嘉禾签了约，跟前公司解约的事情也还没有解决，只能跟他非常恭敬地回复说，“对不起，邵老板，我已经签了嘉禾。”

他问，嘉禾给你多少钱？

我说，一部电影片酬 240 万。

他马上说，我们可以给你 300 万。

我心里腾的一声，又开始有点慌，于是我坦白跟他说，“老板，我只懂怎么拍戏，谈这些事情我真的是不会，我可不可以请人帮我谈？”

他说，当然没问题。

晚上，嘉禾的何冠昌又来见我，听说邵氏给我开到了 300 万。他说，这样，我们之前签过的合同不作数，现在我们可以给你 350 万，然后又讲了一大堆的话。这个阶段，秦祥林和曾志伟已经不在我身边了，变成陈自强悄悄来帮我谈这些事情。

那个时候，我手头已经有了一点积蓄，为了威风，我请好友陈勋奇帮我订了一辆车。陈勋奇除了是电影方面的全才，完成了我很多部电影的配乐，更是车方面的专家，原本当时我想买某一款的保时捷，他说，“保时捷满街都是，你不如买一台 Trans-Am，全香港只有 10 部。”我听了他的建议，花了几万块港币买了那辆车。

第二天，我开着这台车去了邵氏片场，那时候关于邵氏和嘉禾在争抢我的消息，已经传得满城风雨。

又来到熟悉的地方，心境却已完全不同。

邵氏片场有个地方叫“十四号”，是所有武行每天聚集等待的地方，再往上走就是邵老板家的别墅了。我们本来是约在他家里谈，但我没有直接开上去，而是特意停在了“十四号”。

我大摇大摆地下车，故意走进房间里面，跟那边的人说，“我找方姐。”我想给所有曾经嘲笑过我、骂过我的人看到，今天我是来跟老板谈事情的。

看到我，大家交头接耳，有一个工作人员马上说，哦哦，方姐在上面，在她家。我这才转身往外走。有好几个人跟出来，开始拍我的马屁，更多人听到了我车引擎的声音，都跑出来围着我的车看。

我很得意地上了车，故意发出更大的引擎声。本来直接开上去就可以了，我还故意往后退一些，再“嗡——”的一声开上去。我知道所有人一定都站在后面看。

我跟陈自强到了邵逸夫的家里，说嘉禾给到了 350 万。

邵逸夫说，我给你 400 万。

晚上又见何冠昌，他说，我们给你 480 万。

第二天一早，到邵逸夫那边，他直接开到了 500 万。

500 万啊。

我曾经花一个晚上算出的数字，觉得自己这一辈子有 500 万就够了，结果现在一部戏就能赚到 500 万。我的天哪。

经历了几轮谈判，我心里也不再是毫无想法了。我跟邵逸夫说，如果要合作的话，我有两个条件：第一，我想拍李翰祥、刘家良两位导演的戏；第二，我想要做国际明星。

那时我已经跟李翰祥导演合作过两部戏，他很喜欢我。以动作片来讲，那时候谁拍刘家良的戏都会更红，他也是我的偶像。

邵逸夫说，“李翰祥一定可以，刘家良嘛，他有自己固定的班底，我们会试试看。至于国际明星呢，是需要很多因素的……”

聊下来，他对我的愿望会表示“好”，可是“好”的后面会跟着很多“但是”，态度终归有些犹豫，当然，这也代表着他的严谨。

回去之后，我跟陈自强讨论。他说，我认为嘉禾会答应你所有的条件，他们会让你做国际明星的。他们公司现在已经有一个叫 Andre Morgan 的人，在负责国际制作的部分。在电影制作的独立性和自由度上，嘉禾也应该是更高的。

那个时候，嘉禾已经有了独立制片人的概念，李小龙、许冠文、洪金宝等人都可以在嘉禾成立子公司为自己拍电影，而不仅仅是打工。这意味着与嘉禾合作，我也可以这样做。

最后，在 500 万和 480 万片酬之间，我决定选择给我 480 万的嘉禾。

陈自强跟邵氏回复了之后，他们说，哎呀，其实我们还可以再谈的，但我那时候已经拿定了主意，就签了嘉禾。

邵氏跟嘉禾之争，在我之前，已经有一个李小龙了。当初邵氏没有要李小龙，他跟嘉禾签约之后，一下子爆红。等我出来之后，邵氏说，我们已经错过了一个“龙”，不能再错过第二个“龙”，嘉禾的态度则是，我们已经有过一个“龙”，我们还要第二个“龙”。

为了尽量尊重我跟罗维导演的合约，当时我跟嘉禾说的是，我不跟你签全约，就只是拍你这部戏，拿片酬。按照与罗维公司的合约规定，我的收入公司可以分走一半，像是吴思远公司借我去拍的《蛇形刁手》和《醉拳》，我的片酬是 5 万，但是公司会拿走 2.5 万。

回到公司之后，我就跟罗维导演商量，你能不能批准我去拍嘉禾的戏，让我赚这 480 万？反正我跟你还是有合同，我赚 480 万，公司能拿走 240 万。等我拍完一部之后，还是会回来继续跟你拍。

没想到，就在这时候，发生了一件让我完全意想不到的事。

罗维导演把我签过的合同拿到我面前，说，你不能去，去的话就等于毁约了，要照合约赔钱。

我记得当初签约时，约定的违约金是 10 万，但是当他把合约推过来，指着其中一句话给我看时，我发现，合同上面违约金已经不是“十万”，而是“千万”！

他更改了合约条款。

那个“千”字上面的一撇，很明显是后来添上去的。

我傻了。一直以来追随的前辈，竟然做出这种事。1000 万，即使是签了新公司，我也筹不出这么多钱，而被那么信任的人欺骗，对我来说是比赔钱更严重的伤害。

一筹莫展之际，公司的一个老管家忽然来找我。他听说了我跟公司的纠纷，过来告诉我，他以前在公司还兼任财务的工作，确实是罗导演更改了我的合约，而且这件事就是他本人经手的。那时候的合约都是用毛笔写的，罗维命令他在“十万”的“十”上面加了一撇，就变成了“千万”。

老人家对我说：“你放心，如果他告你，我会出来帮你做证。”

我跟这位老管家，每天就是在公司碰个面聊个天，有时候他会讲一点笑话给我听，只是这样的交情而已。我完全想不到还能有今天这样的机缘。

我忽然想起，以前有一天，我去公司，看到他很沮丧，就过去问为什么。他说自己老了，要退休回乡下了，想跟公司要一些钱，当是这么多年工作的退休费，但是公司给不出来，他觉得很难过。

我看着他的样子，心里也跟着不好受，但我也知道那时公司确实挺惨，老是向高利贷借钱去拍戏。想了想，我跟他说："我银行存款只有 3000 块，我给你 3000 块。"老人家很惊讶，连说不要不要，我坚持要给，他就收下了。原来不论你多久以前不经意做过的好事，都是会有好报的。

有了老人家的仗义相助，1000 万违约金的事情不了了之。我最终离开了罗维公司，与嘉禾携手展开全新时代。

重回嘉禾

再度回到嘉禾公司，我感慨万千。

在这之前，我是嘉禾旗下无数个小武行之一。每天用生命冒险，换取微薄的收入，默默期待有一天可以出人头地。没想到这一天这么快就到来了。

何冠昌与邹文怀共同创立了嘉禾公司。两个人性格互补，分工明确。邹文怀负责公司的商业开拓，何冠昌主管电影制作。他们当初一起在邵氏工作时，已经是非常完美的搭档，他们的合作让嘉禾有了全新的可能。两位老板向我承诺了香港及东南亚之外更广阔的市场。他们希望把我推向国际，成为李小龙之后第二位可以征服世界的华人巨星。

何冠昌对我说，"你在成为一个明星之前，在武行里面已经很有名了，我从那时候就很欣赏你。不过，我认为目前的电影还远远没有开发出你的潜力，我希望能够帮你找到并确立属于你自己的风格。比如你已经开始尝试把动作元素跟喜剧风格结合起来，未来我们可以从这个角度入手，争取每一部电影都给观众一些新鲜的东西，找到真正属于成龙的风格。"

这几句话完全打动了我，他说出了我想表达的话。接下来他说的话更是让我惊讶。

“我们开公司当然是为了赚钱，但是我向你保证，只要是你为嘉禾拍的电影，可以完全按照自己的想法进行拍摄和制作，我不会给你强制性的预算限制和制作期限。你负责拍片，钱的事交给我们。”

对一个电影人来说，这就像是天堂一样。这样短短一句话，已经是电影投资公司最大的魄力。也是因为这样，从那时起，我拍电影就逐渐形成了不惜工本的“坏毛病”。

从那之后，我们展开了长久的合作。那时我的英文名还是 Jacky Chan。老板邹文怀说，感觉 Jacky 这个名字不会红，况且你到了嘉禾，要重新开始，不如把 Jacky 改成一个女孩子的名字 Jackie 好了，这样就很特别。这就是 Jackie Chan 的由来。

邹文怀是公司的大老板，我跟他见面也非常频繁，但是很多跟电影制作相关的事情，我都是跟何冠昌一起商议解决。我们两个看起来是完全不同的两种人，他永远穿着剪裁得体的西装，搭配很有品位的领带和手表，整个人很体面，很有气场；我尽管已经很有钱，但看起来还是像个暴发户，不过这并不妨碍我们两个人私交越来越好。后来有一次他跟我说，哎呀，我现在教你跟教儿子一样，比教儿子还认真。我说，那我以后就跟你叫老爸了，之后我见到他就叫“老豆”，他说，啊？你来真的啊？我说当然是真的，于是那之后我就认他做干爸爸了。

当时我跟吴思远合作的几部电影，正在引领当下的功夫片潮流，但刚刚签了新公司，我希望再度开启一些全新的创作思路。不再执着于怪师父和懒徒弟的角色设置，也不再专注于练功场面的陈述，我希望拍摄一部情节相对简洁，但价值取向很正面的电影，这点完全有别于李小龙系列电影和邵氏那些老的功夫片。

加盟嘉禾之后，我导演的第一部电影是《师弟出马》。我倾尽全力希望把这部电影做好，以对得起两位老板对我的信任，也让电影界知道我的成功不是一时运气。记得当时有个镜头拍了 120 次，只是为了表现我把扇子踢向空中并且漂亮地单手接住。

《师弟出马》

在这样的想法和毅力的驱动下，1980 年上映的《师弟出马》获得了票房成功。这部电影也成为我向过去告别的一部里程碑之作。

我终于开始拍摄自己想拍的电影。录音的时候还是那帮配音演员，他们对我已经非常尊重，我那时候也已经学到一个词叫“以德服人”，不仅要尊重人家的专业能力，也要用自己的专业能力和工作态度去服众。在录音间，我是导演，只有我知道自己想要的是什么，摆开阵势之后，大家都要听我指挥。“起……收！”“声音小，再大声一点！”“馒头，豆包……”这种环境音，或者打斗时发出的衣服摩擦声，我也会下去跟他们一起配。何时起脚步，何时起音乐，何时有动作，何时有环境，全部都等我的号令。收工之后，我会买消夜给大家吃，他们变得很喜欢跟我一起工作。

从那时开始，属于成龙的时代正式到来了。

《龙少爷》：打破传统

《师弟出马》获得成功后，我想拍摄的下一部电影是《龙少爷》。

最开始想在韩国拍摄，结果在那待了几个月，花了不少钱，却因为天气太冷而打道回府。何冠昌先生没有表现出任何不快，这让我给了自己更大的压力，决心一定要把它做好。

1981 年，我带着团队到台湾，重新筹拍这部影片。电影的主题很简单，就是保护国宝。清末民初中国的古玩珍宝大量流失，我希望通过电影去表达要珍惜国家文物的理念。

《师弟出马》和《龙少爷》两部戏，我都是跟李小龙的生前好友黄仁植合作，他是跆拳道六段、合气道七段的双料高手，有“左腿攻击之王”的称号。不过在跟他的合作中，我的角色并不像李小龙的角色那样耐打，这也是我很早就为自己确立的风格——李小龙是神，他出拳打人，自己是不会痛的，而成龙是普通人，他打人一拳，自己也会痛。受默片时代的两位大师查理·卓别林和巴斯特·基顿的启发，我在武打中尽可能添加滑稽动作、喜剧元素，希望打造更具观赏性的功夫片。

《龙少爷》的动作戏极其密集，占了电影的很大比重，且每一场都是精心设计，我想让观众在观影过程中始终保持高度兴奋。除了最后高潮部分的大战外，还有在房顶捡风筝、抢包山、毽子大赛等重头戏。

这部戏需要很多武行的参与才能完成，我基本上把全台湾的武行都找来了，不管是高阶的还是新人，全都来。我的成家班第一代成员王耀、彭刚、谢见文就是在那个时期“积攒”下来的。

那个年代拍动作戏，所有人还都保持着拼命的劲头。拍摄“抢包山”的时候，现场有三部救护车，中饭以前，就已经有人受伤了，救护车一直往返于片场和医院之间。到了病房里，每个房间四张床，四个全都是武行，隔壁房间一看，四个还都是武行。我跳弹床，结果弹床爆掉，我直接撞在上面，一瞬间喘不上气，自己也被送到医院。在医院里看躺着那么多人，都是我剧组的，我也很痛心，觉得对不起大家，只能躲起来掉眼泪。

我自己就是从最基层的武行做起的，知道大家的不易，所以在我的剧组里，颠覆了很多传统的规矩，制定了全新的规矩。

以前如果有武行受伤，那是你自己倒霉，惯例就是“受伤了，别来了”，自己去住院。有些甚至还要被扣掉薪水。但《龙少爷》里所有受伤的武行，工钱每天照样拿，四个人住院，我会再派一个人去照顾这四个人，他的工钱也照领。

当时，有一个姓王的武行脚受伤了，不能动，我说没关系，还让他来。我让剧组拿了个大声公给他，那之后他每天在现场负责喊工作口令，喊了一个多月，这样可以照领薪水。听说现在他已经成为导演了。

在现场，如果我看到谁表现真的很好，即使今天还是小武行，我也马上给他升大武行。地位瞬间提升，工钱也立刻翻倍。有一个小武行刚刚升级完，当天就摔伤住院了，到医院之后依然按大武行的标准领薪水。这种做法给大家的荣誉感是很强的，所以当时大家都非常拼命，无怨无悔。

如果有人离开剧组，我会给遣散费，所有这些做法都属于破例，以往从未有过。那时候我还并不是多么有钱的人，但我会拿出自己的钱来贴补大家。电影预算必须要用在制作上，这方面我有我的原则，不能因为老板在预算上不限制我，就拿公家的钱去做人情。

我希望很多年后，这些武行兄弟们说起当年，都觉得跟我拍戏是被公平对待的。

《A 计划》：拿命搏

《龙少爷》之后，我与合作至今的编剧、老搭档邓景生想做一部充满枪战动作和特技打斗的电影，最终我们一起创作出了《海上剿匪记》，在发行的时候改名《A 计划》。也是在那个时候，我开始尝试在编剧方面进行团队创作。

故事背景是 20 世纪初，一伙海盗摧毁了一支香港舰队，我饰演的水警队长马如龙只好转做陆警，但他一直设法寻找海盗们的线索，最终将他们一网打尽。这个剧本里面还有两个重要角色，一个是一本正经的警官，另一个是当地的无赖骗子，他们的加入为这个紧张的故事带来很多幽默元素。我们讨论剧本的时候就很清楚，只有两个人能够胜任这两个角色，就是我的大师兄洪金宝和师弟元彪。这不仅因为我们三个人都已经在片场摸爬滚打很多年，擅长特技动作表演，更是因为我们非常熟悉对方，只要一个眼神，或者一个细微动作，就知道对方在想什么，这种无敌的默契会让动作戏的拍摄事半功倍。

这部戏中有一幕最重要的特技场景，展现的是我在经历了一连串街头追逐后，终于爬上旗杆并且跳上一座钟楼的顶部，之后又从上面直直地掉了下来摔到地面。经过多番讨论，我们确定这个镜头没法用剪辑的方式完成，你想要这个画面，就只能用真人来演。

动作组开始思考怎样在坠落的过程中增加阻力，减缓下降的速度，让我不至于摔死。从成片中可以看到，挡在我和地面之间的只有两层布篷而已，而整个高度大概是 15 米。

确定拍摄方案之后，元彪用犹豫的眼神看着我："你确定这样可以吗？"我一副很有底气的样子："没问题，咱们可以先试试看。"

剧组先是用了一个假人做实验，发现根本试不出效果，然后又做了一个跟我同样重量的沙袋，从钟楼顶端把它扔了下去，沙袋穿过两层布篷，落到地面瞬间破裂，沙粒飞得满地都是，我有点傻眼。

这之后，成家班的火星说，我来试试看吧，他上去摔了一次，摔下来之后，我们问他怎么样，他已经摔蒙了，“我也说不清楚……”他因为这个动作，两三天都没办法动弹……

那时在香港拍电影，只要在街上一搭起布景，就会对周围的生活造成很大影响。刚好这次搭景的地方是个停车场，我拍戏又向来慢工出细活，布景一搭最少也要几个月，这下很多车子都不能正常停放了，每天都要把车停得很远再走过来，附近的交通被弄得很糟。就在准备拍这段戏的时候，不知道是谁透出了消息，说我会从钟楼上跳下来，而且不用替身。这下可好，周围写字楼的人、卖东西的人、过路的人，每天都跑来现场张望。尤其一到吃饭时间，每人都拿个碗跑来片场，一边吃一边抬头看，我就站在楼顶上慢悠悠地说一句“今天不跳”，大家就会很无趣地散掉。

尽管已经做过试验，但是临近拍摄，我心里还是直打鼓。每天都会往下看一看，在心里盘算：这么高的高度，底下接住我的就那么一小块布篷，摔得往前一点，头会断，摔得靠后一点，脚会断，到底应该怎么摔？每次给自己鼓劲儿，心想咬咬牙就拍了，但一站到那个钟楼的边缘，想到那个碎掉的沙袋，就会不自觉地往后退。

第一次试拍，我爬上钟楼顶端，成家班的人慢慢把我扶出窗外，晃晃悠悠地挂在指针上。在摄影机开始旋转之前，我整个人的重量挂在那根金属指针上，手忽然感到非常痛，我大喊，成家班的人赶忙过来把我拉回了屋内。

第二次试拍，我又是刚刚挂出去就让成家班把我拉了回来。刚好那天邹文怀跟何冠昌两个老板来现场探班，他们上到楼顶，看到这么危险，简直不要命，就过来拍拍我：“不跳就不跳吧，要不就用替身吧。”我说：“替身也是人，他们也会怕。放心吧，我可以。”

这样一拖就是 6 天，我每天都找不一样的借口逃避拍摄，今天是顶光不

好，明天是蓝天不好，后天是黄昏不好……反正我是导演，每次我说什么，灯光组、摄影组也都只能表示认同。那不拍干什么呢？就先吃饭吧。连续6天没拍一个镜头，整个剧组都在等。到了第7天，那天阳光很好，我又上到楼顶，心里正在纠结的时候，洪金宝从下面路过，看到我又站在上面犹豫，他就忍不了了，站在楼下大骂道："你到底要等到什么时候？我每天都没地方停车，都要走路上来，你到底拍不拍？！"我被他一骂，那个感觉就来了，就说："要不然这场你帮我做导演，你来帮我拍。"洪金宝说："好，我来拍！"接着他一把抓过机器，跟现场的人们说："准备！"

那时候拍戏还是胶片，也没有现在这么长的胶片，一卷胶片很快就没了，很珍贵的。我必须先把自己甩出去，下面才能开机，不然底片就不够用了。我让成家班离开，不要扶我，不然每次都想求助。这次我决定一个人在那里挂着，挂到自己没力为止。听到四部机器同时动起来，洪金宝大声问我："准备好了吗？我们这里准备好了！就等你了！"我当时觉得一阵热血涌上来，抓着指针，把自己甩出去，听到"Rolling，action"，一直等到手没有力气又很痛，抓不住指针了，才慢慢松手滑下来，心里说"算了"，接着整个人自由落体……如果你们现在再去看一遍那个镜头，会发现我真的是等到抓不住指针之后才放弃，那个画面完全不是表演，它是真实的。

先撞到第一层布篷，布篷瞬间撕裂，接着是第二层，然后就是"咣当"一下摔到地面。我来不及做翻滚来缓解落地的冲击，直接摔在了地上。脖子在落地时重重地折了一下，但我没死。冰敷了一会儿以后，我告诉大家，准备重拍。"什么？你神经病啊！"洪金宝和元彪都觉得我疯了。我告诉他们，刚刚这个镜头只有4秒钟，冲击力还不够，我希望这个动作能在电影里有10秒钟的长度，从不同角度展示。他们懒得再说服我，于是开始安排重拍。

第二次，一样的过程摔下来，撞到地上的一刹那，我的脑袋完全蒙了。元彪赶忙跑过来拉起我，小声在我耳边说："快点站起来，快讲对白，不然就白摔了！"我听到他的声音，也不知道是怎样挣扎着起来，嘴里叽里咕噜说了几句话，就被元彪和其他演员拖走了，这个镜头终于完成。

《A 计划》这个镜头，让我痛了两年

这部电影在当时获得了巨大成功。它动感十足的街头打斗，以及我和洪金宝、元彪的勇敢尝试和完美配合，为功夫片打开了新的创作方向。

对我来说，1983 年的这部电影最特殊的地方在于，它打造了我电影生涯最重要的标签——亲自表演极度危险的特技动作，不用替身。这也成为我至今不同于别人的安身立命之本。

在那之后的几十年间，我的电影不断带给观众轻松有趣的观影体验，同时也带给他们绝对值回票价的高危刺激动作。观众来看我的电影，除了希望看到正面的故事、有趣的桥段、精彩的打斗之外，也会期待看到我在新片里又做了怎样不要命的尝试。大家最开始惊声尖叫，觉得我是个疯子，后来也慢慢习惯了。我给自己设了一个走不出的迷局，只能一次又一次地挑战身体和胆量的极限。在《龙少爷》之后，就已经没有哪家保险公司会为“成龙电影”承保了，我上了全世界保险公司的黑名单。

准备拍摄《快餐车》的时候，大师兄洪金宝提出了新的看法：“我想把剧组带到西班牙去拍摄。在香港拍片太麻烦了，到处都拿不到拍摄许可，这个地方一共就这么大，这里不让用，那里不让用，电影没有特别的场景怎么可能会好看！我们要去外面看一看。”

我特别赞同他的话。更进一步来说，我们不仅应该更多地加入国外场景，还应该加入国外的演员，让电影更具有国际气质和异域风情，这不光对于本土观众来说是好事，也为电影增加了海外发行的可能。

最终，《快餐车》在全球范围取得了成功。我们用自己的亲身体验证明了，虽然拍摄预算远远低于好莱坞，没有他们那么好的特效技术，也没有全球背景大公司的营销发行，但我们依然有别人不具备的核心竞争力，那就是必须由人来完成的精彩打斗和危险动作。

《警察故事》：一生一次

1980 年，我第一次去好莱坞发展，拍摄的作品《杀手壕》票房失败。1985 年，嘉禾已经在美国设立了分公司，他们再度建议我到美国试试看。

这一次，他们希望顺应市场需求，把我打造成克林特·伊斯特伍德那样的“硬汉”。电影名叫《威龙猛探》，我跟美国演员丹尼·埃利洛饰演一对纽约的刑警拍档，奉命前往香港追捕一名国际贩毒头子，毒枭为了脱身，劫持了昔日的贩毒伙伴的女儿为人质跟警方对抗。我跟那位导演合作得很不愉快，最终，这部电影的票房和口碑也不理想。

回到香港，我马上找到搭档邓景生，希望用我自己的方式去拍摄一部关于警察的电影，也是要拍给那部美国片的导演看。在动作方面我已经有了想法，我希望这部电影里我的动作跟大量的玻璃结合起来，后来我的想法在电影里得到了很好的贯彻，这部片也被我的特技同行们称作“玻璃故事”。

在这部电影里有很多非常危险的特技镜头。那时候大家都很豁得出去，现场随时准备着担架，连车门都是随时开着的，现场伤一个抬下来，立刻送走，下一个顶上。其中有一个从二楼摔下来砸到玻璃上，整块玻璃碎掉的动作，第一个武行跳下来，手断了，抬走。再下来一个，头破了，抬走。看到这个情况，我换上衣服就自己去摔，砰的一声跳下来，也给抬到医院去吐血……不过这些跟下面这个特技动作相比，已经算是“小儿科”了。

那场戏讲的是我饰演的警察陈家驹，在某个购物大楼里面经历一番激烈打斗，发现目标就在一楼大堂，而当时他身在几层楼高的地方，为了防止嫌犯跑掉，决定直接跳到一楼追捕目标。

这个特技动作需要我从高空跳出，抓住大堂中间挂满圣诞彩灯的立柱滑向地面，穿过一道玻璃结构的隔离板，落在购物中心的大理石地板上。这次的起跳高度大约是 30 米。这个画面很多人都看过，但你们不了解当时情况有多恐怖。

首先，我们必须要在晚上商场打烊之后才能拍摄，晚上的时间本来就有限，当天晚上拍完，布景就要拆掉，并且在商场开门营业之前清理干净现场。这意味着我不仅没有再试一次的机会，连 NG 的机会也没有，要一次成功。

我们的准备工作就花费了大量时间，要先把商场里的大吊灯拆下来，换成吊着的三根铁柱，然后要在上面拉钢丝，每一根钢丝都不能焊死，只能用

AA胶粘住，否则实拍的时候不可能拉断它们滑下来。粘好钢丝之后要挂糖胶玻璃碎渣、彩灯、电线，最后挂爆破装置。铁柱的下面要再铺600磅（约合272千克）的糖胶玻璃，再下面是一个小木屋，里面大概装了1万颗糖果，我从上面跳下来，就靠它接住我。在工作人员准备的过程中，我在旁边等得睡着了。

刚拉了两三层钢丝，他们叫醒我，在不太高的位置先试了一次。我跳下来发现钢丝断了两根就不断了，我的手原本是要紧握住中间的铁柱，但钢丝不断，手自然握不住，整个人只好松手掉在地上。就在这个过程中，天已经快要亮了，为了防止光透进来，剧组先是在玻璃屋顶上面喷了黑漆，结果忽然下雨了，没干的黑漆被雨水冲掉，剧组又马上找来黑布铺上。这根铁柱的主道具还没准备好，又不断有新的问题传来。

灯光组过来跟我说，大哥，用剧组的干电池没办法把整个道具上面的彩灯打亮，我们只能用大厦的普通电源。我说，那如果漏电了怎么办？我会被电死的。他们说，我们会有人在插座旁边看着，一旦出现漏电我们就把插座拔掉，把电断掉……道具过来跟我说，大哥，这些钢丝我们必须粘得结实一些，不然会更危险，所以你跳下来的时候一定要用力往下拽钢丝，这样才能顺利滑下来……好几部机器的摄影已经在现场待命了很久，尤其在天花板那边还有一个，他已经抱着机器等了两三个小时，全身的衣服都湿透了，有汗滴下来，还被下面的工作人员抱怨，说上面怎么在滴水……

当时我已经连续很多个早晚班拍戏，觉都不够睡，耳边还不断传来这样的信息，这些问题都是隐患，都还没有解决，都需要我做决定。时间慢慢来不及了，现场几百个人在等，我整个人已经从混乱变得蒙掉了。

为了确保我跳下来的动作能够以不同速度和景别被记录下来，现场有15部机器同时拍摄。这就意味着现场会有15个摄影师，二三十个摄影助理，这到今天依然是非常奢侈的。其中有的是高速摄影，也就是说我只要浪费一点时间，不及时跳下去，底片就会用完。按照剧情，我起跳的地方并不是一个平台，它只是很普通的楼梯把手，不仅是圆的，而且很滑，人一站上去，就要立刻跳下来，没有犹豫的时间。这个起跳点离下落的地方还有8尺远，

《警察故事》

相当于我要在一个6层楼高的点上做立定跳远，跳出去8尺，再从一个混合着钢丝、彩灯、糖胶玻璃、爆破装置的铁杆滑下去。而且，只能成功，不能失败。

我望着下面几百个工作人员和临时演员，还有我的两位女主角张曼玉和林青霞，他们都在下面看着我，我跟自己说，你可以的！

一个成家班的人上来说，大哥，准备好了。我跟他说，一会儿只要我在上面一晃头，这就是暗号，你们就开机。

我终于站在了扶手上面，下意识地活动了一下肩膀，就听到下面十几部机器同时启动的声音！我想说其实我刚刚不是在晃头，但是已经来不及了。现场有几百号人，但那一刻鸦雀无声，全场只听到机器吱吱咔咔转动的声音。

我心里想，"死就死吧"，然后大喊一声"死吧——"就跳了出去。

我腾空而起，用双脚夹住铁柱，滑落的过程中灯泡闪烁爆裂，玻璃与火花一起飞溅。我先是感觉自己的手很烫，然后很痛，然后就已经麻了。整个过程伴随着我"啊——"的叫声。接着撞到600磅的糖胶玻璃，把它撞得粉碎，再摔到糖果小屋上。成功了。

但这个镜头还没有结束。

我要用一镜到底来表现这个情节。从上面跳下来，要立刻抓到歹徒就打。落地之后，我马上起身，抓住成家班的一个武行就开始打，咚咚咚，咚咚咚，直打到那个人说，大哥，你不要再打了，我快要死了。我一松手，那个人就倒下了。我才发现自己当时已经失去理智，好像疯掉了一样。我这时候才转身对着大家，用力地嘶吼："啊！！！"

我看见林青霞在哭，张曼玉在哭，我的经纪人、茶水、化妆师、服装师，那些女孩子们都在哭，我很帅气地甩了一句："有什么好哭的！"

说完转身到旁边，看到自己的手上全都是碎玻璃渣，皮都翻起来了。在现场简单地处理了一下，就已经到时间要接早班了，我让司机带我去洪金宝的片场继续拍《龙的心》，车一开动就睡着了。等到司机说"大哥，到了"，我醒过来，伸手开门，发现两只手不仅都是肿的，而且在发抖，完全没有力气，连车门都打不开。这时候我才意识到自己当时有多紧张，整个人从爆发到透支，已经虚脱了。这个动作带给我的是两只手的二度烧伤、满脸的血和满身的碎糖胶玻璃碴。

现在回想起来，依然觉得很骄傲。我和成家班的很多特技动作都是一生只有一次的经历。

庆幸的是，我都做到了。它们被永远地记录在了胶片上。

《龙兄虎弟》：最严重的受伤

不许剪头

小时候在戏剧学院，所有男孩都要剃掉头发，大家过了很多年小光头的日子。后来终于离开学校，一有机会我就把头发留长，好像是在故意跟过去对抗，或者是弥补曾经的遗憾。那时还因为头发太长，被人叫作“飞仔”。

我很喜欢吹头发，还特地去跟人家学怎么吹。当年自己是长头发，每次都随身带个风筒，很认真地吹，觉得很舒服。后来只要一到外地拍戏，那些搭档们就都不带风筒，每次洗完头就来我房间，我就会帮大家把头发吹干。秦祥林、洪金宝、元彪，还有成家班一大堆人……我都帮他们吹过头发。平时在家，娇姐和小房子的头发也都是我来吹。

第一次到好莱坞，我曾经模仿 20 世纪 30 年代电影明星的发型，把长发剪短，虽然自己很得意，但周围的朋友都说很难看。等我决定回香港的时候，就又恢复了长发造型。

直到 1986 年发生的一次严重意外，我被干爸爸何冠昌勒令再也不准把头发剪短。那是我拍了这么多年戏受伤最严重的一次。电影的片名叫《龙兄虎弟》。当时，关锦鹏是副导演，刘伟强是摄影师，陈可辛是助理制片。

电影讲的是某伯爵希望把失散 800 年的“上帝武装”寻回，《圣经》上记载，这 5 件宝物可以用来对抗魔鬼。他寻得亚洲飞鹰 Jackie 从非洲土著手中夺得 3 件，另外 2 件在一伙恐怖分子手上，因此展开了一系列救人和夺宝的故事。导演并主演这部片时我 33 岁，已经开创出比较成功的电影模式：

全球取景、精彩动作、商业喜剧。

这部戏的美术指导是奚仲文，他希望我尝试一个新造型，剪短头发。我们在南斯拉夫开镜，拍摄地条件很艰苦，也没什么专业的理发师，奚仲文就直接上手帮我剪。

出事那天，我拍的那个镜头其实并不复杂。大概就是后面有两个人追我，我需要跳到一棵树上去，这在我演过的那么多动作戏当中也就是个过场戏而已。拍了两遍之后，前期导演曾志伟说，不错，可以了。可我回想了一下，不对，自己跳完之后落地时不够灵活，我希望再拍一遍。通常我说再拍一遍的时候，没人能阻止我，结果这一次就出事了。

其实那棵树对我来说真的不高，结果一跳过去，树枝断了。我一瞬间就掉了下来，在往下掉的过程中，我凭本能一直在抓树干和树枝，那些树枝就一路跟着断，我一直抓，它们一直断，落地时我习惯性地用手挡了一下，但头还是砸在一块石头上。后来想想，可见大家当时多忽略这些动作戏，包括我自己在内。说跳就跳了，根本没研究应该找什么样的树，可以承托我的重量。

落在地上的第一反应是腰很疼。当时我爸爸在片场，他过去几乎不来我工作现场的，也不知怎么就这次我出事被他当场看到。剧组的同事们赶紧先把我爸爸推走，免得他受到太大刺激。我感觉周围一下围上了很多人，也不知道过了多长时间，也许只是一小会儿，也许是很久，我忽然觉得自己没事了，要坐起来，大家赶紧按住我说不要动！我只好乖乖地听话，觉得整个人很热，摔下来之后头也很涨。然后大家就发现有很多血从耳朵里喷了出来，真的是在喷血，但是我的外表又看不到伤，大家都被吓住了，怕我会死。

那是上午 9 点多，剧组要把我从山上搬到山下，再坐吉普车送去医院。我记得自己躺在车上，旁边一直有人在用力拍我，说不要睡啊不要睡啊 Jackie。我说你们不要打我了，我全身已经很痛了。到了一个小医院，马上先打针，大家都知道我很怕打针的，当时也没力气反抗了。打了很多针之后，我又被送到一家大点的医院，医生看过我的情况之后说，一定要马上脑

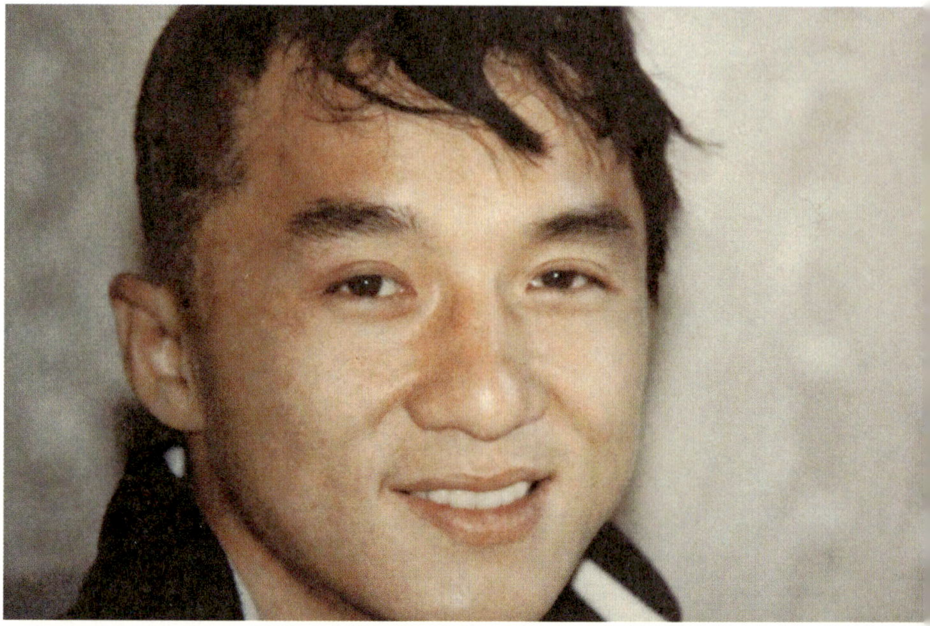

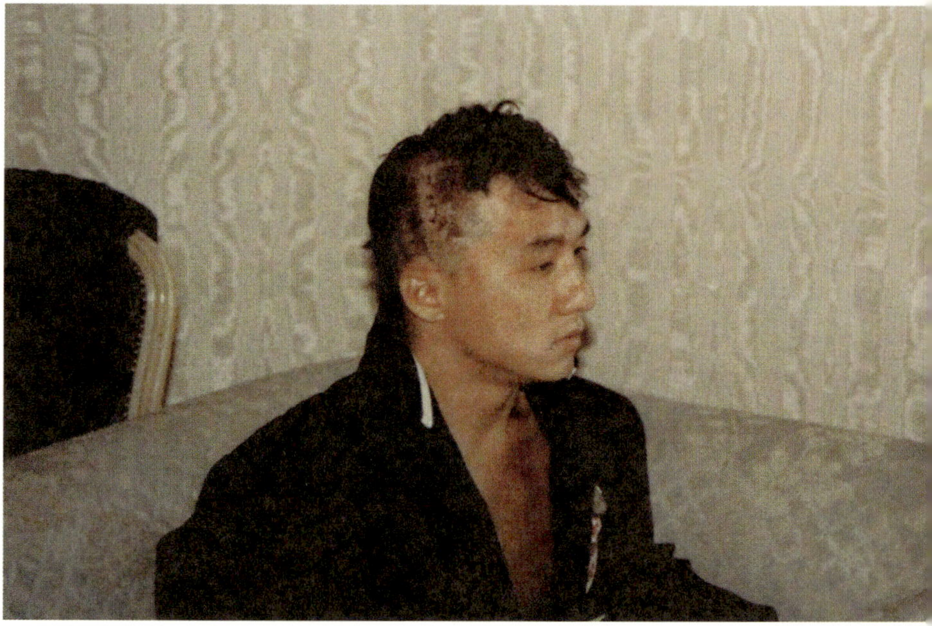

《龙兄虎弟》脑开刀之后

开刀，不然很危险，我们这没有这么高的医疗水准，最好能找全世界最好的那个脑科医生来开刀，他是瑞士人。

在这个过程中，我的耳朵还在流血。又觉得鼻子很痒，原来是血在倒灌，从鼻子流出来，喉咙也在咕噜咕噜地响。直到这时候我才开始害怕，想起有个形容人快没命的词是“七窍流血”，现在耳朵、鼻子都流血了，我不会是正在七窍流血吧？想到这就赶紧用手摸了摸眼睛，还故意找到手上一块白的肉去摸，还好眼睛没有流血……

当时曾志伟在现场，他看到那种情况，觉得我可能快要死了，就赶紧打电话回香港给嘉禾的老板邹文怀。那时打电话不像现在这么方便，国际电话没办法一下子就打通，曾志伟第一次打过去，说明了情况，就等着香港那边回电话。邹文怀老板第一次把电话打回来，说正在联系那个瑞士脑科医生，然后就挂断了。电话第二次打来，说这个医生正在世界各地周游讲学，找不到人在哪里，电话又断了。

这个时候，医院的医生就有点急了，问，你们到底还等什么？早上九点多送来，到现在已经是晚上了，一定要做个决定了，不然伤者很危险。有人建议包机飞到法国做手术，医生说伤者现在的情况没办法承受机内压力，出血会更快。大家僵在那里，没人能拿这个主意，害怕一旦上了手术台，我没办法活着出来。

又不知道过了多久，那部戏的武术指导是成家班的冯克安，他打开门进来跟我说，大哥，你撞到了脑袋的骨头，需要开刀，先把骨头取出来，再放一个什么东西进去，几年之后再把那个东西取出来……这些话如果是用平淡的语气讲也没有什么，可冯克安当时是一路讲一路哭，呜呜哇哇的，那时他是成家班的主力，响当当的硬汉啊，看他哭得那么可怜，我就知道情况严重了。

最后，医生进来征求我本人的意见。我记得当时他说了一大堆话，大部分我也听不太懂，只能听懂 operation（手术），等他说完，我只说了两句话：现在我能相信谁？我只能相信你。好，我做手术。

接下来就是剪衣服，推进手术室，时间应该是晚上八点多。当时迷迷糊糊地看着房顶上的灯，才知道原来手术室里面的灯泡有 9 个。后来感觉有个老头子在问我，你觉得怎么样？我觉得声音越飘越远。他对我说，你好好睡一觉。我就没有知觉了。手术做了多久也不知道。

第一次醒了之后，听到床头有铃声，睁眼，好像有 4 个护士在看着我，我想要起来，她们就把我的头往下按，我又睡着了。再醒来的时候，耳边响的是口哨声。那是谭咏麟在旁边吹口哨，吹的是他那首《朋友》。

我睁眼，看到大家隔着两层玻璃在跟我招手。我知道自己没死，就又睡了过去。第三次醒来的时候，已经换了病房。谭咏麟和曾志伟在旁边，看我清醒了，他们跟我说：王八蛋，你知道你的运气有多好吗？给你做手术的，就是那个瑞士医生！他刚好就在南斯拉夫讲学，是他帮你做的手术！

不知道在我决定进入手术室前后的那段时间里，到底发生了什么，那个医生又如何神奇地出现在我的手术室里，这一切就像是个奇迹。

我彻底清醒过来没多久，就跟护士说饿，想吃东西。她们震惊了，说我们从来没见过你这样的人。你是近左耳头骨凹陷，碎骨内移，一般人经历了这么大的手术之后，都会有很严重的排异反应，要么就是吐，要么就是没食欲，哪有你这样一醒过来马上就要吃东西的？可我当时胃口还真的挺好的。他们给我拿来的食物，我很快就吃完了，也没有什么想吐的感觉。后来曾志伟还跟我说，帮我开刀的医生出来之后跟大家讲，这个人真的是超人，别人经历那么大的手术，过程中血压和各项指标都会很不稳定，你们这个朋友居然从头到尾血压都是稳定的……

5 天之后，剧组把我送到了法国的医院，去做进一步的检查，确认听力是否受损，顺便检查恢复的情况。我忽然意识到一个问题，这里已经有媒体拍到我受伤的照片，新闻应该很快就会传到澳洲，不能让我妈妈知道我受了这么重的伤。爸爸也觉得应该瞒着妈妈。

到了法国之后，我主动给妈妈打了个电话："妈妈，我们戏里的一个武行受伤了，我们送他到法国的医院来检查。"妈妈问武行有没有事，我说已经做了手术，脱离危险了。

两天以后，澳洲当地的媒体果然报道了我受伤的消息，妈妈很焦急地打

《警察故事 2013》，南斯拉夫事件之后我第一次剪短发

电话找到我，说，“我看到你的头包着绷带的照片，说是你受伤了，没事吧？”

“没事没事，你看我现在不是好好地在跟你说话吗？其实那个照片，是剧组让我配合做新闻拍的，他们觉得如果只是武行受伤，这个新闻不够大嘛，所以就对外说是我受伤了，放心吧！”

妈妈这才放下心来，在电话里说，“你以后不要再做这种事了，也不要再拍那么危险的戏了。”

我说知道了，好的好的。

在法国的医院做完检查之后，我们开车返回南斯拉夫，一路上开了几千公里，连续开了 7 天。

回到剧组之后，我们原本还希望可以继续拍摄，大家想了一个办法出来，可以只拍我一半的脸，因为如果要等我的头发长出来，还需要 4 个月到半年时间，剧组里 100 多号人，是没办法等的。拍了几天，发现效果真的不好，大部队才一起撤退回香港。那部戏一停就是一年。

我脑袋现在还有一个窝，是软的，没有骨头。耳朵到今天也还有后遗症，听高音会痛，低音听不清。这是当时那个手术留给我的纪念。

一年多以后，我回到澳洲的家里，妈妈那时候已经知道是我受伤了。她说，“让我看看你的头。”我故意给她看没有受伤的那一边，说，“你看，是不是恢复得好好的？都跟你说啦，是新闻故意在小题大做啦！”

自打这一次之后，我的干爸爸何冠昌就不准我剪发了。不仅如此，他还立了一个规矩：成龙不能演会死的人。剧本里如果我这个角色会死，那就不能接。其实我一直很想演西楚霸王项羽，也有很多人拍这个题材就会想到我，但是因为楚霸王会死，干爸爸就没有允许我接当年陈凯歌导演的《霸王别姬》。

对于这两个禁令，尽管我自己不迷信，但觉得还是听他的话吧。

1997 年，干爸爸去世了。在那之后，这两个禁令也逐渐被我打破。《大兵小将》里我的角色就死掉了。2012 年，拍丁晟导演的《警察故事 2013》，演一个公安特警，需要把头发剪短才符合角色要求，而且所有人都是短发就我一个长头发也很奇怪，于是就剪到了板寸的长度，这是在南斯拉夫开刀以后的第一次。

豹口脱身

在拍《龙兄虎弟》的过程中，我还差点被豹子咬伤，这是很多人不知道的囧事。

我们拍电影喜欢现场即兴创作一些桥段，拍这部电影的时候，我忽然想到一个点子。当时要拍我和谭咏麟一起到伯爵的大古堡里去，需要尽量表现伯爵家的奢华。我想到可以这样表现：一走进大堂，我们两个就被满墙的动物镇住了，仔细一看都是已经被杀掉的动物制作成的标本。我们两个人就一边走一边讨论，“哇，这个灯很漂亮！”“对啊，这个地砖也很漂亮啊。”

接着走到一个豹皮地毯前面就说，“哇，这块地毯也好漂亮！”这时候呢，那块“地毯”就忽然站了起来，吓我们俩一大跳。这是我最初的设想。

剧组的工作人员按照我的要求，找专业人士带了一只豹子到现场。刚刚见到那只豹的时候它很乖的，被训练得很听主人的话，我甚至可以左右用力扯它的脸，或者请它躺下去揉它的肚子，它都是一副很老实很纯真的样子。这让我很放心，请剧组准备开拍。

开机之后，豹子的主人就抓着链子躲在旁边，那个豹子就趴在指定位置。接着我就开始演了：“哇，灯很漂亮，地砖很漂亮，地毯很漂亮……”结果到需要它配合站起来的时候，那个豹子就一动不动地趴在那里，主人拉它也不起来。第二条还是如此。我就过去跟它的主人商量，到时候你能不能更用力地拉它，让它站起来？主人说好。

如果是现在，我就可以找个人穿件蓝衣服把它抱起来，将来再做后期处理，这点特效对于现在的电影制作来说太简单了，可是当时我们还没有这样的技术，就只好用笨方法。

拍到第四次它还是不动，我有点着急了，要知道那时候底片很贵的。我又走过去跟它的主人讨论，我们到底怎么让它站起来啊？

刚说完这句话，那只豹子就站起来了。它一站起来，我马上大声说，这就对了！这就是我要的！在大声说话的同时，我的手也指向了它。说时迟那

《龙兄虎弟》片场

时快，那只豹“哗”的一下就朝我扑过来！它要咬我的手指，幸亏我退得够快，真的很恐怖！

大家都知道豹子的动作有多敏捷，它的动作是一瞬间的，我刚一说完话它几乎就扑过来了，张着大嘴，现场所有人都吓呆了。幸好它的主人拉着链子，赶紧上前安抚它，让它慢慢趴下。我本来也想过去安抚一下，但是看到它用很凶的眼神看着我，还是算了。

那一下之后，这场戏就没法拍了。接下来每次我一喊 Action，它就从很远的地方扑过来咬我。这样一两次之后，大家也都不敢拍了。这个情节无法实现，但是豹子和它主人的工钱已经付了，况且这是我的创意，我也不想轻易放弃。怎么办呢？就决定改一下情节。

我说咱们就改成在走廊里面拍，我和谭咏麟走着走着，忽然这只豹走出来，吓我们一跳，伯爵家里竟然养着一只活生生的豹子，这也可以表现他家的奢华。大家刚好找到了一个有洞口的走廊，豹子可以藏在里面，需要它出现的时候就让它从洞口走出来，忽然出现在镜头里。我就安排它的主人抓着链子，把豹子藏在洞口里面。

我记得那个走廊并不是很宽，但是很长。开机之后，我和谭咏麟两个人一边走还一边说台词，“哇，这个东西好好看啊，那个东西好厉害啊。”结果这次又遇到险情，我们两个刚刚走到那附近，它就忽然扑出来了，飞快地扑到墙上，爪子在墙上抓出好多印子，把我们两个吓得呀！本来我和谭咏麟应该直直地穿过走廊，可是接下来每次实拍，我们还没走到跟前它就扑出来，很凶地要过来抓我，这可怎么办？最后只好请它的主人把它死死拉住，我和谭咏麟刚走到附近就吓得不敢直着走了，改成走曲线贴着对面的墙绕过去。这样才勉强过关。

那时候我就知道你真的不能吓唬这些有野性的动物，它会马上记住你并且开始恨上你的。这种情况后来在拍摄《十二生肖》的时候再度上演，我因为必须要对着古堡里的两只大狗面露凶相，结果被它们咬了好几口，为此我还被强迫连续很多天打狂犬疫苗，这对怕打针的我来说是比拍戏受伤更加惨痛的代价。

《龙兄虎弟》我与谭咏麟；我俩被豹子吓得很惨

现在你们可以拿出《龙兄虎弟》，找到那个片段，就能看出我俩当时被吓得有多惨！

《警察故事续集》：载入影史的爆破

《警察故事》第一部里，除了我那不要命的一跳，还有很多极其难拍的动作场面，不管是开车撞翻整个半山棚户区，还是在商场打戏撞碎无数玻璃，都一直被影迷们记得，所以这部被大家称为"玻璃故事"。到了第二部，故事设定悍匪要用掉大量火药，于是又被称为"炸弹故事"。片子最后，化工厂爆炸导致整栋楼房被毁，是当时世界电影史上最大的化学爆炸。

为了拍出这场戏，我们当时遇到了很多困难。那些烟花是费了很大力气才运过来的。我们请了香港的两个爆破师来，他们都不敢接这个活，最后是从美国请来一个爆破师，光是镶炸药就镶了一个礼拜。

有了第一部的好成绩，到了续集，张曼玉比上一部还要拼命，拍摄废弃工厂那段戏时，她决定不用替身亲自上阵。我那时候正好从另外一边的片场赶过来，好几天日夜连拍，已经累得眼冒金星，实在是扛不住了，就跟钱升玮说，你帮我盯一下这个镜头，我躺一会儿。

当时拍的是十几个铁架子倒下那段，开始拍摄前，大家已经反复排练了好几次。到了正式开拍，意外还是发生了，因为铁架子倒下的速度过快，张曼玉来不及躲闪，一下子被铁架砸在了头上。

我刚刚睡着，就听到"嘭嘭嘭"很急促的敲门声，打开门，他们说，张曼玉受伤了，已经送到医院了。

我一下子就吓醒了，"啊？什么？"

我飞奔到医院去看她，她已经缝了十几针，差一点就毁容了。我内疚得不得了，心想，如果我在现场盯着，也许就不会出事了。

病房里面，尔冬升陪在张曼玉的旁边，黑着一张脸，很不高兴，我马上跟他说，对不起。

女主角受伤了，但拍摄任务必须完成，怎么办呢？

我找了一个女演员叫郭锦恩的，来替张曼玉。你现在再看《警察故事续集》大结局的那场戏，就能看出很多画面已经换人了。没有因为用了替身，就完全避掉拍正脸的部分，我尽量拍一些远景，或尽量想办法遮一下脸。观众在那么紧张的气氛之下，应该不会留意到女主角已经换了人……

拍摄最后一场大爆破时，光是摄影机就有 17 部在同时拍，这创下了当时的纪录，大家可以在片尾的花絮中见到这一盛况。

美国的爆破师说，我们试一下，你在里面跑一下，我要看你的速度。我就配合他，跑了好几遍，让他去感受。

整栋楼里，每一层都装满了炸药。我要跑过的走廊两边，墙上都是爆炸筒，一个一个排开。我站在后面往前看，前方是一个充满了 5000 加仑汽油的空间。

正式开机之前，爆破师跟我讲，“I trust you（我相信你）”。

我深吸一口气，准备迎接这个极度危险的动作。

“准备！”我看到前面那个旗在摇。

“Action！”

一声令下，我开始拼命往前面跑，咚，砰，咚……不知道炸了多久，也不知道我跑了多久，以为已经爆完了，我一转身，那个装满 5000 加仑汽油的区域爆炸掉了，我整个人被气流顶飞了出去。出来之后，我转身看——人呢？郭锦恩呢？

她已经快吓死了，完全不敢动。我看她靠在那边，整个人已经蒙了，就朝她大喊：快出去！！

她一出来，我马上要抱住她往外跑，不然脸就穿帮了。

出来之后，马上上车，马上开走。

紧接着，拍摄现场周围的很多人都报了警，大家以为真的发生了爆炸。

没多久，消防车就来了，那时候我已经躲到了龙珠岛，等他们报告现场的情况。

为什么拍个电影搞得像谍战一样？因为在港英时代，政府根本不支持我们拍电影。有时候我们在街上拍摄，警察就会直接过来抓人，我们需要在最短的时间里面把胶片盒拆下来保护好，还要找一个场务来假扮制片，被警察带走问话。在街上拍枪战的时候，警察还会对着剧组开枪，那时候我们就要大喊：“在拍戏啊！”香港回归之后，我们拍戏才得到政府的更多支持。

当时剧组的人打电话给我，说消防员一到现场，主动说：“哎？你们在烧垃圾啊？”剧组的人赶紧说，对对对。

连消防员都在主动帮我们找借口，我真的很感动。那时候我在香港拍戏，尽管政府部门不支持，但是前线的那些警察、消防员，他们都是私下悄悄帮助我们的。

这里面还有一个幕后秘辛。当时与我们同档期的其他电影，听说了我们计划拍这样规模的爆炸戏，已经向相关部门提告了，我们的片场被贴了封条。可是档期就是命令，说完成就必须要完成。为了顺利拍摄，剧组特意放消息说我晚上要飞台北，媒体还到了机场拍到我起飞，第二天一早我又秘密飞回香港，就是为了拍这场爆破戏。

当晚，消防员说“你们烧垃圾着火啦”的时候，旁边还依然有小小的烟花在陆续爆开……

这部影片是真正意义上的续集，与第一部在剧情和人物关系上都紧紧相连，并且比上一部更加凸显了陈家驹普通人的那一面，他也有在爱情和工作之间的两难。最后的这场载入影史的爆破戏，陈家驹终于救出了女朋友，那场最危险也最绚烂的烟花，是他们之间爱情的见证。

《奇迹》：有它足够

以前记者问我最满意的电影是哪一部，我会说，“到今天为止还没有最满意的作品，因为每部电影我都会发现瑕疵，但如果非要选的话，我觉得是《奇迹》。”

那个阶段总有人会讲，成龙只会拍动作片，我就是为了这句话，非要拍一部不一样的作品出来。这部戏确实不同于我以往的作品，它的动作戏与戏剧线是平衡的，导演手法和镜头运用我下了很多功夫，尤其注重温情的内容

《奇迹》海报在香港公司走廊的明显位置

和歌舞表演，同时兼顾娱乐性，是一部标准的合家欢电影。这部电影里没有一个坏人，也没有死一个人。如果你说坏人，那每个人都是坏人，但他们又都好人有好报。

故事讲一个妈妈含辛茹苦地把女儿养大，还送她到国外留学，她一直跟女儿说自己是个阔太太，所以拿这么多钱养她很轻松，但实际上妈妈只是一个卖花为生的穷苦老太太。现在女儿要从国外回来了，这个谎言眼看就要被戳穿，我扮演的一个傻小子，决定帮这位妈妈的忙，帮她把谎圆下去，没想到越帮越忙，越弄越复杂，越来越失控……

就像片名“奇迹”一样，这个故事讲的是根本不可能完成的事情。

一帮流氓去扮演上流社会，最后却引发所有的上流社会都主动来帮忙，连总督都出动了，大家觉得这个事情必须要成，一定要圆满……看完之后，观众会觉得特别温暖。最后把女儿送走时，我还说了一句，“有空常回来玩啊”，把所有人都吓疯了，哈哈。

这部戏投资 9000 万，是那个时代香港有史以来最贵的电影。整整拍了 1 年零 3 个月，把全香港的灯都租掉了，别的剧组拍戏还要来跟我借灯。当时光是买器材就花了 1000 多万，买那种 anamorphic camera（变形宽银幕摄影机），买的是当时世界上顶级的品牌。摄影机和镜头是要配套的，还买了最贵的光学变焦镜，总之我就是要最好的器材。

那时候我搭了个布景，花了 3000 万，结果被台风吹倒了，只能重新再搭。茶楼、夜总会、码头接送船、酒店套房，都是很重要的场景设计。电影里所有的古董车都是从英国、美国运来的，西服上面所有的链子，都是我自己拍卖回来的古董，所有的服装，都是从英国的古董店租回来的。那时候没有先进的特效技术，为了确保每个镜头的效果，我们只能用笨办法，要么花钱，要么下苦功。为了在一个镜头中挡住那些风格不对的建筑，我们甚至把整个小山铲平，移到了另外一边去……

拍摄时间最长的一个镜头，花了 7 天，就是希望能做到完美。现在如果你去访问当初剧组里的工作人员，他们会告诉你，很多人拍完《奇迹》，都在香港买房子了。因为拍摄周期长，我给很多人发的又是月薪。自那之后，香港电影圈有了一个说法，“跟大哥拍戏，一定不要领片酬，一定要领月薪，拍完一部戏你就可以买房子了。”

虽然在这部电影里，武打镜头没有占据主要地位，但是我的戏必然少不了高难度的动作场面。货仓打斗、茶楼混战等等，全都是用心设计出来的，用大的滚轴和麻绳作为道具，也创造了很好的喜剧效果。

这部电影的主题曲是黄霑填词、梅艳芳演唱的《玫瑰玫瑰我爱你》，配合片中的歌舞表演，也算是小小圆了我喜欢歌舞片的梦。

当时在香港找不到适合演妈妈的演员，后来我们找到归亚蕾，她真的很棒。这部戏一直被大家记住的，就是它的演员阵容，除了主角梅艳芳、董骠、归亚蕾、吴耀汉、午马、叶蕴仪等人，还有开头惊鸿一瞥的张学友，打酱油的帅哥吕良伟，被打劫的记者钟镇涛，演山东段老大的柯俊雄，山东老大的打手戴志伟，演脱线跟班的楼南光，演反派的大帅哥罗烈，演上海富商的邵氏老演员田丰，演记者的陈友、岑建勋、郑丹瑞，演警察的任达华、吕方，演乞丐的元彪，演村民的许冠英，演官员的刘兆铭，演贵宾的楚原，警察局坐着的作曲家黎小田，接电话的卢惠光，还有一众港产武侠片的熟面孔，如田青、李海生、方刚、朱铁和、秦煌、沈威，以及黄霑、倪匡、倪震、胡枫、冯克安、草蜢、太保、周文健、周比利、叶子楣、叶玉卿……

有兴趣的朋友可以去数一下，到底有多少人，我自己也记不清楚数字了。反正当时只要收到邀请的，几乎全都来了，真的很感谢大家。

现在不管谁跟我聊起《奇迹》，我都会特别特别开心，因为我真的花了太多心血去拍。

人生中有一两部这样的电影，被人这样记住，已经足够了。

《我是谁》：这一跳，献给师父

1997 年 9 月，我在戏剧学院的师父，几乎朝夕相处 10 年的于占元先生去世。

听到这个消息时，我在荷兰拍摄《我是谁》，那一刻脑子里浮现出小时

师父送我的照片，题的是我在戏剧学院的名字“元楼”

候被带到师父身边的情景。那时我并不知道自己会在那里度过漫长而痛苦的10年，当然也不会知道，如果没有那10年就没有今天的成龙。

身在世界各地的元家班成员，包括当时已经声名鹊起的“七小福”，都在尽一切力量赶到洛杉矶，参加我们师父的葬礼。我也停下电影的拍摄，从荷兰赶到美国。我的制作公司嘉禾因此损失了几百万港币，但是他们也支持我去送师父最后一程。

我曾经说过，陈志平是陈港生的父亲，于占元是成龙的父亲。

在戏剧学院的10年里，每天都在经历魔鬼训练，被体罚到流血流泪是常事，每天晚上睡觉的时候大家都会在心里默默地咒骂师父，但是渐渐长大，才明白这一切经历带给我们的并不仅仅是痛苦，还有很多很多珍贵的东西。除了一副足以闯荡电影圈的好身体、大量可以自如表演的动作特技，更多的是已经渗入我们血液中的坚韧、胆量、气魄和纪律。所有这一切，都在之后的人生里帮助我们渡过一道道难关。

师父的离去，让《我是谁》的拍摄有了更多的意义。我比过去更加希望在这一部电影中拿出最好的表现，而其中一种方式，就是去挑战更高难度的特技动作。

这部电影充满大量的视觉奇观和惊险而富创意的动作场面，后来这部片的动作设计甚至被评为“武打艺术”。其中经常被大家津津乐道的场面，包括大厦天台上的格斗、沿高楼玻璃外墙急速飞落、从直升机上跌落原始森林等。开场那段直升机的戏看着挺酷，但是我们摔到树林里面那一下，粘得满身都是蚂蚁，现在想起来还浑身难受。

在鹿特丹的一栋大楼外拍摄的，就是上面提到的第二个场面。那栋楼总共21层，我要从顶层往下跳，沿着这栋大楼整个的外斜面冲下去，等冲到斜面的边缘时，脚一定要刚好停住，再从边上爬玻璃跳进大楼里面。

这一年我已经43岁，理论上已经过了强拼危险动作的年纪。我面对的高度是70米，不像《警察故事》里有东西可以抓住向下滑落，这次几乎什么都没有。

我心里很清楚，这一跳，我要献给师父。

实拍之前，成家班的伙伴们在身上绑上绳子，慢慢地从顶楼往下滑，用手去细细地摸那个斜面，看有没有凸起的钉子或尖锐的东西，确保安全。即刻准备拍摄。动作组尽量做了周全准备，最基本的就是在地面上铺好垫子。我站在楼顶往下看，那几块垫子也就半个手掌那么大。我忽然感到一阵不适，心脏咚咚狂跳，太阳穴就像打鼓一样。我看到下面挤着所有的剧组成员、当地的消防队员、警察和救护车，以及很多赶来看热闹的观众，当地政府甚至为了我的拍摄而封桥封路。

他们都在期待见证我的这一跳，而我即将以飞驰的汽车般的速度冲下去。有工作人员过来询问我准备好了没有，我点了点头。接着，我听到来自地面的声音，除了那几句口号之外，周围只剩下呼呼的风声。

"Camera !" "Rolling !" "Action !"

我纵身跃入风中。

后来我也曾问过自己，这一跳真的有必要吗？答案是，有。不仅是为了师父，为了我们的荣誉，也是为了我全世界的观众们。他们渴望进入影院，在两个小时的黑暗里，看到大银幕上有一位真正的英雄。

拍摄《警察故事 3：超级警察》火车那场戏

到底什么是“成龙电影”呢？我认为有以下几个特点：

第一，我从来不是无所不能的，反而每部电影里都被打得很惨。我没有形象包袱，不会顾忌自己在镜头里是否好看。我演的通常都是小人物，有很多弱点和毛病，他们一般不会主动介入纷争，常常是被迫出手，最后绝处逢生。

第二，我的电影剧本从来不对动作场景进行细致描述，因为我永远更喜欢临场发挥，跟成家班的伙伴们在现场进行创作。一场重要的打斗，在我的剧本里常常只有两个字的描述，比如“大打”，或者“小打”。过去美国电影里的打斗经常很快就结束，这是为了表现主角有多厉害，我的电影里经常是从头打到尾，而这些画面正是观众想看的。再后来我去美国拍戏，美国人的剧本在动作戏的段落也变成只有一句话——“let Jackie Chan design”（让成龙设计）。

第三，搏命动作。别人的电影，经常会用多个镜头的剪接串联去表现一个动作，但在成龙电影里，只要这个动作够精彩、够危险，我一定亲身上阵，并且用一个完整镜头把它记录下来。举例来说，如果剧情需要我从楼顶跳下来，那我就会在电影里展示跳楼的全过程。

第四，别人的剧本创作都是从故事剧情出发，我的剧本创作则是从动作场面出发。我和搭档们经常会在精彩动作的基础上去构思剧情。这乍一听显得很不靠谱，但这就是我这些年的创作历程。

第五，我的电影会在全世界取景，我希望跑遍世界每一个有意思的角落，把它们放进我的镜头里。

第六，我的电影价值观永远正面。我从不在自己的片子里表现低俗、下流、残忍、负面的东西。

我跟成家班的人讲过，这辈子，我们不要做第一，要做唯一。

阅读
好莱坞

第四章 闯荡好莱坞

铩羽而归

20 世纪 80 年代，在香港尝过爆红的滋味后，嘉禾希望把我推入好莱坞市场。那时候我的英文很烂，为了让我摆脱依赖，认真学好语言，他们把我送上了去美国的飞机，没有一个同事陪伴。

到机场接我的人叫 David Chan，一见到我，他就忙不迭地开始介绍我即将参与的新项目《杀手壕》，“他们请来了《龙争虎斗》的班底，阵容很强大，剧本也很棒，我觉得你会在这里很快红起来！”他的话不仅没提起我的兴致，反而让我心里有点发毛，自从经历过 70 年代一连串的失败后，我真的不想再去模仿独一无二的李小龙了。

在美国替我安排工作的是嘉禾国际部负责人 Andrew Morgan，他跟着邹文怀工作了 12 年，满嘴流利的粤语让我刮目相看。Andrew 对我的新片《杀手壕》也信心十足，他认为这部电影的剧情安排，将会给我一个向美国人展示功夫的绝佳机会，而更让他有信心的是，整部电影的制作预算高达 400 万美金，这个数字对于习惯了港片制作预算的我们，也是一个大大的刺激。与此同时，Andrew 还希望我可以多做一些访问，上一些电视节目，这会帮助我迅速成名。

然而电影的拍摄过程并不顺利。

已经习惯了港式制作的我，很不适应美国这种条条框框式的拍摄。导演 Robert Clouse（罗伯特 · 高洛斯），是李小龙主演的《龙争虎斗》的导演，他的每个镜头都严格按照分镜脚本进行，摄影机的活动进程和演员站位都有严格的讲究，这种工作方式不是不好，只是不适合我。

我在香港拍戏时，经常会跟团队一起现场碰撞出各种创作火花，临场修改剧本和台词是常有的事，但是这些在美国完全行不通。加上我的英文很差，演戏的过程中顾得上说话就顾不上表情和动作，经常打磕巴以至脸部僵硬。回到我最擅长的动作戏部分，他们的工作风格也跟我格格不入，我已经习惯了自己编排复杂而漂亮的动作，但是严格按照剧本拍摄的导演，经常请我不要随意发挥。我多次试着把自己对动作戏的想法表达给导演，但他每次

拍《杀手壕》这一幕的时候，我徒手爬了上去，没有任何威亚，把所有老外都吓傻了

都面不改色地说："不行，就照剧本里写的方式拍。"于是一些原本可以加入很多花哨动作的戏份，变成了我走来走去的过场戏。我对导演说："没人会花钱去看成龙在电影里溜达的。"

《杀手壕》拍摄结束，公司很快帮我接了下一部戏。Andrew 显得很兴奋，"这部电影里会有很多好莱坞的明星跟你搭戏，你演的是一个赛车手，很刺激的剧情，片名叫《炮弹飞车》。"光是听这个片名，我已经很有兴趣，心里默默希望这是一部风格不同的影片。

了解到我对《杀手壕》拍摄方式的不适应，同事们安慰我说："《炮弹飞车》不是动作片，这下你不用担心了，把精力专注在表演上面就好了。"

可惜事情没那么简单。

《炮弹飞车》是嘉禾公司投的，导演叫 Hal Brett Needham（哈尔·尼达姆），是做武术指导出身。好莱坞之前的赛车题材电影里，从来没有出现过中国人做赛车手。在这部电影里面，我和许冠文扮演两个日本赛车手，这让我有点不舒服。看到这部电影的剧本时，我发现我的角色不需要说大段的英文台词，但要负责做各种鬼脸去搞笑。对这样的安排，我也不是很开心，但已经没办法推掉了，只能硬着头皮演。

这部戏里面有很多当时好莱坞的明星，Burt Reynolds、Roger Moore、Farrah Fawcett、Dom Deluise、Dean Martin、Sammy Davis Jr，这些大明星哪里知道我们是谁，我和许冠文在这部戏里面只能算是主角里面的配角，我们每天收到的通告上面就写个"stand by"，拍摄期间大部分的时间就是在等待。那时候还没有手机，这就意味着你哪都不能去，就在酒店等电话，电话一来，就要到现场。

当时我们在拉斯维加斯，那个时候的 LA，只有一个 MGM，我站在酒店门前，前后左右都是沙漠。我又不想去赌场，我以前赌过，知道赌博的坏处，所以连酒店里面的老虎机我都不打。每天除了健身，就是去打游戏机。

我们就这样，干等了 7 天。

终于，有天早上要拍大场面，我们也被通知到现场。我和许冠文按照通告上的时间准时到了，片场在一个巨大的赛车场里面，现场有很多工作人员在忙忙碌碌，还有直升机在飞，这对当时的我来说已经是很大的场面了，就有点兴奋。

这时候，副导演走过来说，一会儿你们两个就是开车过终点，就这样这样，OK 吗？ OK 啦，好的！

我们俩就站在车旁等着，没想到这一等就是一个上午。这个上午，戏里其他所有的明星都没到，只有我们俩一直站在那里。

许冠文就很生气：人家都没到，我们在这里等什么啊？

我很理解他的心情。他跟我在香港都是大明星，但是在美国，谁认识我们啊。

"我不等了，我先走了。"许冠文转身就走。

我觉得这样不太好，就拦住他说，"别别别，咱们就配合一下呗。等一下有什么的，我们在香港拍戏也是这样，我们也会让人家等啊。"

"我不等了，我去钓鱼！他们都不来。拍的时候再叫我。"

于是就剩下我在那里紧张地等着，因为我不仅要看进度，还要看着时间，把许冠文喊回来。我远远地看着他划了个船到湖中间，开始钓鱼了。

过了一阵子，周围开始有更多人来了，我就朝着湖中间喊，"Michael，差不多了！"

他往这边看看，说，"等开始拍的时候再叫我。"

之后，那些大明星陆续过来了，直升机也起飞了，这时候我也走不掉了，我一旦离开，我的位置就空掉了，这时候就听到副导演从后面喊，"一会儿听我喊 3、2、1。我说 3，你们后面的演员先动，喊 2 的时候，中间的演员动，喊 1 的时候大家就一起动了，清楚了吗？"我赶紧跟他说，"喂喂喂，Michael 不在啊，赶快通知他一声！"

他说，"Who?"

我说，"是 Michael 啊，演员啊。"

他说，"It doesn't matter（没关系）。"

我心想，啊？少一个演员都可以？！

紧接着就开拍了。

拍完一遍之后，副导演说要再来一遍。我说，我去叫 Michael。他说，不用了不用了。

这下我也明白了，其实我不在都行。我们俩在这场戏里面根本无关紧要。

第二遍拍完，许冠文也回来了，看现场大家都走了，问，怎么样？

我说，拍完了。

“啊？没有等我？”

“他们说随便，有你行，没你也行。虽然他没说，但是我知道，其实没我也行。”

这件事，让我们俩认清楚了我们在人家的地盘是什么样的地位。

拍摄的最后一天，终于拍到我们两个的戏了。那些戏是怎么拍的呢？一部拖车，拖着我们的车，周围放了四部机器，我们俩就在里面假装开车。导演说，一会儿你们俩就讲对白，他说走这边，你说走这边，然后你们俩就吵起来。下一个，就是拍你们俩快要撞车。再下一个……

我明白了，反正我们俩就是坐在车里面，一天内把剧本里所有我俩的戏份都拍掉。

我一坐上车，已经有点不爽了，因为现场所有的灯光、摄影、工作人员全都是无精打采快要收工的样子，没有人在乎，没有人要来调整什么，大家只是惦记着快要杀青了。

开拍了。

我们俩就对着镜头讲对白，做表演。一场，两场，三场，拍完了。每一场导演喊完 cut 之后，都说，good，very good。

我们俩把全部十来场戏都拍完之后，导演说，来，再全部重来一遍。

我知道他为什么要再来一遍。当时每部机器是 1000 尺的胶片，总共 4000 尺。他要把 4000 尺拍完，不然剩下的底片也是浪费。

根本没有人管我们演得好不好，我和许冠文觉得很不受尊重，这时候已经很不耐烦了。

“开机！”

许冠文对着我说：你看那边那个烂人。

我：对啊，烂人。

许冠文紧接着又骂了一句。

我：对对对！！

这一遍，我们俩完全没讲戏里的对白，就从头骂到尾，发泄心中的不满。结果导演看完之后还说，哇，很好啊，你们这次的表情比上一次更好！

拍完第二遍，导演喊 cut，然后就过来恭喜我们收工了。

这之后，我在美国准备下一部戏，忽然有天接到《炮弹飞车》制片人的电话，说片子剪完了，让我去补一些对白。

我去了之后发现，完了，他们剪上去的全部都是我们俩骂人的素材。

我赶紧说，不行不行不行，不能用这段，他们很迷惑，“为什么？我们觉得很好啊。”

我也不敢说当时我们俩是在骂人，只好说当时里面很多对白都讲错了，我来给你们重新配音吧，他们就答应了。如果你今天再看《炮弹飞车》，会发现我是一个人配两个角色……

这就是我和许冠文两个闯荡好莱坞的“小演员”的经历。生气归生气，伤自尊归伤自尊，但也正是那时候的经历，让我认识到人外有人、山外有山，不要以为自己在亚洲有名就有什么了不起，外面还有更大的世界，值得我去证明自己的价值。要想做到这一点，唯一的办法就是拍适合自己的、别人拍不出来的好作品。

后来《杀手壕》和《炮弹飞车》的结果如何呢？

先是 1980 年《杀手壕》的票房惨败。片子上映之后，我自己买票溜去电影院，发现整个影厅都没有几个人，还都是中国人，美国观众显然对这部片毫无兴趣。尽管我已经跟导演放过话，“没人会买票看成龙溜达”，但看到影厅里寥寥无几的观众，心里仍然特别不是滋味，我在亚洲已经红成那样了，在这里却没人看自己的电影。

这部电影的缺点很明显，除了剧情的问题，失败的主要原因还是观众不接受那种动作方式。我后来曾经找过一些专家问原因，他们说观众认为你的拳头没有力量，你跟那个人已经打了 10 分钟，踢了他 8 脚了，他居然还站在那里，你还在继续踢。观众印象中的动作戏还是李小龙那种，“咚”的一脚出去，人已经被踢飞了！我心想，早说啊，这种拍摄方法多容易，一拳一个，一脚一个，但这不是成龙电影的风格，我拍不了，也不喜欢拍。既然这样，就承认失败。

再说 1981 年上映的《炮弹飞车》。这部电影的海报上只要有我和许冠文的名字，就可以保证亚洲市场，但在美国，海报上的名字就变成了以 Burt Reynolds 为主打。最终，这部电影在美国和日本获得了成功，在香港却彻底失败。我的本土观众不愿意看我演一个日本人，用无聊的逗趣方式去做戏，沦为一群美国演员的陪衬。

这就是我第一次闯荡好莱坞的经历，总结为四个字就是：铩羽而归。

学英文

拍《杀手壕》的时候，公司给我请了一个外语老师，是个华人，每天教我 3 个小时，一周 1000 美金。这个薪水在几十年前是非常可观的，但我那时候并不是个好学生，总是在偷懒。

每天她来了以后，我们就练一个最简单的对话：

What's your name?（你的名字叫什么？）

Jackie chan.（成龙。）

Where are you from?（你从哪里来？）

Hongkong.（香港。）

诸如此类。

之后，她就在旁边打毛衣，而我就去睡觉。

每天早上去餐厅吃饭，什么都不会说，我就留意听别人都点什么。

很快，我学会了鸡蛋、牛奶、培根、烤面包这 4 个单词，每天去餐厅之前，就在脑中默念：“egg, milk, bacon, toast.”

到了之后，就跟人家讲这几样。厨师问我，How would you like your egg?（鸡蛋要什么样的？）

如果是现在，我当然知道说 scrambled eggs（炒蛋），或者是 sunny side down（单面煎），但是那时候我哪懂这些，人家一问，我就愣了，哈？

人家再问一遍，我还是听不懂。为了避免难堪，我马上说，no egg，no egg。

那段时间，我每天就吃这几样东西，反反复复吃了几个月。有些时候实在不愿意去餐厅吃饭，出去又哪也不认识，还饿得半夜打电话回香港跟同事诉苦。

再后来，人家教我说了汉堡、炸薯条和可乐，于是我出门之后会去快餐店，连续吃了很长时间，吃到胆固醇超标。

有一天在餐厅点餐，我看到了达斯汀·霍夫曼，想跟人家说句话，可是英文不行，就很遗憾。

这里的陌生人也比较热情，假如在电梯里遇见，他们会先跟你打招呼，Good Morning，我也回一句 Good Morning，接着人家就会问你来自哪之类的，说的话稍微多一点，我就听不懂也答不上来了，觉得很尴尬。

从那之后，我在电梯里面只要看到人家走进来，就赶紧低头假装在系鞋带，人家出去了再站起来。等有人再进来，我就再系鞋带，只是为了躲过人家的眼神，避免跟人家交谈。

苦闷的日子里，我开始给自己找一些方法排解，我发现酒店附近有个店的游戏机很好玩，其中有个游戏，是用一个三角形的火箭去打石头，一打过去那个石头变两块，两块再变四块，然后每一块再变四块……刚开始玩的时候，我总是刚一开机就死，这下斗志被激发了，我天天跑去那里玩。当时是两毛半美金玩一次，我一天能花掉五六十块美金。

打到后来变成什么情况呢？先是一台机器里面排行榜的 10 个排名全都是 JC，接着我又从第一台机器打到最后一台机器，整个厅里面的 20 台机器全部都是 JC，变成只花两毛半就可以打一整天。那个游戏里，玩家每得到 10 万分就能得到一架飞机，到最后我有二十几架飞机，分数高到故意让自己死，开机之后先走到旁边叫个比萨可乐，跟 Waiter 说等一下过来拿，回来看着机器继续打，比萨来了就吃，一边吃一边看着屏幕，等旁边人说快点

为《功夫熊猫 2》配音

快点，马上就要死啦！我就很轻松地把它救过来。这个过程中，还能学到一些英文。

不过，总这样混下去也不是办法，我开始每天听新闻，看新闻，跟着念，跟着学。后来遇到邓丽君，她的英文很好，教我通过听英文歌去学英文，我那时候听了很多乡村音乐，很喜欢跟着唱，唱一唱，有些句子自然就会说了，you always in my mind（你永远在我心中）这种。后来我也跟其他想学英文的人说，去听慢的英文歌，对学英文非常有帮助。很多成家班的外国成员，我会告诉他们去听中文慢歌，对于学习中文也很有好处。

回到香港之后，我也开始留意看英文台，看的时候拿个本子记录，看报纸上长长的英文，再拿它跟中文对比，之后就慢慢练习发音。我有一个心得，在学英文或其他外语的时候，不要着急，不要贪多，一定要把每一个发音都练到非常准确、非常地道，这是很重要的开始。

后来，在美国拍戏拍得多了，英文也越来越熟练。哈佛、剑桥邀请我去讲课时，我一开始真的不敢去，担心自己的语言水平不够跟大学生们交流，但是后来我说服了自己，去就去吧，又不会死。

去了一次之后，我就不怕了。到了那边，一开头我就先说，“This is Jackie Chan English, if you understand, ok, if you don't understand, sorry.（我讲的是成龙式的英语，如果你们能听懂，那很好；如果听不懂，那我只能说对不起啦。)”大家哈哈一笑，气氛自然就轻松起来。

我的英语确实是我自己的那一套，交流是没问题的，要说多地道也不敢当。不过后来那些美国动画片叫我去配音，他们会特意要求我用自己风格的英文——Jackie Chan English。

穿唐装

拍《炮弹飞车》的时候，戏里那些好莱坞明星根本不认识我和许冠文，只有个很有名的黑人演员，叫 Sammy Davis Jr 的，会主动跟我打招呼。有一天，他走到我的化妆车，跟我用日文说早安，还说我刚从日本回来，原来

Michael Jackson 送给我的两幅画，右边那幅有他的签名

你在日本那么红啊。我说我是香港来的，不是日本人。他说，香港？香港在哪儿？这个阶段我的英文还很差，支支吾吾解释不清楚，于是我说，“I'm Chinese.”，这样他就明白了。

那段时间，我出席很多活动都穿西装。大家问我是哪里人，我说香港，对方就一脸迷惑，那个时候，很多人都不知道香港在哪里，亚洲人在他们眼里长得都差不多，再都穿西装，根本分不出来。

那时候我就想，不行，以后我要你们一看衣服就知道我是中国人，所以就开始穿唐装。久而久之，人家一看就知道，哦，你是中国人。后来真的在全世界都有名了之后，唐装就变成了我的一个标志，到哪里都不会跟别人重复，永远是很特别的。你们看很多明星害怕撞衫，但我很少会跟别人撞衫。

很多年前，我听一个美国的朋友说，Michael Jackson 曾经夸你的唐装很好看。于是我就照着他的尺码做了一套，当作礼物送给了他。我们原本有几次机会可以碰面，但阴差阳错，一直没有真的遇上。

Michael 去世后的某一天，我收到一个国际邮件。打开之后，是他亲手画的两幅画。转交这份礼物的人跟我说，是 Michael 的妈妈交代的，她在整理东西的时候看到，这是 MJ 要送给我的亲笔画。我视若珍宝，把它收藏在了我的香港办公室。

其实很多年前，我还没开始穿唐装的时候，经常穿女装。如果你看到我以前的照片，会发现很多都是女装，所以那时候我也不会跟男明星撞衣服。在法国拍戏，那里有大码女装，我就能穿。颜色也都很好看，粉蓝色、粉红色，我很喜欢这些鲜艳的衣服，而且我那个时候还年轻，二十一二岁，还可以去尝试这些亮色和比较特别的款式。这就好像别人都在模仿《A 计划》的时候我就拍《警察故事》，等他们模仿《警察故事》的时候我就拍《醉拳2》，永远跟人家不同。

你要抓出自己的一个特点，这样观众就会对你留下印象。一定要走特别的路。走别人的路容易，走自己的路会有点难，但假如你成功了，别人就会记得你。电影也如此，大家一看我的电影，就知道是成龙式电影，那么我就成功了。

《威龙猛探》：不当硬汉

离开好莱坞3年之后，我的同事们希望我再试一次。"美国观众现在最习惯硬汉形象，就像克林特·伊斯特伍德那样，这不正是你最擅长的吗？"

我只能说，那个时候的他们，甚至我自己，都不够了解我自己。尽管我的外在形象看起来很"硬汉"，但"硬汉"形象也分很多种，克林特·伊斯特伍德的"硬汉"是冷血气质的杀手，而我的"硬汉"形象是那种面对生活不屈不挠的小人物，他做出一副"硬汉"的样子，只是出于自卫或保护朋友。

我不觉得自己适合冷冷的杀手形象，也不喜欢那样的角色，心里很反感这样的安排，可是事情由不得我，我还是在公司的安排下接演了《威龙猛探》。制作团队结结实实地把我打造成了他们心中的"硬汉"。剧本里涵盖了过去好莱坞动作片的很多套路，脏话、裸露、暴力动作，导演是James Glickenhaus。我并不认同那个导演的电影风格和拍摄方式，在拍摄过程中跟他产生了很大的不愉快。

我最不满意的是，剧组只给动作戏预留了4天拍摄期，这对以动作戏为生的我来说简直就是开玩笑。在香港，只要是我能掌控制作的剧组，每一个画面都要追求完美，从最开始的套招到真正的实拍，我们都会想尽一切办法让动作更漂亮、更有张力，每一个细节都反复地研究，一个镜头拍摄十几遍是常事。

然而到了这里，导演却认为动作戏并不重要，而且他也不会拍。在我眼里完全无法过关的镜头，在他那里竟然一路绿灯。眼看着电影朝着不可控制的方向滑去，我却无能为力。我很讨厌这种无法掌握局面的感觉。

最终我耐着性子完成了电影的拍摄，但我不认为这是一部成龙的代表作。

这部电影要在美国和亚洲两地上映，为了避免重蹈《炮弹飞车》的覆辙，我决定尽一切力量出手挽救局面——我要亲手制作一个与美国版本不同的亚洲版本。我请片中的部分国外主演来到香港片场，重新进行动作戏的拍摄，这一次，要完全按照成龙的风格来。

《威龙猛探》现场，对面那个人有威亚，我没有

我的搭档，编剧邓景生为影片新增了一些情节，为了照顾亚洲观众的喜好，还邀来当红的叶倩文饰演了一个角色。美国版本里面那些少儿不宜的恶俗画面也全都被我删掉了。最终，这个版本在香港和日本获得了好评。

现在我已无意让大家比较两个版本的好坏，那只是我职业生涯中的一段插曲。经过这一次之后，我跟公司严正声明，我再也不要去什么好莱坞了，更不要为了所谓的市场牺牲掉自己的电影风格，这是最得不偿失的事。

如果还有下一次，那我也不要再走任何人走过的老路。李小龙和克林特·伊斯特伍德都是伟大的演员，但他们不是我应该模仿或试图超越的对象。我是成龙，如果我想要有一天在全世界成功，那也只能是因为——我是成龙。

遇见邓丽君

现在回想，刚到美国时，日子过得很苦闷。白天有一搭无一搭地学英文，晚上就关在酒店看电视。偶尔会去外面学习滑旱冰，为了新片《杀手壕》进行练习。

有一次休息，我跟一帮从香港来的朋友去迪士尼，大家一路走一路聊得很开心。这时候我听到周围有人在讲国语，也是一群人嘻嘻哈哈的，抬头一看，迎面走来的竟然是邓丽君，身边也有好几个朋友，有男有女。我们一对看，真是特别意外。我说，怎么你也在这里？她也愣了，当时我们还不熟，身边又都有朋友，简单打了招呼，就先说拜拜了，各走各的，也没留电话。

过了两天，我在 westwood（西木区）看戏，又碰到她。当时我进戏院，她出戏院，两人又碰到，觉得很惊喜。我要看的电影还没开场，两个人就站在那边聊天。那天她是一个人，我也是一个人。我进去看电影为的是要学英文，估计她也是这样。聊起来才知道她住得跟我特别近，大概在三个街区之外。那天就彼此留了电话。

这真的是缘分，我们俩在国内没见过面，居然会在美国连续碰到。后来就约她吃饭、聊天。当时她妈妈跟她一起在美国，有时候她妈妈还会煮汤给我喝。她知道我在练习滑旱冰，说自己刚好也在学，我说那正好我教你啊。

有天我干脆踩着滑轮鞋就去找她了。她滑得还不熟练，我要一直扶着她。你想想，成龙和邓丽君，在洛杉矶的路边滑旱冰，完全没人认识我们，多好，多开心。

那之后的一段时间，是我第一次去美国时最开心的日子。我们俩经常一起去海边散步，拍照，一起去吃螃蟹，去中国城吃中餐。我开车去接她，两个人还在半路迷路……

那段日子想起来很好玩，当时公司没有给我安排任何一个工作人员在身边，我在那里也没有认识的中国人，她是唯一一个跟我讲中文的人。每天看到她，是当时唯一开心的事情。她可能也有这样的感觉。

可惜不久以后，我的电影要在圣安东尼奥开机。临别时，她也要回台湾了，我跟她说，拍完戏我就去找你。

《杀手壕》卖得很差，我很沮丧地回到香港，一心想着重整旗鼓再拍一部电影挽回面子，并且很快就组建了新电影的班底。先是去韩国聊剧本聊了3个月，那个时代香港与韩国合作电影的话，在韩国拍就会有投资补助。当时筹备的影片是《龙少爷》，我们组成了有史以来最庞大的香港外景团队，比如灯光师就有12个，连木工都有16个。可惜正式开拍没两天，就因为天气原因鸣金收兵了。我和大队一起回到香港，把剧本改掉。这时候我就想，去哪里拍呢？

台湾。

当时我自认为自己是以电影为主的，说只有台湾有戏里需要的布景，现在想来，其实也是有私心想去找邓丽君。

到了台湾，除了看外景，经常会跟她一起约着吃饭，两个人都安安静静的。我还去看过她的表演。我坐在楼上特别的包厢里面，她唱歌的时候，除了会看台底下的观众，也会往上看，我知道她在看我。我坐在那边，看着台下的观众为她用力地鼓掌呐喊，心里想，她是我的女朋友。

当时外界并不知道我们在一起，看这场演出我也没有等到结束就离开了，如果被人拍到我们在一起，会是爆炸性的新闻。

很多年以后，我曾经想过，我们当初分开也许是正确的决定。因为从一开始两人性格就很不同，又无法为了对方妥协。换句话说，她太好了。

她总是彬彬有礼，说话轻声细语，我却是个大老粗；她总是气质优雅，而我刚从武行变成明星，终于可以享受大把花钱的奢侈生活，恨不得买一堆金链子挂在身上；她喜欢一个人出门，享受私人空间，但我总是爱热闹，喜欢有一群人跟随的感觉，觉得自己像个老大，走到哪都有人毕恭毕敬地帮我拿衣服、拉椅子。

记得有一天她打电话给我，问能不能一起吃饭。我说，我不是每天都跟你一起吃饭吗？她说，单独吃饭。我说好吧。她就带我到了一个法国餐厅，进了一个包厢。那时候的我，餐牌也不会看，红酒也不会点，服务生把餐牌都拿给我，我不懂，有点尴尬。她就把餐牌拿过来，跟服务生点东西，说的话里面会穿插一些英文和法文。而我就像闹小脾气一样，她说牛排五成熟好吃，我说，不要，我就要吃十成熟。她说要喝红酒，我就说要啤酒。她拿着红酒杯，细细地闻，我拿起酒杯一口就灌进去。她问我好不好喝，我说很难喝。汤上来了，我看她很优雅地用汤匙舀着喝，就故意直接拿起汤盘往嘴里倒。牛排来了，她还没吃完第一口，我已经把整块肉都吃完了。西餐的规矩是两个人不吃完，第二道菜不会上来，所以看我吃完，她也只好说吃完了。最后那顿饭，我是撑死，她没吃饱。人家吃顿法餐两三个小时，我们不到半小时就吃完了。一出门我就跟她讲，从今以后，永远不要带我到这个餐厅，现在我要回去开会了，然后转身就走了。

我做出这些奇怪的举动，跟内心深处的自卑感有很大关系。从小就被有钱的小孩歧视，在戏剧学院的 10 年生活清苦，刚踏入社会的时候做最底层的工作，所以我打心眼里讨厌那些有权有势的人瞧不起别人的样子。他们越是摆出一副自己很了不起的模样，我就越想跟这种人唱反调。这种心态影响了我和邓丽君的相处，对她很不公平。

有一天，我正在跟兄弟们聊剧本，她打电话来，说她要离开台湾一阵，今天想来见见我。我说好啊，来吧！她来的时候，门没锁，推门进来时，她还穿着晚礼服和高跟鞋，应该是刚刚表演完，非常美丽。我旁边所有的兄弟都惊呆了。

我也不知道是犯了什么神经，好像故意要在大家面前显得自己很拽，就只说了一个字，坐。她就一个人坐在角落，我就继续跟大家聊剧本。我们一聊就是很久，差不多一个多小时，我没有跟她讲一句话。干坐了一个多小时以后，她站起来说，Jackie，我先走了。我说好啊。

她站起来转身就走出了门。这时候我旁边的一个兄弟冯克安说，大哥，你是不是应该送一下人家？我想，对呀！礼貌上怎么都要送一下。我赶紧站起来，走出门口，电梯已经关门了。我只好回了房间，从 8 楼的窗户往下看，看到她刚刚上了一辆车，车开走了。

当时也没觉得怎么样，就继续跟大家聊剧本。不久，电话响了。我拿起电话，那边是她的声音，Jackie，我看你并不需要我，你就跟你的兄弟们在一起吧。当时我也不知道怎么回话，电话就挂了。

第二天，她又打了个电话来，说给我留了一个东西，放在酒店的前台。我收工回到酒店，拿到的是一盒卡带。里面是她的那首歌，《把我的爱情还给我》。

那时候电影的拍摄已经到了白热化的阶段，每天都很辛苦，加上拍摄过程中很多人受伤，精神压力非常大。医院里躺满了剧组的人，我每天想的都是怎么把工作顺利完成，几乎焦头烂额。就这样，也一直没跟邓丽君再联络。

几个月之后，她在香港有个演唱会，我的经纪人去看了。演唱会结束之后，她们一起出去喝东西，她跟我的经纪人讲，你知道吗？我恨死他了。经纪人回来讲给我听，我才知道，原来我这么坏，伤了人家的心。

后来再跟她遇到，是一个颁奖典礼，林建岳办的。那时候他叫我去颁奖给邓丽君，我心里想的是，不要，因为我知道她应该还在恨我。林建岳知道我和邓丽君之间的事，我就问他，她知道我会颁奖给她吗？林建岳说，知道啊。我说，真的吗？如果是这样，那我就去给她颁奖，就当是有个机会可以表达歉意，弥补一点我的不懂事。林建岳还说，你可以想办法在颁奖环节给她一个惊喜。

当时她先是演唱一首歌，我就悄悄地躲在后台。等她唱到中间，间奏的时候，我忽然走出去，拿着奖杯。她一转身看到我，在台上转身就走，我就只好在台上追她，她就绕着那个舞台一直走，一直不肯接受我给她的这个奖。我跟在她后面，嘴里一直讲，不要这样，Teresa，不要这样，很难看啊……后来她终于拿了这个奖，也没有跟我握手，也没有说谢谢，就转身走掉了。气得我回去就骂林建岳，她根本就不知道是我要给她颁奖！

我们这段情，就这样裂掉了。

几年以后，在香格里拉酒店的门口，我又看到过她一次。那时候她要上电梯，我正出电梯，就这么巧。大家互相看一下，她笑了，我也笑了，没有讲话。当时她身边有很多人，我身边也有很多人。我转头目送她上电梯，电梯门关了，我跟她笑一下。就这样子。

1995 年的 5 月，有一天我的助理 Dorothy 接到一个电话，是从泰国打来的，用手机。那边说，我是邓小姐，我想要找 Jackie。Dorothy 跟她说，大哥现在不在，过几天才会回来。后来 Dorothy 告诉我有这通电话，让我打给她，我说好的，结果当时手边有其他事情，一时忘掉了。

没想到，过了一阵子，竟然听到她去世的消息。

我整个人呆掉了，一瞬间很多往事涌上来。

我忽然想起很多年前的一个黄昏，我和她一起在洛杉矶的海滩边，看着夕阳慢慢往海平面跌落。她说，这实在太美了，我们应该把它拍下来。那时我刚好买了一台哈苏相机，赶紧把它拿出来，手忙脚乱地上胶卷。那个机器很复杂，等我把胶卷弄好，太阳已经落下去不见了。我们两个人在海边笑了很久……

自那之后，只要谁说让我回电话，我都会马上打回去。

因为拍戏，我没能去参加她的葬礼。

2002 年，我在内地发行的专辑中与她“合唱”了一首《我只在乎你》，希望那首歌可以穿越时空，帮我带去对她永远的歉意。

第一次见到史泰龙是 1993 年，在他的片场。

在那之前我们没见过面，我也不知道他为什么会请我。有天公司同事说接到史泰龙的邀请，请我到美国去看《绝岭雄风》的首映礼，我说你开什么玩笑，他们说，是真的，大哥。我觉得很兴奋，超级巨星，竟然邀请我去看首映礼？同事又说，为了表示诚意，史泰龙让自己的秘书从美国飞来了香港，还带了两张机票，要陪你一起飞回去。我觉得很感动。他那个秘书也很惨，三十几个小时就光坐飞机了。

在飞机上我想，他为什么要请我去呢？我们又不认识，对于他这样的巨星来说，此时的我没有什么可以为他加分的“价值”啊。会不会是有人跟他提到我，他就随口一说，叫他来看首映吧……

到了机场，已经有车等在那里，是他的管家来机场接我，直接把我带到了史泰龙的家里，可是他并不在家。我就更加犯嘀咕了，把我叫来，自己又不在家，是什么情况？这时候我听见管家说“先带您参观一下家里”。

跟着管家参观的过程中，他介绍说，这是史泰龙的收藏，这是他的画，这是他的健身房……我还去他的健身房里面做了几下运动，心想，我居然在用史泰龙用过的健身器材，这时候影迷心态就又出来了。

接着，我看到了他家里摆放着的奥斯卡奖杯，那是我第一次见到真的奥斯卡奖杯，我下意识地走上去，把奖杯拿了起来，主要是为了感受一下这个奖杯到底有多重——还真的蛮重的。

过了会儿，他的助理走过来，看了看表说，我们现在出发去片场吧。

在车上，我跟经纪人说，让我来他家，他又不在，让我参观家里，是觉得我没见过大豪宅吗？现在又让去片场，咱们都知道片场有多忙，一会儿到了，他要是跟我摆大牌明星的谱，我会转身就走哦。经纪人说，好。

到了片场，他们正在拍摄《超级战警》，同戏的主演有大明星韦斯利·斯奈普斯，还有桑德拉·布洛克。

史泰龙看到我，先跟我打了个手势，意思是稍等一下，接着我就听到他

23 年后，在奥斯卡颁奖礼上，史泰龙又一次举起了我的手，向大家介绍“Jackie Chan”

喊 cut，跟现场宣布说，“OK,lunch time now!（好，吃午饭啦！）”

原来史泰龙是故意要让我到片场看他，还特意把上午的戏份延迟，就掐着时间，让我抵达的时候正好看到他们拍最后一个镜头，然后就可以放饭了。

他快步走过来，给了我一个大大的拥抱。韦斯利·斯奈普斯也过来拥抱我，史泰龙一把把我从韦斯利身边拉开，那个样子的意思是“这是我的朋友，只能我来抱”，很可爱。

接着，史泰龙拉着我的手，走出片场，来到工作人员用餐的大帐篷，帐篷的门一开，他对着里面所有的人，像是介绍一个重要人物一般，“Ladies and gentlemen, Jackie Chan!（各位，这是成龙！）”

整个帐篷里瞬间爆发出热烈掌声。

史泰龙拉着我的手，穿过很长很长的帐篷，两边都是演员、特技人员、工作人员，我们路过的时候，那些人都唰的一下站起身来，齐齐向我鞠躬！我被镇住了，完全不知所措。

我们走着，特技人员都过来握我的手，我心想，原来自己这么厉害吗？

在帐篷里走了一圈，再回到门口，大家还都站在那边继续拍手。

离帐篷不远处，是一部巨大的房车，史泰龙带我到他的房车里面，“Come on,Let me show you something.（来，我要给你看些东西。）”

一上车，他就把电视打开，里面正在播放一盘录影带，我一看，竟然是我的电影《警察故事》，接着他把柜子拉开，里面齐刷刷都是我的电影！

他说：“每当没有灵感的时候，我们就会看你的录影带。我们都在学你的东西，我真的很欣赏你，谢谢这次你能来。”那时候我英文很差，我们俩对话还要通过翻译，自己只能说两三句“Thank you so much（太感谢了）”“I'm so happy, You are my idol（我太开心了，你是我的偶像）”之类的话。

那时候我才知道，美国所有的动作组都在拿成龙电影做教材。我真的很自豪。后来这部《超级战警》里，史泰龙特地安排了一句对白，桑德拉·布洛克问他，“你怎么这么会打的？”他说，“我看成龙电影啊。”

从1994年到2003年的10年间，在北美电影票房排行榜上，亚洲电影票房冠军中的10席，我的电影占据了6席，这6部电影分别是《红番区》《警察故事 3：超级警察》《警察故事 4：简单任务》《一个好人》《醉拳 2》《飞鹰计划》，这个成绩到今天还无人超越。它不仅代表亚洲电影人在国际市场取得的声誉，更代表有很多好莱坞的同行和观众，都看到了并且喜欢我们中国人的作品。

《红番区》：重整旗鼓

20 世纪 80 年代，我两次闯荡好莱坞，都以失败而告终。带给我最大挫折感的，不是影院里稀稀拉拉的观众，而是美国的媒体。

拍完《杀手壕》，公司希望我趁势在美国展开一轮宣传，他们帮我安排了很多访问。同事在这之前提醒我，要有足够的心理准备面对美国记者。当时我觉得他在小题大做，我年轻的时候什么苦没吃过，什么场面没见过？区区一些媒体记者，又能把我怎样呢？

事实证明我错了。

“你的名字怎么念？”“你是李小龙的弟子吗？”“你能徒手打碎砖头吗？”“你能表演一下空手道吗？”“请你秀一下功夫！”……诸如此类的问题同时袭来，我有点招架不住，心里也非常烦，心想，你们凭什么像耍猴一样耍我？当时有一档电视节目，我专程从洛杉矶飞到纽约去录制，因为对主持人问题的反感，加上自己英文差，我全程没说几句话，最后人家把我的专题直接砍掉了。

所有这些都超出我的预料。我是犯了什么病，放着好好的亚洲市场不顾，跑来这个没人喜欢我的地方？

回到亚洲，又拍回成龙式的动作片，自己觉得很爽，但我的同事们从来没放弃把我推向世界。

两次失败之后，终于在 1995 年，我再度来到了美国。

这一次，我要自己选择电影项目，不再任人摆布。我知道哪一种电影才是适合我的。

刚到好莱坞，我的邀约就一直不断，全部都是当红的导演或演员。迈克尔·道格拉斯希望我在《黑雨》中饰演日本杀手，史泰龙希望我与桑德拉·布洛克合作，扮演一个超级罪犯，之后又希望我在新片中饰演毒品贩子，这些电影都被我推掉了，我觉得角色不适合。与此同时，我自己做了一个剧本，那就是和唐季礼合作的《红番区》。

跟唐季礼拍摄《警察故事 3：超级警察》的时候，我说有个剧本一直在我脑海里面，很想拍。后来，我们聊出了《红番区》剧本的前身，一开始说主角是个卖猪肉的货车司机，故事就从他身上展开，后来随着剧本的推进，大家觉得这个货车司机未免太厉害了，不太真实，最后还是改成了陈家驹。既然是陈家驹，那就又是某种“警察故事”的续集，于是电影一开头就交代了几句，陈家驹升职了，来美国看骠叔，阿美留在了香港。那时我们没想到它能在全世界这么卖座，这么轰动。

故事里的很多情节，都来源于我自己以前在美国生活时的观察。棒球、橄榄球、坐轮椅的小孩子，都是我平时跑步时看到的。我看东西跟别人看东西不一样，看到打棒球，我会想它能怎么用在动作电影里。如果你直接用棒球棒打人，会死人的，那怎么样可以既不被打死，又让观众很心疼我呢？我就琢磨出了一个用棒球棒击碎啤酒瓶来攻击我的办法，这样拍出来的视听效果也比较好。那场戏拍到后来，道具瓶子不够用了，都是拿真瓶子打，其实很危险，我也受了一些皮外伤，所幸没有大碍。

在一个往下跳的动作里，我把脚给摔骨折了，当时医生说要停工两三个月，工会也说不行，不能再继续拍。我说，听我的，马上开工。我让他们给我做了一个石膏的鞋，把石膏画成一双鞋的模样。记者到现场探班的时候，我还让他们拍了我穿着石膏鞋的照片。

这部电影虽然是香港制作，但从一开始就立足国际市场。影片主要场景设置在纽约（后来是在加拿大完成拍摄），很多演员都是老外，很多对白都是英文。电影里那个用来碾压兰博基尼的大气垫船，是英国女王借给我的。嘉禾的两位老板邹文怀跟何冠昌认为，这部电影有可能帮我敲开西方市场的大门。

1995 年，《红番区》在美国上映，首周末即拿下 980 万美元的成绩，成为首部登上美国电影票房榜首位的华语片，而且还是配音电影。美国的发行公司 New Line Cinema 为这部电影投入了强大的宣传力量，我再一次面对美国媒体时，情况与之前有了巨大变化。我成为当地杂志的封面人物，出现在很多电视访谈节目中，大家都用热情的目光迎接我。

也是这一回，我在美国参加了真正的“成龙电影”的首映式。走在红毯中间，摄影机、照相机不断地闪光，人们大声尖叫着我的名字，这一刻，我知道自己做到了。

这部电影当时在内地院线也有上映，获得了几千万的票房，它让内地同行们第一次了解到了贺岁片的概念。《红番区》还影响了很多美国的年轻制作人、导演，现在他们里面有不少都是大制片人、大导演了。我在美国碰到他们，他们都会跟我提到这部作品。

《红番区》还表达了我的一个态度，“以后这个世界上再也没有黄、黑、白种人，只有一种人，就是地球人。”希望这个世界上少点敌对和仇视。

我永远都希望通过电影去表达包容、理解、和谐，让整个世界变得更好。

《我是谁》：与狮共舞

这部戏，我们曾在非洲的约翰内斯堡附近拍摄，说是附近，其实有大概 12 小时的车程。从驻地到外景地要再开一小时的车。当时我们在一个土著村落的荒地上搭了一个景，陈设道具的时候，把很多鸡啊羊啊都放在那里，邀请很多土著当群众演员跟我们一起拍。当时每天都要重新陈设布景和道具，因为每天拍完了，那些鸡和羊就都不见了，土著们说是被豹子叼走吃了。这还挺恐怖的，为了保护我的人身安全，剧组还专门派了保镖给我。

怎么形容那个环境呢？非洲大部分的地方都是沙漠，我们拍摄现场的自然条件也很恶劣，如果想要上厕所的话，最起码要半小时。因为我要用直升机航拍，整个镜头内都不能有车轮印，脚印就没关系。当时剧组所有的车子都停在很远的地方，大家下车之后再走路。在这样的环境中拍戏，上厕所就成了一个问题。那些土著群众演员想上厕所都可以申请，反正他

们化了妆之后看起来都一样，现场少一个多一个也没什么问题，我就不行了。如果我要上大号，就要先走到停车的地方，再开车往外走，很麻烦。

到了晚上的时候，如果要上厕所，就要去村落里的一个草堆那边。我自己手里拿着个电筒，两个当地保镖一前一后跟着我，手里都拿着枪，这不是开玩笑，他们怕我被豹子袭击。到了可以上厕所的地方，他们放了一把枪在我手里，又教我怎么用手电筒，一定要保证自己周围都有光，然后就在旁边等我。

我就看到前面有东西在晃晃悠悠，心里一紧张，赶紧问他们是什么，他们说没事没事，那个是我们自己放的牛。他们在那里生活惯了，眼力非常好。那大概是我人生中最痛苦的上大号经历，一只手要拿着很重的枪，又怕枪走火，另一只手还要拿个电筒，也不敢全蹲下去，怕地上有什么蝎子虫子之类的，只能半蹲着，最后拿厕纸的时候又要把电筒咬在嘴里，那个电筒又大又重，给我痛苦得呀！上完之后脚也麻了，胳臂也酸了，嘴也好疼……

有一天收工，我坐在车里，看见车窗外面怎么有个人那么高，仔细一看，原来他骑了头犀牛。我心想，犀牛好啊！就跟司机说，停车停车，我要下车去骑犀牛。当时还跟摄影组的人说，把机器摆在前面，所有的土著都躲到旁边去，我要骑上犀牛拍一段画面。刚开始试骑的时候，哎，感觉很不错，那头犀牛也很乖，你摸它，抓它耳朵都行。

等周围人都走开了，准备开拍时，大家把一根长矛递给我，这在试骑的时候是没有的。等我拿着长矛一打横，为的是显得很有型，那头犀牛看到了长矛，忽然跟受惊的马一样，开始发癫狂奔，还好我当时动作快，马上从上面跳了下来，结果它看到我下来，转头就要跑过来撞我，我看到附近有棵树，就赶紧跑过去，兜着那个树，左转完右转，直到土著们来把犀牛拉走。好险啊！惊魂刚定，我赶紧问前面的人拍下来这一段没有，结果他们竟然都光顾着看我被犀牛追，忘了开机！气死我了！

大家都津津乐道的我被狮子追上树那场戏，拍的时候来来回回折腾了很久。

拍之前，剧组找来了一只狮子和它的驯兽师，为了确保狮子的状态，还要故意饿着它，担心它吃饱了的话，就没有兴趣去追人了。

一开始模拟，我嗒、嗒、嗒踩三个点就可以上到树顶，等我一开始跑他们就放狮子。开始做试验了，大家想看看狮子的速度，发现还没到第二个点的时候，狮子已经蹿到树顶了。这下我们就傻眼了，它也太快了吧！当时我还想，以后谁再跟我说狮子不会上树，我一定要说他胡扯！

接着我们说，那先拍特写吧，就在树中间放了一只鸡，让狮子去扑那只鸡，第一次拍，驯兽师拿着鸡的那只手还没来得及挪开，就被狮子的大爪子抓到了，它也许并没有用多大力气，但是驯兽师的手瞬间就开了一条长长的口子，马上要送到医院去缝针。

我在旁边看着，心想，如果在树顶上的是我，只要我动作慢一点，岂不是全身都要被它的爪子划开？

我就说这个真的不能拍了，太危险了。

大家说，那就先拍狮子这一边，拍完之后再拍大哥。

现场围了起来，他们在那里陪着狮子慢慢拍，这是个需要耗时间的活，拍动物已经很难了，更何况是这样大型的危险动物，每次等它都要等很久。

一个上午过去了，没拍完，下午天气又太热，不能拍，等到黄昏了，才继续拍摄。

那个时间，剧组放饭了，我和其他工作人员三三两两散落在各处吃饭。非洲荒漠上的景色一览无余，有种很荒凉的美。我的旁边一直摆着对讲机，可以实时听到现场的情况。

“One more,one more!（再来一个，再来一个！）”

“OK!（好！）”

“Oh my god!...The lion is gone!!（天哪！狮子跑了！！）”

真的，我这一辈子都没见过人可以跑那么快的。

整个剧组，一两百号人，在一秒钟之间，全部不见了。

当我听到那句“狮子跑了”的时候，旁边就是我的房车，我手一抓，再一跳，就端着饭碗上了房车。等我定睛一看，哈？车里已经挤满了人！车门已经关上了，下面还有人拍门，就再把他们放进来。没来得及挤进我的车的，也全都瞬间找到了藏身之所。不是上树就是上车顶，手里还拿着饭盒。

我们也不知道到底是发生了什么事，反正大概就是狮子跑了，所有人四散奔逃。

真的就是一瞬间，整个荒漠上一个人都没有了。

我们挤在车里等了很久，现场通知说已经找到狮子了，大家这才敢下车。据说找到的时候，那只狮子正在离现场不太远的一片草地上，抓着一只鸡在吃。懂的人提醒说，现在千万不要打扰它，一定要先等它吃完。等它吃完之后，才拿了个套子套住它，还好，旁边准备的电棒和麻醉枪都没用上。

最终，那场戏用当年很稀有的 Motion control（交互式摄影控制系统）拍的，为了效果，就必须要舍得花这笔钱，否则会很不好看。剧组从英国搬来一台机器，先拍我单人，再去拍狮子，所有的轨迹设定精确，这才有了后来电影里的那个场面，而我也避免了被狮子撕碎的危险。

《尖峰时刻》：全新战场

《红番区》之后，我的 3 部香港电影《霹雳火》《警察故事 4：简单任务》《一个好人》也陆续在美国发行。2002 年，我的电影《燕尾服》刚刚上映，首周末就以 1500 万美元的成绩登上北美票房榜亚军。同年 10 月 4 日，我受邀在好莱坞的星光大道留下了自己的名字。

在此之后，很多来找我的剧本，都是讲华人警察在美国如何如何的故事。我对做重复的内容意兴阑珊，一直不是很积极。等《尖峰时刻》的剧本找到我时，我的经纪人说，要么就试试看吧，我说好吧，看看有没有什么有趣的演员配搭。

我想了几个明星的人选，他们说一直没谈成，我估计人家还不想跟我合作。后来我的经纪人说，最后这一次，如果还是不行我们就算了。

最终，这部戏的导演布莱特·拉特纳是新人，我的搭档演员克里斯·塔克也是新人。当时我还在南非拍摄《我是谁》，导演和制片人罗杰·伯恩鲍姆坐了将近 20 小时的飞机，去片场找我。导演一见到我就开门见山地说，Jackie，我是你的影迷，我真的很想跟你合作，我知道现在的剧本还不够好，但是我跟你保证，我一定会继续修改，改到好，希望我们能一起拍这部戏。第二天他们飞回了美国。我被导演的真诚打动，他没有跟我说那些天花乱坠的话，而是承认剧本不够好，自己还要修改，后来我决定接下这部戏。

这部戏的拍摄过程也不是很顺利。

以往在片场我可以控制一切，公司又不给我预算限制，创作是非常自由的，我们可以为了一场好戏、一个镜头反复地去磨，但在美国的片场这是不可能的，情况并没有因为我的知名度比以前高了而改变。预算已经确定，剧组必须要在一定的周期内拍完，加人也不行，加时间也不行。我带着成家班刚刚到那边，人生地不熟，英文又不好，什么都要听人家的，很不习惯。

这部戏里，我和成家班已经可以做动作指导，但他们又请来一个动作指导，那个动作指导套的招都是美国式的，根本就不适合我，也不适合这部戏。他套完了，拍的时候我们还是要用自己的方式去拍，可是我们又不能直接说了算，全部都要通过他。这个动作指导带来现场的特技演员都是他的熟人，在我们看来，基本上都是不会打的，这样的合作就很累。拍摄过程中我整个人常常很颓丧。

这部戏的摄影指导很有名，叫亚当·格林伯格，拍过《终结者》系列和《人鬼情未了》，在现场的话语权很大。拍动作戏的时候，我在旁边等着他安排机位和打光，一弄就是好几个小时，我心想，这对我们来说是几分钟就能解决的事情，怎么到他们这里这么费劲！

剪辑片中有一场踢枪的戏，我跟克里斯·塔克对戏，我看着他，黑人，黑衣服，黑皮鞋，在夜景拍，到处都是黑的，手也是黑的，再拿一把黑枪，就算我踢得再好看，也根本就拍不出效果，可能观众连看都看不到。

我问现场的人，可不可以给我一把银枪？

他们问，为什么？

我单手挂在上面，没有威亚，离地六七米，现场的老外都觉得我有病

我说明原因之后，他们就叫“Continuity”，就是现场负责盯连戏的人，那个人看完之后说，不行哦。

我气得不行，冲上去用不太熟练的英文跟摄影指导掰扯，“如果非要用黑枪拍，观众根本就看不到，你自己都看不到！我拍动作戏已经20年了，请你相信我，可以吗？！”

摄影指导看我急了，才说yes，找人拿了一把银枪给我。

电影的开头，有一场戏是一个货柜向我冲过来，我要平地起身，几步就跳到旁边的货柜顶上去。这个画面是我现场要求加的，就是为了跟所有人展示我们中国人的团队多有本事。

当时我跟他们说要拍一个这样的镜头，所有老外一筹莫展，这个怎么拍啊？美国的道具人员说，要不然给我们几天时间，我们做一个假的铁皮柜，到时候让武行推这个假的。我说不行，假的拍出来一定不好看，我们就用这个真的，下面焊上滚轮就可以。

那天下毛毛雨，我们把货柜车擦干净之后，喷了胶，我自己踩上去试了一下，一二,一抓，我就上去了，心想，大概可以。如果滑了呢？那我就在下面摆两个四方的木箱，假如脚下滑了，上不去，可以踩一下这个木箱，也就上去了。

“可以了！拍吧！”

那些老外满脸狐疑，这就可以了？

拍第一条的时候，成家班推货柜，他们被车挡住视线，根本看不到我，所以不敢使出全力去推，怕速度太快伤到我，结果车还没过来，我就已经跳上旁边车顶了。我听到旁边那些人说，这样真的不行啊，告诉过你了，行不通。

因为这句话，我心里就杠上了，必须要让他们看看我的能力。

我跟成家班的人说，你们就大力地推，不用管我这边，我自己可以控制节奏。

第二条，开机之后，旁边人喊“推！”，他们就使出全部力气把车推了过来。差不多就是两三秒的时间吧，我腾腾腾跳上了车顶。其实当时我的脚滑了一下，差点上不去，但我余光看到货柜已经冲过来，用力挺了一下腰才上去的。一眨眼的时间，放在地上的木箱全部挤碎了。那个货柜有两吨重啊，如果我动作慢一点，被夹在中间，后果不堪设想。

“咔！”

现场所有老外全都瞪大了眼睛，嘴里说着：“天啊！太疯狂了！”

拍这场戏的时候，杨受成来探班，拍完后他直接哭了，一边哭一边骂我说，“你为什么要这样子？你知不知道你会死掉的？”

这个画面在电影里只出现了几秒钟，如果我不说，大家可能不会知道幕后还有这样的故事。动作戏就是如此，有些看起来简单的动作，拍摄过程也是非常危险的。这几秒钟的戏，在当时代表着我们华人动作团队的尊严。

货柜这场戏是在香港拍摄的，我们拍到天亮 6 点收工回去，我让长期合作单位把底片冲洗好，拿回公司把它剪出来，上午 11 点半叫了导演和外国主创们来嘉禾的放映室，直接看剪好的结果，看完之后所有人都震惊了。

我就是要给他们看看我们团队的工作效率有多高。当时导演看完之后，跟旁边的工作人员说，“把这个带子寄回美国，将来原封不动地照这个剪辑。”

这场戏之后，大家对我们的认知和态度就完全不一样了。

电影里有一场扔斧头的戏，我们需要用两到三个分镜头，展示坏人把斧头扔出来，在空中转几圈，然后直接砍进远处的墙壁。当时他们很愁这个要怎么拍，还说要给斧头吊威亚，配合再做特效，需要准备很久才能拍。我说不用啊，我来教你们怎么拍。

第一个镜头，拍斧头扔出。

第二个镜头，让一个成家班成员用食指中指捏住斧头，大力转上 3 圈，机器只拍斧头的部分，不带到手指。

第三个镜头，让一个成家班成员接过斧头，带着斧头飞过来的动势，把它大力砍进墙壁。

3 个镜头，二三十分钟就搞定了。剧组的老外们再度接受了“震撼教育”。

电影里面还有一场打台球的戏，那时候我们已经拍了一阵子，我知道照原来的工作方式，我们必须自己做更多功课，才能确保动作戏的效果不被打折扣。于是那段时间只要一收工，我就马上带着成家班去台球馆提前排练。我会跟兄弟们一起研究最好的走位和拍摄方案，几天之后，我已经把所有的分镜头烂熟于心了。

拍这场戏的那天，依然是先拍文戏，花费了很多时间，到了拍打戏的时候，我直接把那个负责盯连戏的人叫来，跟他说，按照你的分镜头编号，你帮我写，101。我们先拍 101。

他说，啊？那第一个镜头呢？

我说，现在先不拍 1，我们要顺着光拍，听我的，先拍 101。

那时候我们已经跟美国团队展示过能力和默契度，他们眼看着照原计划确实拍不完，最后只能删戏，就决定试试我的方式。

拍完 101 之后，我跟那个人说，好了，现在拍第二个。拍完第二个之后，我们拍 34。

那个人就傻了，他说，这样的话我搞不清楚啊。我说你放心，没问题的，我确保能够剪辑到一起，成为一场好看的动作戏。

就这样，那一场戏变成了我指挥，摄影指导后来也不在机器那边了，因为搞不清楚我的拍摄顺序，他们自己已经乱掉，不知道镜头要怎么摆了。他说，拍这种动作戏还是要靠你们，然后就退到了旁边。

当我们用最快的速度把那场戏拍完，现场有人悄悄地竖起大拇指，再等我们连夜把那场戏剪出来给大家看的时候，所有人都说，我的天，太厉害了。他们都吓死了。

我当时也是被逼无奈，只能给他们秀出一些真本事。我不需要他们的分镜表，那些镜头全部都在我的脑海里面。

在现场，如果没本事，就会被瞧不起。这一下，所有人就都服你了。自那之后，他们在现场都开始叫我“King”。

在好莱坞的制片厂体系下，新导演的工作境地常常是艰难的，没什么话语权。这部戏的导演布莱特·拉特纳也是如此，本身就经验不足，所以常常被一些人明里暗里地欺负。很多镜头都是摄影指导摆好之后，演员过来走一走，就拍了，导演没什么说话的份儿。

有一次，他拍完一个镜头，觉得不是很满意，就跟现场所有人说，再来一个，结果旁边的副导演直接说，“不行，继续，往下，要赶进度。”副导演话音刚落，所有人就开始收东西准备下一个镜头了。导演只能悄悄求我说，Jackie，你帮我跟大家说，再来一个可以吗？

有一次，我实在看不过去，趁着现场忙乱，就悄悄跟导演说，接下来这场戏，不需要三个镜头的，两个镜头就够了，你就跟大家说，这边放个 50 的镜头，把推车摆在那边……他记下来之后，马上跟现场照此交代，大家脸上的表情开始有点变化，那意思就是，哦？原来你还是懂的呀，说的都对。拍完这个之后，导演又跑到我这，说下一个怎么办啊，Jackie？我说，你就告诉大家，这个需要先拍广角，用 75 的镜头，然后他就很神气地出去，跟大家说，来来来，我们拍个广角……

后来，导演在一个采访里说，“我在《尖峰时刻》片场跟成龙学到的东西，比大学 4 年读电影学到的都多。”

1998 年，这部电影在美国上映，虽然拍摄过程并不那么开心，但是票房获得了空前成功。其实拍完以后很长时间，我依然还有挫败感，他们讲的英文我听不懂，打法也不是我自己的打法，而是配合美国市场的打法，我也不知道为什么美国观众这么喜欢。不过我的预判是对的，它在亚洲的票房是失败的，大家没那么喜欢。就像我们很多华人明星在国外拍的戏，亚洲观众都不是很买账。

在这之后我决定，拍给美国观众看的电影，就尽量配合他们的方式，因为他们拍戏有他们的规矩，我改不了他们的规矩，但我可以坚持自己的原则——剧本不可以伤害到我们中国人。等回来拍中国人、亚洲人喜欢看的题材，我就还是照我自己的方式来。想通之后，就没有那么不舒服了。

《尖峰时刻 2》：生死营救

成家班第四代有一位动作指导叫郑继宗，我们都叫他 Andy。他总是跟别人说，“拍《尖峰时刻2》的时候，如果不是大哥，我已经死了。”

那个镜头要拍的是我把两个武行踹进水里，这样的镜头在一部动作电影里是稀松平常的，没有人会想到在这么“简单”的画面背后会有那么凶险的故事。在片场经历过很多次危险之后，我也总是不厌其烦地跟大家说，越是危险的镜头，其实越不容易出事，容易出事的往往是那种大家觉得简单的动作场面，因为简单，所以容易放松警惕。

拍摄的时候，我一踢，嘭嘭两脚，两个人就下去了，踢完之后一转身，看一下镜头的方向，就可以咔了。

负责跳进水里的两个武行，有一个就是Andy。第一遍拍得很顺利，大家觉得应该OK，导演看完之后过来跟Andy说，希望他在被我撞到之后，可以先表演一下摇摇晃晃站不稳的样子，然后再入水，这样看起来会更好玩。

Andy说没问题。

拍第二遍的时候，Andy跳入水中，竟然被吸到了船底，船底是螺旋式的水流，他整个人就被卷在了里面。

他一直用手抓东西，结果什么都是滑的，什么都抓不到，感觉周围全是黑的。不知道过了多久，他似乎已经感觉到自己的瞳孔在慢慢缩小，缩小……他脑子里闪过一个念头，“只要缩小到没有，我就挂了……”

导演喊“咔”之后，我已经累倒在旁边，就靠在那里休息，忽然看到水里有一只手软绵绵地划过船帮，那一刻只有我一个人看到了，我“嘭”的一下飞出去跳进水里，成家班的伍刚看我飞出去，也马上飞出去抓住我，我整个人已经进到水里面，伍刚抓着我，后面别的人再抓着他。

我在水里面疯狂地捞了一通，终于抓到了他的手，把他拉了上来，那时候他已经快进入昏迷状态，成家班的兄弟们都以为他死了，开始抱着他哭……

那艘拍摄用的船，我们原计划要用的是一艘租金相对便宜的船，底下是铁的螺旋桨，后来剧组说这种不安全，换成了从新加坡调来的250万美金租一个月的船。这种船的下面只有螺旋的水流，没有铁片。假如我们当初用的是便宜的船，Andy可能就不在了……

剧组的人都围了过来，但是看 Andy 缓过来，没事了，大家开始慢慢散去，只剩下我们自己人陪着他。我心里也难过，跟他说，“明星受伤了一群人会围上来，但是武行真的可能是没人理你……”一直陪在 Andy 身边、搀着他走到休息处的伍刚，整个人也在发抖，因为之前这场戏负责往下跳的人是他。

导演布莱特·拉特纳后来知道 Andy 为了自己的电影差点挂掉，觉得很内疚，跟他说有任何事都可以打电话找他。后来，Andy 导演了自己的第一部好莱坞电影《终结游戏》，布莱特·拉特纳帮他做了监制。现在 Andy 是好莱坞非常有名的动作指导，作品包括《丛林奇兵》《狂野时速》《暮光之城》，还有最新的漫威电影《尚气》。

Andy 总说，“是大哥救了我的命。布莱特·拉特纳这个导演虽然差点害到我，但也是他改变了我的人生。别人总问我，你怎么总是那么开心，我说我多活一分一秒都是赚来的，我当然要开心。”

《尖峰时刻 3》：出手相助

拍《尖峰时刻 2》的时候，我想找新人演员来搭档。他们跟我说，现在新人里章子怡很不错，我把她推荐给导演，老外就同意找她来做反派。她刚开始的时候英文还不行，但合作起来就发现这个女孩很聪明，英文学得快，招数学得快，你教她什么都学得像，摆出来的架子像模像样，外国观众也都很喜欢她。

《尖峰时刻 3》跟张静初合作，她的英文很好，不过对于好莱坞来说，她还是个新人，难免受到一些不公正的待遇。

当时剧组总是先拍我和克里斯·塔克，她算是配角，就在现场等。拍我们的时候，如果只是拉背的镜头，其实她不用亲自来演，但她每次都坚持要自己演，帮我们做背景。有一场戏是她在我对面哭，镜头只拍得到我，她只是一个背影而已，本来可以不用哭的，但导演一喊 Action，她就开始哭了。Cut 之后我就跟她说，小姐你别哭啊，没拍你正脸，你先不要哭，省着点眼泪，但她还是很入戏地在那边哭，希望给我提供一个好的情绪。

美国人拍戏很讲究分镜头，每次都是“远景、中景、近景”做完一遍，正面做完又是反面一遍。她就一直陪着我拍，坐在对面哭。那场戏从早拍到晚，到了晚上她已经很难受了。终于我们的部分拍完了，我和克里斯·塔克该收工了。大家一听我俩要收工，就立刻从严阵以待变得松弛下来，这个情况我自己在《炮弹飞车》的时候经历过，我很了解他们是怎么想的。

拍张静初正面的时候，我们的背影可以找替身，剧组的人也有这个思维习惯，觉得我们是大明星，肯定不会愿意给别的演员去配戏。我当时留了一个心眼，收工了没有马上走。我想她刚刚来到这里，不管过去在国内有多少经验，在这里的第一场戏都一定会怕，会紧张。我自己是过来人，了解那种感觉。我就站在外面的一个角落，看到现场所有工作人员都是一副放松了的样子，导演也是一下子就歪在椅子上：“来吧，拍。Action。”

当时要拍的是张静初推门进来的一场戏，出现在镜头里的时候眼里就要有眼泪。我躲在旁边看，她还在点眼药水呢，听到一喊 Action 就很慌，赶紧把眼药水藏起来，旁边也没有助理、服装和化妆，都是自己在弄，藏好眼药水就赶紧准备推门出来。我看到这个情况，马上走回现场说，“她还没有准备好呢，那么着急干什么？”

我转头跟张静初说：“等你准备好了，你跟我说。”转身又跟剧组的人说，“听着，我说她准备好了的时候，才是准备好了。”

她回到位置，点好眼药水，情绪到位，跟我说：“大哥，我准备好了。”我就跟剧组的人说：“现在 OK 了。”接着就 Rolling，Action，她走出去……那天我就一直站在旁边看，导演一喊 Cut，我就马上走过去问她：“行不行？可以再来一个吗？”她说行，我就说：“好，再来一个。”

我这样做的意思是，你们不能欺负新人，我让你们再拍一遍的时候才可以再拍一遍。

中间换景的时候，别人在旁边调镜头打灯光，我就走过去陪着她，帮她酝酿感情，她陪我拍了一天，那时候已经哭得没眼泪了。最后整场戏我陪她拍完，收工，她抓着我说，大哥，真的太谢谢你了。我说不要谢，我们在这里就是要互相支持跟打气。

这也是我多年来工作的习惯。当年我人在加拿大，陈可辛的《情书》首映礼请我去参加。我想中国人一定要互相打气，我一定要去捧场，就从加拿大飞到洛杉矶专程帮他站台。包括吴宇森的《断箭》，周润发的《防弹武僧》，我也都去帮大家站台，要让好莱坞看到我们华语影人的团结。

《功夫梦》：颠覆形象

《尖峰时刻》之后，有很多美国的项目找到我，但是剧本和角色都非常单一化，要么就是香港警察，要么就是CIA，演不到别的东西，也没有什么突破，所以我就回到国内，拍自己想拍的、别人不敢或者不愿意尝试的题材。

那时候，在拍一些打戏时我已经觉得力不从心，就想，我不能打一辈子啊。我希望做一个会打的演员，而不仅仅是一个“打星”，希望自己能够有所变化，所以就在刻意地安排一些“步骤”。《玻璃樽》是最初的尝试，《新警察故事》已经在展示我力不从心，《宝贝计划》《大兵小将》的角色也和以往不同。

这中间，曾经有一部戏找到我，是演一个联合国的国际警察，我当时看了剧本就吓到了，好多对白啊，我担心自己的英文不足以应付，没敢接，后来那个戏是妮可·基德曼和西恩·潘演的。

当《功夫梦》找到我的时候，我真的是很喜欢这个角色设定，让我演一个老头子，这个对于一个演员的挑战是很大的，我当时真的是急不可待地去拍，因为我要改变自己的固有形象。

我跟很多好莱坞明星都是之前没有见过面，但一见面就很熟，这很有意思，可能他们都看过我的作品，所以有种亲切感吧。史泰龙、斯皮尔伯格、威尔·史密斯等都是这样。

当时我在美国，经纪人说威尔·史密斯找你，希望一起合作。我说，真的啊？他那时候已经是大明星了。不过反正经纪人讲的话呢，我永远就半信半疑。拍电影这个东西，不开机就都是假的。签约了，定妆了，就算布景搭好了都可以停掉不拍的。

有一天我在日本，知道他也在日本做宣传，好像是《我是传奇》那部电影。刚巧我们都去 NOBU 吃饭，我坐在房间里面，他坐在外面。餐厅的人进来跟我说，威尔 · 史密斯在外面。我说真的吗？就走出去，两个人一看到就大大地拥抱在一起。

威尔 · 史密斯跟我说，我要找你合作。我说，好好好。这些话我听太多了，每一个见到我的都说要跟我合作，每次道别之后就常常没下文了。

结果没过多久，我真的接到他的正式邀请，找我拍《功夫梦》，他做制片人，跟他的儿子合作。

拍戏之前的 4 个月，我先叫成家班的武术指导伍刚去美国，帮我去训练他的儿子 Jaden。伍刚很了解我的想法，我的那些东西他基本也都会，让他先去打前站，带着 Jaden 训练了 4 个月，这样伍刚的英文也学会了。一开始威尔 · 史密斯还不太放心，后来我去了美国，又带 Jaden 前前后后练了两个多月，尽量跟他长时间混在一起培养感情。

威尔 · 史密斯每天都在旁边看。我跟他儿子很快就混得很好，他是家教很好的小孩，懂得尊师重道，练习的中间想去厕所，会跟我说，"Master，我可以去厕所吗？"人很乖。他看过很多我的电影，对我很尊重。慢慢他爸爸就放心了，也就不天天在旁边看着了。

电影从筹备到拍摄，我都发现这个小孩真的是很有悟性，也很刻苦。拍摄期间赶上 Jaden 的生日，我送了一张自己年轻时的照片给他，上面的我全身都是肌肉，祝他像我一样也练出 8 块腹肌。没想到电影拍完没多久他就已经练出 8 块腹肌了，才 12 岁的小孩子。

在这部电影里跟 Jaden 对戏的几个小孩子，包括演小"反派"的王振威，帮 Jaden 做替身的李磊，还有苏杭、吕世佳，在当时就一直跟我说要加入成家班，我说不行，你们必须要先把书读完才可以，后来他们真的在读完书之后加入了成家班，现在是第七代、第八代的成员。

《功夫梦》在国外很卖座，成本才 4000 万，卖了好几亿，是他们公司赚钱最多的一部戏。我在国外宣传的时候，每个人都跟我说中国好美，我心

16

和贾登·史密斯一起签名；和贾登·史密斯、威尔·史密斯在《功夫梦》发布会上

想，这才哪到哪，中国那么多的大好河山，你们都还没看过呢。我们只是把武夷山拍一拍，把中国功夫的学校拍一拍，他们已经觉得很厉害了，再看到长城，觉得更加震撼，我就知道外国人太不了解中国了。

我想起很多年前，请莱昂·里奇来中国，一下飞机，他说，哇，这是北京吗？跟我想的完全不一样。原来中国已经是这么发达了。我们对外面的世界太不了解了。

那时候我才知道，真正要把中国文化传播出去，要多跟不同国家的团队合作，这样才可以让更多的人了解我们，所以后来我又筹拍《绝地逃亡》，介绍我们中国各个地方的风景。跟印度合作《功夫瑜伽》，跟英国合作《英伦对决》，也是希望把国外文化和中国文化融合起来，让别人看到中国的发展。

《英伦对决》：62 岁的伤

2016 年，我在拍《铁道飞虎》的时候，就已经发现身体出了问题，肚子一直在疼，我没太当回事，就一直吃止疼药。之后到拍《功夫瑜伽》的时候就更疼了，还总摸到一个肿块，我就把它按进去，再拿腰带把它绑住。

我跟唐季礼讲这个事情，他说，哎呀，我也有哎，身体经常就会有这种腺体发炎，就像我的甲状腺这边也常常肿着。

我一听，觉得应该没什么事。拍打戏的时候，打着打着，一用力，它就出来了，等我躺下休息的时候呢，一按就又进去了。我就这样每天感觉它跑出来，按进去，再跑出来，再按进去。拍打戏时都要紧紧箍上腰带。

《功夫瑜伽》拍了一段时间之后，剧组要转场到冰岛，这段时间我就先到英国拍《英伦对决》。

这个时候，疼得更厉害了。《英伦对决》的导演是马丁·坎贝尔，他的工作习惯是一定要先排练，尤其是动作戏，总要先排练很多遍，觉得没问题了才拍。

那时我的肚子已经很疼了，有一天我就跟导演说，今天咱们不要排练了，好不好？我和成家班打，已经很有默契，不用排练的，差不多就来了，可以吗？因为我真的很疼。

导演听到之后马上问，你是哪里疼？

我就跟他说是肚子。

他说，那不行啊，要马上去找医生看看。这样吧，我介绍一个医生给你，你先去看一下。

没想到医生一检查完，就说，马上开刀。

我说，啊？马上开刀？

他说，你的腹腔里面包裹肠道的肌肉已经破损，肠子已经跑出来了，你再来得晚一些，一旦肠子爆掉了，你会死的。

这下我只能乖乖听话，我的同事们已经吓得面如死灰。

医生说这是个微创手术，应该不会太复杂，本来说 45 分钟就能结束，结果等了一个多小时，我还没从手术室出来，我的助理、经纪人她们就开始害怕了。

又等了一阵子，我的助理去问医生，为什么他还没出来？

医生说，他还没醒。

差不多快两个小时之后，我才出来，发现她们都在哭。

其实进手术室之前，我自己也在想，会不会就这么正开着工，检查一下，马上要开刀，然后就这样死掉啊……

第二天，医生说，可以出院了，但你要休息起码两个月。

我说，啊？

拍完《英伦对决》还要回到《功夫瑜伽》剧组继续拍，怎么休息啊？我知道自己已经 62 岁，但是整个剧组不能因为我而停拍，所以我还是在手术后的第三天就回到了片场，用一个腰带包住伤口，继续拍。

现在回想起来，过去几十年里每一次医生给的“休息、停拍”的命令，我几乎都没遵守过。

《英伦对决》里面很多跑啊，趴下啊，都是替身完成的，打的时候，只要不露脸的都是替身，到了正脸就是我自己来，肚子这边尽量保持不动，就用上半身做戏。

最好笑的是我的助理 Dorothy，她负责每天帮我清理术后的伤口，再换药。有一天她问，大哥，你这个伤口的洞怎么这么大这么深呢？

等她慢慢把那些血清理掉之后，我说，因为这是肚脐眼。

拍这部戏的时候，还有一个很感动的事情。

有一天早上，我 6 点钟已经化好妆了，为了不堵塞交通，我们要尽早完成街道上的拍摄。我在一个电话亭里准备拍打电话的戏，就看到皮尔斯·布鲁斯南走过来，我们俩互相说了一声 Good Morning，简单聊了几句，导演就开机了。我拿着电话讲对白，他就在电话亭的外面跟我对话。

按照拍摄习惯，像这种戏基本都是自己做戏，或者是副导演帮忙搭戏，但他就在那边陪我搭戏，一直陪我把这整场戏拍完。拍完之后，我过去谢谢他，他说，不客气，那我先走了。

我说，啊？你走了？今天没有你的戏吗？

他说，我今天就是来陪你对词的。

哇，那一刻我真的非常非常感动。这就是敬业的好演员。

中西有别

我带着成家班刚到美国的时候，发现东西方工作风格有很大差异。

在美国做演员跟在香港完全不同。在香港片场我习惯了什么都管，到了美国就要适应人家的工作习惯，我是来演戏的，那就乖乖地当个演员。每天一到现场，剧组就有人请你到你的房车，如果你说想先去现场看看，他们会说，现在还没准备好，等准备好了我们会通知您。那我就坐在房车里面等，他们就送来报纸、杂志、水果，而且还老会有人上来问，需要什么吗，我说谢谢不需要。就这么干等着，终于等到有人过来通知，“5 分钟之后准备出发”。

5 分钟之后一开门，马上就看到两个服装化妆组的人在门口，“我们可以上来吗？”就请他们上来，他们就对着我摆弄一会儿，其实我觉得没什么好弄的，我的造型总是很简单，但按照人家的规矩，这就是人家的工作，你

在美国拍戏，让我深切感受到中西方工作风格的差异

就要给人家去弄，像我的助理习惯了帮我弄头发和衣服，在这里还会惹人家反感，说“这是我的工作”。等我下车到现场准备拍戏，他们也会把你的椅子、需要的零碎东西都摆得很好，很专业。

西方的片场讲究各司其职，每个人都有非常明确而细致的分工。抓电线的就负责抓电线，装镜头的就负责装镜头，打灯的就负责打灯，你不能去碰人家的工作。我们的工作方式则是大家都是全才，现场需要做什么活，都是随手就干，为的是效率。

在现场看着老外工作我经常觉得难受。如果是在国内，现场有什么活要干，大家都习惯了第一时间冲上去，也不太去管什么分工不分工，活在手边就直接做了。比如我说，把那个东西搬开，管道具的不一定在旁边，成家班的人在，他们就会冲过去搬开，或者我自己直接过去搬开。我喜欢这样的工作方式。

美国就不同了，导演说，把那个东西搬开，场工就会答应：“好，来了！”然后慢悠悠地走过来，他们永远不会用跑的。按照美国的工会条例，如果你要人家做这个事情，还要让人家跑着做，那如果人家摔伤了就是你的责任，你就要赔钱。我就看他们慢慢走过来，还得两个人一起，才把东西搬走。

拍《燕尾服》的时候，我吊在空中，风特别大，摄影师要换镜头，朝下面喊：“我要 75 的镜头！”我就看下面摄影组的人，手里拿着镜头走过来，半路上还跟别人打了个招呼，聊了几句天。这要是在香港，早就被导演骂死了，我们几百个人等你一个人，演员还吊在半空中！

拍《尖峰时刻》的时候，我们在美国看外景，有个地方需要我跳到二楼去，大家就问，这个怎么拍呢？我说，直接拍就可以啊，我上树就行了。接着我就演示了一遍，先是上树，然后跳到房上，两只手一抓那个房檐边的水槽，就翻上去了。

制片和导演就说，哇！可以！

然而，真的要拍的那天，我等了 4 个小时。

美国的剧组，有专门负责安全的部门，还有保险公司的人，他们听了我们的拍摄方案，说，不行。在他们眼中，安全不过关就不能拍。这场跳上二楼的戏，他们要在下面铺保护垫，再从另外一栋建筑拉两根威亚过来，绕过整个三角形的尖屋顶，再把房檐边上的水槽固定住，万一我用力一拉，避免它被拉断……

我说我已经跳了两三次了，没事的。

没有人理我。

全部绑完之后，那个“安全队长”给保险公司的人点个头，我们才能拍。

比如要拍一个拿杯子砸人的戏，我们就直接拍了，但他们要先把杯子拿到实验室去检查，确定可以使用，再拿到现场。

以前在我们自己的外景现场，很多地方都是很脏的，如果一不小心刮伤了，大家自己拿个酒精消个毒，也就完事了。在美国外景的现场，总是有人在不断地清洗消毒，所以在美国拍戏的时候，我常常觉得很荒谬很好笑，就在想我们中国人跟外国人思维上的差异。

拍摄《飞鹰计划》的时候，主要的外景地在西班牙和摩洛哥。在摩洛哥几乎全部都是在沙漠拍摄。每天凌晨 4 点起床，5 点 45 分出工，拍到中午 12 点就不能再拍了。因为 12 点之后沙漠的太阳会越来越烈，所有的机器烫手到没法摸，再拍下去所有的底片都会熔断，大家就只能收工，整个下午都在休息。这对于习惯了赶戏的香港剧组来说，很不适应，感觉在浪费时间。我自己也会觉得坐立不安。

我们在那里连续拍了一个多月。按照摩洛哥当地的工作习惯，剧组每个礼拜都要休息一天。休息的那天我就浑身难受，一走出住的酒店，前后左右全都是沙漠，哪里都去不了。酒店的室外游泳池里全是厚厚的沙子，什么娱乐设施都没有，特别无聊。我找来制片，请他跟当地的工作人员商量，能不能以后这一天就不休息了，大家继续开工，我们付双倍的工钱。那些当地员工就在游泳池旁边坐着，喝东西聊天儿，听到制片的询问，他们觉得很奇怪，“休息日就要休息，我们不开工。”

到了下一周休息日，我在房间里又是抓耳挠腮地待不住，就自己去找他们聊天，“你们看，咱们早点把戏拍完，大家就可以早点收工回家，我们又

付双倍价钱，你们也可以多赚一些钱啊！”他们问我：“我们要赚那么多钱干什么呢？”我愣住了：“我也不知道你们要拿去干什么……”他们说，“对啊！我现在赚的钱已经够了，我要那么多钱也不知道拿来干什么，今天是休息日，我们就要休息。”

这下换我哑口无言了。

我是从武行做起，在片场看过很多很原始的工作方式，拍动作戏的时候，武行几乎都是不要命的。一个危险动作下来，摔伤了，马上换下一个，大家觉得很正常。这在西方人眼里是不可思议的。我刚去那里的时候，希望给老外一个下马威，让他们看看成家班的厉害。

《上海正午》里有一个飞斧头的动作。

我们是怎么拍这个戏的呢？一大早，两个成家班的人，一个伍刚，一个Andy，从一棵大树开始数，从自己的位置到树有多少步，数完之后，“嘣”，就把那个斧头飞出去，然后在树上画一个线，知道大概斧头会落在哪里。

上午完成实验，下午就拍了。

拍之前，成家班的人跟我说，大哥，一会儿咱们就这样，我们是一、二、三，你这边就是一、二，闪两下。

我说，好，来，拍吧。

旁边的外国人都傻了。

随着他们飞出斧头的节奏，我自己数着“一二”左躲一下，右躲一下，就拍完了。

那是两把真斧子，丢出去之后真的砍在了树上。

那些外国人集体大喊，我的天！你们就是这么拍电影的？！

其实如果不是成家班，你让别人跟我这么配合，我也不相信，我也不会去做。但这是成家班，我们就是可以这样互相信任。

在《上海正午》里面，我们要拍摄一个空中翻腾一周半，脸摔地的动作。

练习的时候，有些老外脸上已经露出不可思议的表情。真的拍摄时，我跟摄影组要求把机器往后拉，他们说不行，这样地上的垫子就穿帮了。我说：“对，我就是不要垫子。”

我点名伍刚做这个动作，不戴任何护具。因为我懂这些，心里有底，知道他不会出问题。果然，伍刚成功地完成了这个动作，并且凭借自己的专业能力护住了头部和脸，全场瞬间爆发热烈掌声。

等掌声停下来，我脸上毫无表情，说“再来一次”，所有人都很疑惑地看着我，那意思就是，明明很好啊！为什么要再来？很危险啊！我对大家说，“没办法，我是动作指导，我说了算。”

伍刚又做了一次，依然把动作完成得不错。

这一次，大家都顾不上鼓掌了，所有人都齐齐地转头看着我。

我说，“再来。”我就听到一些人在小声说，“疯了吧……”

第三遍之后，所有人又是都看着我，看到我喊“OK，过了”，才一起长长地呼了一口气。

我继续面无表情地说“下一个镜头摆这边”，然后才起身，走到伍刚那边，用中文低声问他，“没事吧？”他说，“大哥，没问题。”

拍这三遍的过程中，我脸上故意没有表情，也没有过去关心一下伍刚，拍完之后，看他的手、肘、膝关节全部肿了，在流血。我不心疼吗？我当然心疼，但我知道这三个动作之后，没有人敢再看不起成家班。其实对我们这些从小就受艰苦训练的人来说，这点小伤真的不算什么，但在老外眼里，我们简直不是人，完成的是不可能完成的任务。

从那一刻起，剧组所有的人都很尊重我们。

后来好莱坞拍动作片的时候，都会拿着成龙电影的录影带去找能胜任的动作团队，并且跟他们说，我就要这一种——Jackie Chan style。

刚开始的时候，因为工作方式的差异，我们在老外眼里是“不专业”，老外在我们眼里则是“没效率”。后来大家天天工作在一起，我们也慢慢适应他们的工作方式了，大家关系也越来越融洽。等看到成家班真正的本事之后，他们没有人不佩服不鞠躬的。我们用真正的能力服了众。现在你在国外只要一提成家班，大家都会竖起大拇指。他们都不需要申请，已经是各国动作特技演员协会的荣誉会员。

《尖峰时刻 3》的时候，我们要在巴黎铁塔拍摄，旁边有个池塘，我去看外景的时候，发现那么大的池塘居然没有水，他们说，在消毒。

整个池塘的水放掉，给池塘底消毒，再放水进去，然后才允许我和克里斯·塔克跳下水！

我真的好难形容那种感觉啊，这也太矫枉过正、太浪费了吧！！

其实冷静下来想想，如果我只是个演员，这样的工作方式，我真的是感到很被尊重。我拍完之后拿了片酬就什么都不用管了，我管你们消毒花了多少钱，我只是来拍戏而已。但我不是。我从一入行就开始做动作指导，做导演，做监制，我没办法只让自己保持一个演员的思维。我永远会觉得，要省钱，要快点拍。

现在我不管拍什么戏，永远都是在整个剧组的人面前，拿个大喇叭，不断地重复，安全要紧，注意安全。所有手里拿枪的人，记住，枪头要向下，不要对着人。所有掉在地上的弹壳，不要捡起来，不要图好玩放在身上，过海关被发现，你马上坐牢。捡到弹壳的，交回给剧组负责人。爆破结束之后，任何人待在原地不能动，让爆破师检查每一个爆破点，确定没问题之后才能移动，没有爆破的要把它们都爆破干净。所有参与动作戏的人，千万要小心……不管这是不是我的工作范畴，但我在现场，就希望能对大家负责。

寄望华语电影

以前有一段时间，同行们都在议论“港片死掉”，我是身在其中的人，看到过最不敬业最丑陋的一面，当然知道它为什么会死掉。那时候洪金宝在拍一部戏，4 个大牌明星做主演，我到了现场，发现打戏都是替身在蒙着脸打。我问他为什么，他说，因为没有档期啊，只给很少的时间，恨不得几个小时就把好多天的戏拍完。

这 4 个大明星到了现场，就负责拍把蒙脸巾摘下来做表情的部分，用很短的时间把这些拍完，就走了。现在想想，这样的戏份多可笑？一群人蒙着脸打一阵子，还非要摘下面罩露个脸，再继续打，完全没有合理性啊。

曾经有个大明星，我跟她合作时，每天晚上她都出去喝酒，早上起不来，一直到晚上 6 点还不来片场。我那时候还要给她面子，怕她不好意思，还跟她说，“你要是不舒服今天就不要来了，反正我也病了”，结果她还反过来嘱咐我好好休息，自己睡一天觉，当天晚上又去喝酒。有些导演自己把合同签了，片酬拿了，却找别人来现场拍，自己已经准备捞下一部了。

我就碰到过这样的人。到了现场一看，导演椅上坐着一个不认识的人，我问“你是谁”，他说“我是副导演”，我当时就怒了：“导演呢？”“在那边。”我走过去一看，他正在现场写下一部戏的剧本。刚接的这个戏还没拍，就开始写下个戏的剧本。如果都是这样的人充斥在行业里，电影怎么会不死？

面对这种情况，我怎么办呢？我会说：“你走开，我来拍。”这样他们最开心了，我来拍，保证质量，自己又省事。有好几部戏都是这种情况，我拍戏，不挂名，还是挂原来导演的名字。片子上映卖座了，别人来问我对导演的评价，我就是 4 个字，“不予置评”。后来开始有江湖传闻，说我爱炒掉导演自己接手，我也不去计较。

跟尔冬升导演合作的时候，他跟我说：“大哥，我知道你爱炒导演，会自己下来拍，但如果你一接手，我就不知道该怎么拍了。”我当时就表示：“你放心，我全程不会讲一句话，不会指手画脚，都听你的。”那部戏是钱嘉乐做武术指导。当年我做武术指导的时候，他还是小孩子，结果到了现场，他在我面前紧张得发抖，但我一招都没有改他的。我知道尔冬升真的爱电影，为了拍电影他可以卖房子，可以花几年做一个剧本，这种导演是我尊敬的，所以在片场我会完完全全地尊重他们。

我拍戏的时候，没想过我为什么要跳这个楼，为什么要跳那个桥，即使知道跳下去会断手断脚，也还是会义无反顾地跳。我就是这样，对每一部戏都用负责任的态度，对任何事情都很认真地去做。从十几岁混在片场打零工，到后来有自己的一席之地，说话也开始有人听，一路走来很不容易，所以我很讨厌那些混事的人。俗话说，讲天下无敌，做无能为力。开始时讲得天花乱坠，最后完全不是那么一回事，每次碰到这种人我就很生气，很希望市场能尽快淘汰这些人。

华语电影有很多好题材，等待着创作者们去发掘，去表现。如今学习技术已经不像过去那么困难，一部机器的使用要学几个月。一些学电影的年轻人，我特别希望他们早点学习团队作战，不要把拍戏当作要给老师交的作业，那都是在为自己而学。如果有一群同学，有学编剧的、导演的、摄影的、美术的、制片的，大家可以组成一个团队，拿一个剧本去尝试，学习真正的实战中应该怎样分工协作，将会是非常好的锻炼。

尤其现在拍戏不像以前要用胶片，门槛很高也很贵，现在大家拿个手机就可以拍了，拍完之后也有很多平台可以展示自己的作品。大家一直都是各自为战，会非常辛苦，我们要集团式作战。再比如写剧本，可以一个人关着门写，也可以一个会议室里面十几个人，大家围在一起去讨论，最后各取所长。

我一直在强调技术，但如果我去拍一部都是特效的电影，观众根本不会喜欢看，他们早就习惯了看我亲自表演危险动作，我已经被自己绑架了。这一点我也觉得很无奈，但是既然已经在动作片上面立了一个先锋，那只能坚持做下去。我也知道大家都拍的那种飞来飞去的很简单，每个人都可以吊上威亚就飞，大牌演员甚至都不需要亲自上阵，找个替身就行了，到他上场时就只需要摆几个 pose 就好。像我这样实实在在地套招，还要每次都有创新就很难。

有时候我的影迷会说，大哥什么都会，滑水、跳伞、潜水、开车、骑摩托车、各种门派的功夫……这是因为我对自己有高要求，希望每次都带给观众惊喜。最近这十几年当中，不断有人说成龙老了，打不动了，我不会去解释，年纪越来越大是无法改变的事实，我也在逐渐减少高难动作戏的拍摄，但我可以在五六十岁去飞风洞、跳火山，还是不比那些年轻人差。

现在我们的华语电影市场这么大，对于年轻人来说是非常好的机会，很希望大家能好好珍惜，去做正能量的创作，带给观众好故事和好的价值观。

这些年来，我的电影观众一直在翻新，有从很早就一直追随到现在的，也有刚刚才开始看的。有的喜欢标准的成龙式动作片，有的喜欢我拍的好莱坞制作。我把他们分成固定观众和新观众，对于所有观众我都要负责。这就是为什么我拍完《尖峰时刻》还会拍《神话》，拍完《功夫之王》还会拍《大兵小将》，拍完《功夫梦》还会拍《十二生肖》，在《天将雄师》之后又拍《英伦对决》。我希望尽量满足喜欢我的人的期望，给他们看到不同的我，我也要对得起全世界各个角落里那些正在看我电影的影迷。

现在的我已经非常幸运，不需要再为了赚钱拍戏，而是为了兴趣。就像《十二生肖》，我从一开始就跟制片人说，我已经做好了亏钱的准备，我们什么都要最好的。筹备了 7 年，最后去了全世界 5 个国家 8 个外景地，拍了整整一年。连电影里面的十二生肖铜首道具都要做最好的，花了几百万。我不能说自己的动作最好，投资最高，但至少可以用尽自己的资源和力量，一天天去打磨，一点点用心去拍，最后拿出一部对得起观众的作品。这也是我自己默默在跟好莱坞比拼的方式吧。

我拍戏从来不惜工本，这点电影界认识我的人都知道。《醉拳 2》，一场 10 分钟的打戏，我们拍了 3 个半月，两天拍一个镜头。没有人会这么做，除了我这种“神经病”。

在《奇迹》里，为了表现归亚蕾那个角色的生活环境，我的设想是用一个移动的长镜头，从一楼升到四楼的房间穿进去拍一个特写。我一喊开机，炒菜的火就要起来，要看到黄包车，镜头一路移上来到二楼，要有两个人在吃饭，窗户的旁边要有鸽子，到四楼归亚蕾的房间，先拍她的近景，等她出画之后，镜头再绕过去拍桌上的一个照片的特写，整个过程一气呵成。

那时候没有那种很厉害的伸缩摇臂，一伸出去 100 多米，我们当时用的是长颈鹿摇臂，为了完成任务，我们租了一整条街道，给摄影机搭了个平台，拍完之后再转移到另一边重来一遍。

最后，这个镜头，整整拍了 7 天才满意。

拍摄的时候，每个镜头都要满足我全部的调度要求，片场的临时演员常常都是成家班的人，拉黄包车的，叫卖的，路人……他们比普通临时演员更能了解我的要求。

《奇迹》里面很多场戏都是一镜到底。当时要拍梅艳芳在拍照的那场戏，需要一个人走上去挂一个帘子，剧组里有个剪辑师跟我说，大哥，反正这个戏也看不到正脸，我想试试拍戏是什么感觉，玩一下。我说好啊。结果我们拍了一个通宵，他挂了 26 个小时。那次之后他说，我再也不要拍戏了。另外还有一群女孩子，都是在银行做会计文员的，她们来现场探班。我问她们要不要试试拍戏，也玩一下。她们觉得很新鲜，欣然答应，结果她们就在现场走啊走，走了一个通宵。拍完之后也说，这辈子再也不要拍戏了。

拍《十二生肖》，在世界各地取景，到哪里都得到大家的支持，是对我这么多年工作的一个回报。可能因为我是 Jackie Chan，到哪里人们都会说“Welcome Jackie Chan”，那就要对得起人家这种信任。比如法国那个古堡和花园，几百年的历史，一般人他们不可能给你用，所以我一开始就说一定会尽量小心，尽量干净。

在这样的地方拍戏，需要准备更多的东西和材料。就拿一个最小的东西来举例——胶布。拍戏需要到处粘贴东西，粘墙纸有墙纸的胶布，粘木头有木头的胶布，每一样东西都有一种特别的胶布，如果用错了，将来一拆下来，人家的东西上面会留一个印子，这你就要赔偿人家。听说制片团队确定了在那个有几百年历史的法国古堡拍戏，我就马上买了各种各样的胶布，请他们带到剧组，免得很多工作人员不懂，到处乱贴，给人家增加麻烦，这些小东西也是很花钱的。

我们国内有些团队也懂这些技术，可是几乎没有哪个制片团队舍得花这些钱，但我的剧组需要做到专业，所以这些我一定会管，该花的钱也一定要花。

刚开始拍的时候，古堡的管理团队会在现场看。在现场我会示范给所有人，如何小心保护人家的东西，胶布这种小东西的用途我也示范给大家，这个是粘木头的，那个是粘墙纸的，古堡的人看了之后直说：“哇，真是太棒了。”一个月下来，他们就说：“没问题，我相信你。”如果不是这样的工作态度，人家怎么肯呢？你有经验，有专业水准，你尊重人家，人家就会尊重你。

其实现在不管国内外，在拍戏上做到不惜工本的依然不算多。大多数人投资几千万拍一部电影，拍完就算了。我在美国拍片的时候，也会问他们一

《十二生肖》法国古堡拍摄现场，准备试跳

个问题，你们是要按照天数完成那部电影，还是要拍好的电影？他们说，当然是要后者。那为了更好的效果，再多拍一个礼拜行不行？不行。

有个小故事我常跟大家讲，是关于我和斯皮尔伯格的。我第一次见他的时候很紧张，人家是大导演，我也不知道该聊点什么。结果一开门，他就很热情地叫着“Wow, Jackie Chan”，接着就让我帮他儿子签名。签名的时候，两个人自然就没有说话，我觉得有一点小小的尴尬，脑袋里面就在飞速地转，想赶紧找个话题出来。

等我签完名字，就问他，像你的《ET》啊，《侏罗纪公园》啊，你是怎么把那些人和恐龙放在一起，把特效做得那么真实的？他说，哦，这个很简单，我就是不停地按各种按钮，就是 button, button, button（按钮，按钮，按钮）。

接着他说，那你在拍电影的时候，那么多危险动作，要么是从楼顶跳下来，要么就是从峡谷跳下来，你又是怎么做到的呢？我说，哦，我的更简单，就是 rolling, action, jump, cut, hospital（开机，开拍，跳，咔，医院）！

我的电影态度

我六七岁开始拍电影，到现在拍了 60 年了。主演或导演的，应该有 100 部左右。加上做武行、武指、演员的，可能超过 200 部了。

到今天依然有想拍但没拍成的题材，比如《灭火群雄》，已经想了 40 年，总是由于各种原因无法实现。再比如项羽的故事，也一直没拍。

像《警察故事》《飞鹰计划》《龙兄虎弟》《十二生肖》这种都是我的拿手题材，也是我喜欢拍的题材，手到擒来。我喜欢拍一些合家欢的东西，最后大家看完开开心心的，而不是那种你杀了我，我杀了他，非要报仇雪恨的那一种。现代社会大家每天都已经很烦了，不要到了电影院，还看到一些负面的东西。我希望大家看了成龙的电影，嘻嘻哈哈之余，收到我传达的一点信息，就够了。

在电影中，动作和表情是全世界通用的语言。为什么我的动作可以去到全世界？因为我在用我的身体语言跟你说话，你不用看我的对白，你看我的身体，看我的动作，就可以明白发生了什么。我一翻台子过去，茶杯一倒，然后我把茶杯扶正，做出一个很烫的动作和表情，可以让观众看得清清楚楚，也有幽默的成分在里面。

拍了几年动作戏之后，我的要求是“有动作不残忍，有笑料不下流”，不要那些低俗的东西。早年间，我曾听到一个朋友跟我讲，Jackie，你的电影很好，但我没办法给我的小孩子看，因为里面有一些暴力的东西，或者一些不适合小孩看的玩笑。我当时很受震动，那之后，每拍一部电影我都会问自己，这部电影能不能让小房子看？如果我的孩子可以看，那人家的孩子也可以看，全世界的孩子就都可以看。

很多年之后再看《醉拳》，我觉得当时那样并不好，为什么要教人家喝酒打拳呢？于是拍《醉拳 2》的时候，我就改成教人家不要喝酒打拳。纠正自己的一些错误，也会让自己很开心。

《玻璃樽》和《十二生肖》等很多电影里，都提到要公平决斗，不要一群人欺负一个人，这些都是讲给大家听的。我们即使要竞争要打斗，也都是要公平的，而不是像烂仔一样打架。我有时在网上看到有那种 10 个小男孩打一个小男孩，一群小女孩打一个小女孩，我不懂为什么要这样？

我希望自己的作品里都能体现出“真”的东西，很多技能，我平时不会去学，但是为了电影，我都可以去学。滑旱冰、侧脚滑水、滑雪、单板滑雪、潜水、骑电单车、骑脚踏车、跳伞，所有这些东西都是因为拍戏学回来的。

当初，为了拍好《霹雳火》，特地请来了世界顶级的赛车选手 Tommi Makinen（汤米·马基宁）来教我开赛车，能跟一代车神在赛道上学习，是非常酷炫的体验，也圆了我自己的赛车梦。

我们很幸运，他那段时间刚好就在日本，在教我学车的那几天时间里，他自己就在试轮胎和 turbo（涡轮增压发动机）。每一次上车，他带着我一起开 6 个圈，之后停车，看轮胎的软化度。然后再换第二种轮胎，我就再上车，他一路用英文跟我讲，你要如何如何，他讲得很快，我就努力去听去看。再开 6 个圈又停，工作人员把车里的已经烧红了的 turbo 拿出来，换一个更大的 turbo 上去，我就再上车，听他讲怎么去入挡，怎么踩，怎么去 heel-and-toe（跟趾动作）……如此反反复复，随着他试车的过程，我一直跟着他学习。他是天赋极强的“车神”，我常常看得目瞪口呆。那么短的时间里，我肯定学不到人家的精华，但是能持续几天近距离看他开车，用于表演是足够的了。

这部戏的投资非常大，除了香港，还在日本、马来西亚等地实地取景，光是最好的赛车就动用了 100 多辆，其中还有很多在拍摄中毁掉了。为了确保动作场面的效果，除了导演陈嘉上之外，我们还请来了大师兄洪金宝负责动作场面，陈勋奇跟我负责飞车场面。

赛车道上的戏，拍摄难度很大，讨论了好几个来回，都没办法解决技术难题，最后大家说，大哥，只能你自己来了。我想了想，还真的只能是我，我知道这里面一切环节要怎么做。

那场戏是我跟陈勋奇拍的，两部摄影机绑在车的前挡风玻璃上，我先把车开到赛道的中间没有人的地方，两边车门都挡上了，我要从窗户钻出来，开灯，开机，分别对着两个机器打板，说“第 × 镜 × 次，Action！”，然后马上上车，开车，演戏，车在赛道上狂奔几圈之后，戏演完了，我自己喊“咔”，再从窗户钻出来，检查两部机器有没有松，有没有移位置，确认没问题之后，再关机，关灯，改板写字，再拍下一条。如此反反复复总共拍了个四五条吧，直到把 400 尺的胶片全部用完……

以前我一直跟人开玩笑说我只会潜水，不会游泳，这是真的，因为那时候参与的一部电影需要学会潜水，我就去学了。不过到了拍摄《警察故事 4：简单任务》的时候，不会游泳也要会了。

这部电影有一处剧情，是我挂在直升机外面的杆上，远处有人用火箭弹攻击这架飞机，我只能松手掉进冰湖里。

真正拍的时候，我挂在直升机外面飞了很久，大风吹着，全身都冻透了。紧接着就是泡在零下 15 摄氏度的冰湖里。那场戏好几部机器同时拍，拍到天快黑了，当天又必须要拍完。我就一直在冰湖里泡着，一个多小时都没上去。现场的一个护士，澳洲人，她警告我说：你再不上来，我们就封掉你们这部戏，你这样下去会死人的。

我说，我可以坚持，我不上去。

没经历过这些的人不会懂，上上下下会比一直泡在冰河里更痛苦。一上岸，一群人给你干毛巾，帮你烘衣服，给你用暖炉烤着，这么暖和，你还有勇气再下到冰河里吗？而且这样还会浪费时间，所以我就坚决不上岸。

那场戏，我每次都要等直升机飞过来，要等很久才能拍一条，“Rolling，咔，不行，再来一个”，直升机就又飞走了。

拍第一条的时候才好笑，我穿着保暖衣泡在水里，直升机来了，机上的人开机关枪，我整个人要进到水里面，结果头进去，屁股还在外面，怎么都下不去，紧接着是爆炸的声音，把我耳膜都要震破了，因为爆炸的声音在水里会加倍。

第一条拍出来的效果很不好，接着又要装爆破装置，一装就是一小时，我就上岸等着，等到拍下一条的时候，我就直接把保暖服、游泳服脱掉，只穿个短裤就下水了。

导演说，我们要拍一个大全景，你不知道我们什么时候在拍你，所以你要一直表演。于是直升机飞过来飞过去，我要一直在湖水里挣扎。那种挣扎和冷也不是演出来的，是真的要冻得疯掉了。

拍完这一场，还是那台直升机来接我，我依然是抱着那个杆，里面一个人拉着我的皮带，另一个拉着我的衣服，又飞了起码 15 分钟才回到可以休息的地方。为什么不到机舱里面去呢？因为我已经爬不上去，完全没力气了。反正已经冻得没什么感觉了，不如就这样直接飞过去。

到了岸边，大家马上把我放在地上，一堆人冲过来拿毛巾盖住我，我疯狂地发抖，大家帮我把身体搓热，拿姜水给我喝，我转头看见刚才脱掉的裤子和 T-shirt，在旁边以脱下来的样子“站”着，已经冻成了两个雕塑。

拍戏时候的很多事，现在想想都不知道自己怎么熬过来的，但我就是喜欢拍动作片的这些经历，因为真的很好玩。

很多功夫片都是飞来飞去，我不会说这样的电影不好，但我自己不会拍这样的东西，也拍不出来。所谓的“成龙式的电影”为什么与别人不同？就是我什么都真的去拍。别人都用蓝布绿布，但我要每一站都是实景，别人都用威亚或特技，但我要每一招都是真打。《十二生肖》里，要拍火山，我们就去火山；要拍风洞，我们就去风洞。为了 4 个镜头，我们跑去瓦努阿图。每一场打戏，都足足拍摄一个半月，就是用这种笨办法来赢得胜利。

年轻时拍的那些戏，很多搏命的动作大家都津津乐道，拍《十二生肖》的时候我已经 50 多岁了，很多动作还是亲自上。开场穿着滑轮衣在车底的那场戏，车速极快，稍一不慎，动的方向不对，手和脚就会一下子卷到车轮下被轧到。我要一直保持速度跟着车，很危险。这个时候心里难道不害怕吗？肯定是害怕的，但是这么多年来拍戏早就习惯了，反正只要人家一喊“Action!”我就冲到车子底下去了。拍完了之后也会跟自己讲，刚才可能一不小心就会断手断脚，但拍电影就是一个梦想，一个承诺，要对观众负责。

成龙式动作特技

属于成龙的动作风格，是在一部部作品的累积中，逐渐形成的。现在回过头来总结，我觉得有几个方面可以讲。

绝对真实与创造真实

绝对真实，在我的戏里，一个重要的表现就是那些我亲自完成的最危险的动作场面。除此之外，我也喜欢跟成家班一起玩一些不那么危险，但是很难做到的趣味场景，比如说在《师弟出马》中玩的扇子，在《奇迹》中扔的帽子，在《飞鹰计划》中玩的口香糖，等等。

在我加盟嘉禾之后导的第一部戏《师弟出马》里面，我跟元彪展示了我们在戏剧学院学到的本事。京剧演员在舞台上演出时，兵器在他们手中就如杂耍一样，我就尝试把戏剧元素加入武打动作之中。

再比如我们中国人的扇子，很漂亮，我把它用在了这部电影里。扇子可以上下翻飞，可以旋转，你还可以配合它摆个姿势，就会让动作变得更有美

感。传统兵器已经有一定的基本套路，观众也都看过很多，所以我希望能打出新意。我记得最辛苦的一场戏，是我跟一个人打的时候，扇子要飞出去、飞回来，我要抓住，再摆个姿势，那个镜头我 NG 了 120 次，才终于拍到满意的效果。

我的电影中总是会有各种巧合，一些东西总是准确无误地落在该落的地方，打在该打的人头上。在几十年前，如果要做这种场面，好莱坞已经会使用电脑特技，但是我们当时没有那么先进的条件，也没有那么多钱，所以我们都是靠一次一次的尝试，几十次，上百次，去捕捉一个完美的镜头。

如果只是为了展示一个东西砸到一个人的头上，简单的做法就是分镜头拍近景，物体出镜、入镜，砸在头上也很有力度，但是我更喜欢用全景镜头把它展现出来。这就需要足够的耐心去重复再重复。被砸中的人也可以根据剧情提供不同的演法，你可以演得很痛，也可以演得有点滑稽，但无论如何，整个画面要看起来是完全真实的。

《警察故事》里，我冲下斜坡去追巴士那场戏也很惊险，因为那个斜坡的陡峭程度比预想的高，假如我滑倒失去控制，就会一路弹跳着跌到最下面，即使摔不死，也会非常痛。为了真实展现这个过程，我还是壮着胆子跑了下去，跑的过程中特别害怕自己会刹不住车。

等我追上车之后，我们原来设定的动作是，有三个坏人因为急刹车撞破前面的玻璃掉落下来。位于一层的坏人，要撞到车的侧面，二层的两个坏人，一个摔在车顶上，一个摔在前挡风玻璃上。当时拍车上的戏份时，这三个露脸的人，是我以前合作过的武行兄弟，到了真要往下摔的时候，这三个人就换成了成家班的人。我以前经常做这种事情，请外面的人来拍戏，但是只要到了危险动作就换成家班上。

真正实拍的时候，巴士开得太快，几乎没刹住车，差点撞到我，大家在电影里可以看到，我也下意识地跳开了一下，紧接着我听到“嘭嘭”两声，但是没有听到人的身体与铁撞击的声音，而是发出几声闷响，我心想，出事了，忍不住往后看了一眼。原来是因为车停的位置的问题，导致车上的三个人都没有摔到预计的位置，其中一个摔在了我旁边，另外两个直接撞到了水泥地上，我听到“咔嗒”两声，然后就是人呻吟的声音，我心里想，完了。

在我片场的规矩，所有人都知道，只要我没喊咔，大家是不许随便冲进片场的，我赶紧把剩下的戏演完，然后转身，“咔”。地上的武行兄弟摔得很惨，我们第一时间把大家送到了医院。那个时候拍戏的真实感，就是靠这样拼换来的。

在《警察故事》续集中，我们创造出当时影史最庞大的爆炸场面，拍摄的时候险象环生。如果是好莱坞拍摄那场戏，演员只需要在蓝布景前面做反应，再用电脑合成在爆炸的画面上就可以了，但这种方法一个是贵，另外还是那个问题——不够真实。我们的办法就便宜很多，只需要真的弄出爆炸，然后尽快逃命就行了。

我们的危险动作拍摄现场都可以让人走进去看，看那些炸药怎么摆，各个环节怎么设置。我自己比较喜欢有现场感的东西，想要那种真实的感觉。这些年来，随着技术的发展，我相信真实的现场加上一部分电脑特效，可以做出非常好的效果，我也不再排斥这种做法。

再说创造真实。

以前的武打戏里面，不管有多少人围着主角，但真正在打的只有两个人，这两个人在打的时候，后面的武行们就在那假装动来动去。等到主角把这一个打跑了，旁边的人才冲上来打，这个看起来就很不合理。

其实拍动作戏，不管是导演还是动作指导，都很怕拍一群人一起打，很容易显得假。后来我们充分利用镜头布置和剪辑技巧，解决了这个问题。

比如说，第一个镜头，先用全景展示八个人在一起打，之后换个机器角度，把“多余”的人拨出画面，不要展示他们在后面晃来晃去的样子，只重点展示主角在打一个人。主角打的第一个人和第二个人，尽量让他们的一拳一脚是同时的，在镜头里面正在打斗的总是只有两个人，最多三四个人。这就是利用镜头让观众相信主角是同时在打好几个人，同时又不显得假。我电影里的动作场面，都在尽量运用镜头调度配合后期剪辑，创造出令人目不暇接的效果。

我的电影里经常出现玻璃元素，玻璃粉碎可以带来强烈的视听效果，而真玻璃其实是不容易撞碎的，所以我们会根据实际情况，把真玻璃和假玻璃混合使用。只是假玻璃瓶往往比真的还贵，真瓶子你在酒家门口一拿就能拿很多。而且，不要以为是假玻璃打到就不痛，其实很痛的。

要让玻璃更容易粉碎，我们会在玻璃四个角底下放上一枚硬币，再在上面垫上一颗螺丝钉，这样人摔到上面，就会顷刻间粉碎，效果很好。

在拍摄各种各样被摔、被打的场面时，也是需要真实的。我电影里的高空掉落，往往不是直直地落下去，而是会像卡通片一样，先摔到一个物体上，再摔到地上。

比如说，我需要一个人从高处摔到一部车的前盖上，再顺势滚下去。在拍摄的过程中，如果是摔在车盖中间，再自己滚下去，就不够真实。如果摔得太靠前了，落地之后滚一下，却让身体挡住了镜头，这样也不行。需要摔的位置刚好，滚的动作很自然，摄影机又刚好捕捉到了他落地的表情，这样才是一个合格的镜头。

一连串的打斗中，所有动作都要非常连贯，不能有空在那边等的情况，否则就要重来。我经常跟大家说，身为一个武行或动作演员，最不好的就是等着被打。Timing 是最重要的，他踢你，他为什么踢你，他追你，他为什么要追你，都要有一个合理的原因，不是他走他的，我走我的。如果没有默契，什么都白费了。

有时候，你踢太大力也不行，踢太小力也不行。太大力的话，出腿的力度够了，但是被踢的人已经失去重心，他下一步要跳沙发的，就没办法完成了。踢出的腿既要显得很有力度，又不会让被踢的人失去重心。

演员摔到台子上，台子不能碎得太容易，否则看起来就又显得假。我们需要动作演员摔下去，落在台子的中间，落地的时候还要梗一下，台子再慢慢碎掉。这样演员觉得痛，观众也觉得痛，才是最好的效果。

在确保看起来真实的同时，还有一个很重要的课题是保护自己。

比如说你要被人打得在空中翻腾一两圈，再摔到楼梯下面去。如果你是一个好的武行的话，当你转到 90 度的时候，会看一下要在哪里落地，如果你是闭着眼睛的，那你根本就不知道要在哪里落地，真的落地的时候就会很危险。这需要很严格的训练，比较好的做法是，第一下一定要让背着地，手可以顺势扶一下，整个人弹下来，身上加上点 power 粉，展现摔得很重的感觉，整个动作很连贯，不会特别痛，还可以确保安全。

利用一切东西设计动作

早年间拍摄年代戏，在使用兵器的时候，我会先构思整段武打动作的概念，然后再去试验里面的每个动作。参与打斗的武行不但兵器要耍得好，更要准确地把握时间，与其他人精准配合。因为是年代戏，有些打斗的动作看起来不合理也不要紧，只要可以打得很漂亮，打出一种艺术感，观众还是会喜欢看。

在拿一些常用的道具做打斗时，我重点会去想如何把它使用得跟别人不一样。比如我拿起凳子以后就会想，凳子有多少种打法，那种带有转身之类复杂花样的打法，真的在现实生活中打起架来会不合理，但是拍戏的时候，比拿个凳子乱抡一气会更好看。

利用凳子作为打斗的工具时，到底要怎样显得画面更好看？比如说打几下之后，坏人一踢，我想要它散掉。为此我们自己研究出了一种特别的凳子，把凳腿等零部件锯开，用鱼线连接着，再在上面撒一些粉末，它散成碎片的那一刹那会有粉尘出现，就会更好看。

《警察故事》在商场里拍的时候，我会想如何利用电梯。电梯扶手中间那么小的一个地方，是不是也有可以设计的空间？后来在电影里，我打一个人，他就挤在电梯扶手之间滑着摔了下去，这个动作在当年的观众看起来，是非常新奇的。另一个武行，要被我打得一个大后翻从电梯上滚摔下去，为了安全，我们先放了一些软海绵在他身上，再塞满一根根铁条，我一踢他，他摔下去，还会弹几下。效果出来，整个戏院会惊叹，他本人虽然会痛，但不至于受伤。

每次勘景时，看到有高楼，就在高楼边缘冒险（《我是谁》）；有环山道路的山丘，就跳下山丘、追公车（《警察故事》）；有小巷子，就在小巷子里骑自行车（《A 计划》）；有贫民窟，就让车子从山上直接冲下，在破房子里横冲直撞（《警察故事》）；有火山，就从火山上滚下去救国宝（《十二生肖》）……为了让动作电影产生奇幻空间，我们从陆地到海上，从海上到空中，无所不用其极。

我们永远都是在拍摄现场构思动作戏和各种细节，只要到了现场，很多灵感就会涌现。《我是谁》那场高潮大战，是在鹿特丹一个摩天大厦的天台上拍的。最初到现场勘察的时候，面对空荡荡的天台，我一直在想，到底要怎么样完成整场打斗呢？我发现天台上的排风口很有意思，它可以衍生出很有喜剧感的打斗。我和对手站在天台的边缘打，只要踩错一步或是失去平衡，就会摔得粉身碎骨。就在这时候，对手的领带被排风口的风吹了起来，刚好被我抓住，然后我就能不停地打他，他的同伴看到这个景象，赶紧默默地摘下领带……

除了利用环境之外，我也喜欢把各种生活中的日用品作为武器。比如在《奇迹》里面，我的角色每一场戏都戴一个不同的帽子，还经常会用帽子做一点趣味性的动作。为了更好做动作，帽子太轻了不行，我们就在帽子内侧用胶布贴一些硬币，加大它的重量。如果觉得太重了，就再减掉一点。

在香港我有一个专门的片场，如果说有哪部戏、哪场戏需要提前去寻找灵感，我就会让美术指导先把大致的场景和道具都摆出来，摆完之后，我会把东西都看一遍，有些是我需要的，暂时不需要的就先放在旁边。现场任何一样东西，都可以成为一个武器，或者一个很好玩的东西。

比如超市的推车，我会先去想用它能有多少种打法，它可以转，可以推，还有一个小桌板可以立起来，用它去打到对手；比如椅子，普通的折叠椅，你可以拍它在合上的瞬间夹到了坏人的手，就会有喜剧效果；比如转椅，用它打斗结束之后，还可以再把它转上几圈，最后自己很潇洒地坐在上面；垃圾桶也可以拿起来玩花样，打完之后可以套在对手头上；台灯，你可以用灯泡烫对方，再用强光照对方，也是好玩的；冰箱的上下两个门可以配合打斗，要加入喜剧元素的话，可以一边打一边把鸡蛋砸向对手，或者啪啪啪把对手打走了之后，马上开冰箱门，拿一个冰激凌给自己吃……

我很喜欢在现场研究这些，希望在每一部电影里有所创新，能用到更加有趣的打斗道具。《A 计划》我用到了自行车、竹竿、梯子，《奇迹》用到了绳子、滚轴，《警察故事续集》用到了盘子碟子、桌椅板凳，《红番区》用到了沙发、冰箱、瓶子、购物车，《上海正午 2》用到了冰果、木板、布、衣服，《十二生肖》用到了茶几、雨伞、话筒、口香糖、相框，《一个好人》用到了水桶、电锯，以及工厂里的很多道具，《特务迷城》甚至用上了市集上的所有东西，我拍的时候还赤身裸体，身上被各种咖喱粉烧得又疼又痒……

复杂、紧凑、有创意的动作场面

在美国拍摄《杀手壕》的时候，我想把自己的那套打法移植到 20 世纪 30 年代的芝加哥，但那时美国的特技人从来没有拍过这种打斗，为了达到理想效果，我请两个成家班的人飞到美国，协助我们。可惜当时我在现场没有话语权，摄影机的速度也不可能受我控制，他们根本无法按照我们的方式去捕捉画面，导致整个打斗过程看起来很慢，很不好看。

我的电影不追求血水四溅的暴力场面，设计复杂而紧凑的动作才是我想要的。

密集的打斗动作，对手之间要有很高的默契。我和成家班之间会有一些起步、打点的方式，一听到某个特定声音的提示，大家就知道要怎么配合动作，我也就知道哪边会有人来，要怎么打，打哪里。

构思动作最常用的就是两种方法，一种方法是简单的，一种方法是很难的。拿《警察故事续集》举例，有一场戏是我要去一个工厂救张曼玉，但有坏人的车堵在工厂门口。如果设计简单动作的话，我走过马路把他们打晕就行了。但我不想这样，我知道观众希望看到我做一点危险的动作，所以我就设计了让自己从二楼跳到一个货柜车上面，在车顶上惊险地躲过几个店铺招牌，或是穿过去，或是滑过去，再躲过一个开过来的大巴士，最终撞破工厂大楼的玻璃跳进里面。

这一连串的动作要做到顺畅，难度极高，马路对面开过来的所有车子都处在高速移动中，如果我站不稳，就会摔到地上，那个高度是很恐怖的。当时那一整面墙的玻璃虽然是糖胶玻璃，但在外面喷了那些招牌字样的喷漆之后，整面玻璃变得很硬，撞进去就像撞真玻璃一样。我跳进建筑里面的时候，已经知道自己头上脸上的皮都撕下来了，肉也裂开了，但是这都不要紧，最要紧的是把整个动作完成。

《警察故事》里面还有一段观众很喜欢的戏，就是我被一把雨伞吊在高速运行的巴士上。这场戏最难拍的是当旁边的车子过来时，我到底要怎么躲。旁边开车的都是我自己的兄弟，大家的配合在此刻显得特别重要，拍的时候所有人都捏了一把汗。

很多观众会问，为什么我能吊那么久？因为那把雨伞不是木头的，是铁的，哈哈。我拍前面镜头的时候用的是木的，但当我一勾上巴士的时候，就换了把铁的。当然，这个创意动作的前提是我要有足够的力量去抓住那把伞。

在拍摄《我是谁》的时候，我们希望能拍出超越好莱坞汽车特技的场面。我们利用自己的经验，用威亚把汽车变成了会翻腾的特技人。

当时我找来了 4 辆一模一样的三菱跑车，千山万水地运到南非和荷兰。最开始，为了让跑车可以顺利侧翻，荷兰汽车技师花了 3 个小时去加工定位铁架，后来我们等得不耐烦了，决定用最简单的方法，就是牺牲这辆车。汽车特技人会把跑车加速，让它在侧翻之后，依然能向前滑过小巷。

第一次拍摄，跑车加速不够，没翻过去。第二次，跑车开得太快了，不但撞上了另一辆车，还差点撞到摄影机。第三次，跑车及时侧翻，却在小巷中困死了，还好没有人因此受伤，但是受了伤的车还要再来一次，最后终于达到了要求。为了令画面更丰富紧凑，我们又把跑车放到板车上，拍摄了一个侧翻之后车轮在滚动的特写。

接着，我想展示侧翻之后的车子在主角的操控之下在地上团团转，坏人们想要抓住主角，只能围着车子转圈。我们用了 20 多个工作人员一起转动车子，再由一位摄影师悬空吊着俯拍车子转动，同时，装在车身上的摄影机拍摄车内主角的紧张表情。

当我们拍摄一辆车卡在高楼的侧边，随后掉落到一楼地面的场景时，下面的街道上围满了好奇的路人。剧组把大家隔绝在安全的区域，再把多部摄影机装上保护罩，然后把跑车吊起来，摇向路边，挂在高处边缘。坐在车里面的是个假人，下面的建筑钢架上，特地加上了许多沙包和银色球，这样可以让跑车下坠的一刹，爆发更强大的破坏力。这场戏，我们必须一次成功，不能重拍，好在最终完成的效果不错。

我的电影很追求爆炸力和速度感，这需要好的动作设计和剪辑去配合，也需要不断地引入各种动作元素，比如跑车、飞机、枪械甚至炸药。

很多演员开第一枪的时候，脸上都是害怕，如果这个画面是慢动作，那就很难看了，张着嘴，眯着眼睛，满脸恐惧，一点都不帅。我自己拍开枪戏的时候，听到 rolling 会先把枪口向上开两枪，让自己迅速适应枪声，然后就可以更镇定帅气地开枪了。

以前的牛仔片，他们都玩花样，很帅气地转枪，然后插到口袋里。我们现在的服装很难玩这种，所以在不同的环境，我就会想不同的东西。比如人家拿枪指着我，要我交枪，我让枪在空中旋转一圈再给他。拍摄枪械戏，演员一定要很了解这把枪。拍《我是谁》的时候，你可以看到我很快把一把枪给拆散了，也可以很快把它再装回去，我现在也可以随时做到，拆散加重装 45 秒之内就能完成，因为已经很熟练了。

我经常跟成家班的兄弟们说，要想在现场搞定所有动作，还不出任何差错，必不可少的就是平时的严格训练，除了体能、技巧，还有彼此之间配合的默契度。如何尽量摔得不痛，如何更好地保护自己，如何避免伤到对方，这些都是非常重要的课题。在别人看来，成家班似乎是打不死的，诀窍就在于日复一日的训练。

《我是谁》里的那场天台大战，跟我对打的荷兰籍演员莫朗腿上功夫非常厉害，他虽然是功夫高手，但因为没有接受过专业的电影拍摄训练，拍摄的时候我们两个都很辛苦。为了教他记住应有的节奏和距离，我跟他试了很多遍，又让成家班不断地为他演示，但他最终还是无法全部完成。最后，我们分出了一部分动作由成家班来做替身，个别动作用他和成家班结合的方式，莫朗踢出第一脚就后退，再由替身接着去完成余下的近身肉搏。这样，画面上既有主角露脸，也能保证整体动作的节奏和速度感。

有时候，遇到超越人体极限的动作，我们就会利用人力以外的方法来解决。比如除了成家班的连环快腿之外，会再添上一只道具假腿一起做动作。

即使经过多次排练，也不能百分百确保不受伤。拍摄天台这场戏时，我头上被踢了一脚，胃部中了一腿，摔伤了膝盖和大腿，撞到钢架伤了胫骨，甚至只是简单地往后跌倒，也因为压到了腰带扣子而痛得不得了……

我洗澡或者开车的时候，想到一种好的动作，不知道是否能做到，就会到我的训练基地去做实验，可以的话就把它录下来，或者写下来。在无数次的实战中，我们逐渐摸索出一些幕后小窍门。

比如说灵活地运用钢丝。

如果想要展示一个人被踢得飞出去，重重地砸到对面的墙上，那我们会安排两个人拉着钢丝，站在楼梯上面，他俩一起往下跳，被钢丝拉着的人就会飞上去，这时候拉钢丝的两个人马上松手，那个人就会往下摔。这里面的力道拿捏很重要，如果太大力他就会变成超人，一直飞出去。配合好了，演员不需要花太大力，只要踢的动作漂亮点，那边人就飞出去了，就能显得演员的出腿力量很强大。

很多电影里用到威亚的地方，都是非常明显的。比如武侠片里的人飞来飞去，观众也知道是在吊钢丝。我们经常会把威亚用在很小的地方，观众都是看不出来的，我不讲，你可能这一辈子都不知道。

我去国外拍戏，会跟很多真正的高手对打，但他们不一定拍过电影，有时候需要用一些方式辅助他们。举例来说，我要一个人做出快速被铲倒的动作，但如果演员的速度不够快，或者根本做不到，怎么办？我们就想到可以用钢丝拉他的脚后跟。

把威亚系到鞋子里面，鞋穿上之后，钢丝就会被踩得紧贴地面，观众永远是在看画面中间打斗的动作，所以脚底踩着的钢丝，观众是看不见的。我们还可以根据具体需求来设定拉钢丝的速度，如果要慢一点的，就一个人拉，快一点的，就三个人拉。通常两个人就够了，其中一个人脚踩在钢丝上，确保钢丝始终贴着地，不会弹起来。

但是如果要踢的是脸，就不能用脚底加钢丝这种办法了。这时候我们有两种办法，一种是用镜头来迁就，比如我一拳打过去，对手是背对镜头，看起来我好像打到他了，但其实没有打到，他做一个反应就可以。抬手打或者抬脚踢的时候，在手上或鞋上放一点 power 粉，一踢它就散掉，速度感和力量感就会出来。

另外一种方法，是这么多年来我们自己挨太多打才琢磨出来的。我把我的兄弟踢晕过几个，我自己也被人打晕过几次，后来我就想，这样很笨啊，难道没有其他办法吗？我就想到做一种假的鞋子，英文叫 power shoes，是用软塑料做的，真的踢到了也不会太严重，演员穿上之后，因为踢的动作很快，剪辑也很快，观众就看不出来。

想到这里，我忽然意识到自己还是有点笨，因为我们自己发明的很多东西都没有拿专利，后来都被大家学去用了。我和成家班在过去几十年中，几乎尝试了所有打斗戏的可能，观众们对于动作片的观影期待越来越高，想要创新和超越越来越难。

现在我有一个成家班训练基地，就是为了让所有人永远有个固定的场所可以进行持续的专业训练，也会有一些演员同行来这边进行动作训练，以确保自己可以更好、更安全地完成剧本中的要求。比如姜文导演的《邪不压正》，在拍摄之前，廖凡和彭于晏就专门到这里进行了长时间的动作训练，有成家班的专业团队保驾护航，大家都会比较放心。未来我的愿望是把这个基地开到更多的城市，给更多动作电影人提供方便。

几十年前，在技术不如好莱坞的情况下，我们用各种土生土长的智慧，拍出了各种各样的动作场面，那些戏反而被西方的导演们拿去做参考，这让我觉得蛮骄傲的。今天电影的技术发展得越来越好，很多时候我们已经不再需要那么辛苦，但是回想当初我跟成家班兄弟们所有的努力，还是觉得很值得。正因为那时候我们常常没有钱又赶时间，没有蓝布景，没有电脑合成，只能这么去完成电影，才逼着我们自己不断去绞尽脑汁地想办法，迸发出那么多的创造力。

我们用自己的方法拍电影，也许那不是唯一的方法，也不是最好的方法，但那是成龙的方法。

1996年，我第一次受邀去奥斯卡做颁奖嘉宾。

到了颁奖礼的演员休息室，我看到很多演员，有汤姆·克鲁斯、尼古拉斯·凯奇，全部都是银幕上的大明星，就在我面前走来走去，看稿子的看稿子，聊天的聊天，所有人都很淡定自若的样子。我是第一次到人家的“地盘”，那时候英文也不是很好，有点无所适从，不知道该怎么融入那种非常“好莱坞”的气氛，也不敢过去坐，就站在门口。

站了一会儿，忽然有个人出现在我面前，主动伸出手，说，Jackie Chan，你好。

我一看，哇，这不是西德尼·波蒂埃吗？我特别喜欢他主演的《吾爱吾师》，他真的是我非常非常欣赏的演员！

这时候，他还在继续讲话，很多我都没听懂，懂英文的经纪人还在外面忙，我就只能一直笑着点头，说谢谢。

他说完之后，很礼貌地示意让我先忙，就走到旁边去了。

第二个主动出现在我面前的是罗宾·威廉姆斯，也是我非常喜欢的演员，他说，天哪，Jackie Chan，能在这见到你太荣幸了，接着又讲了一堆东西，我还是听不太懂，还是只能回复几句简单的话。

这时候我就在想，既然都坐了那么久的飞机来到了这里，人家这么大的明星都对我很有礼貌，很尊重，那我为什么不勇敢地过去跟别人打招呼呢？

就在此时，刚好看到约翰·特拉沃尔塔（John Travolta）正在不远处看稿子，我决定鼓起勇气走过去跟他打招呼。

一边走，一边在想，我应该叫他John呢，还是Mr.Travolta呢？

等我走到他面前，他抬起头来看到我，我刚刚说完“Hi, John”，他一下子就抱住我，“Oh My God! Jackie Chan! I'm a big fan of you!（天哪！成龙，我是你的铁杆粉丝啊！）”

那我就回答“Thank you”，想说更多，又不太会说，就笑笑，请他继续看稿子。

介绍我出场的嘉宾：汤姆·汉克斯、克里斯·塔克、杨紫琼

我的第二个目标是汤姆·克鲁斯。

我过去之后，说“Hi, Tom”，他看到我之后，也马上站起身来跟我拥抱握手。

我把刚才从 John 那里学来的那句话现学现卖：“I'm a big fan of you!”

汤姆·克鲁斯说，Likewise。

我心想，Likewise 是什么意思？不管了，先记住再说。之后我就回到刚才站的地方，正好赶上我的经纪人安排好外面的事情，回来了。我跟他说，我刚刚跟他们打招呼了。经纪人说，哇，你有进步啊。

我赶紧问他，刚才汤姆·克鲁斯讲了一句 Likewise 是什么意思？

他说，Likewise 就是“彼此彼此”。

原来如此。

接着，有人介绍我去见堪称美国音乐教父的昆西·琼斯，我走到他面前，他也是很热情地打招呼，Wow, Jackie Chan,I'm a big fan of you!

我马上就说，Likewise。

那天，我就用“big fan”和“likewise”两句话，混了一整晚。

20 年过去了，2016 年的一天，我正在片场拍戏，经纪人跟我说，奥斯卡那边的人要跟你通电话，我问什么事，经纪人说，对方说不能讲。

电话打来的时候，片场的信号不是很好，声音断断续续的。寒暄过后，我听到他说了一句什么“accept oscar（接受奥斯卡）”，我说没问题。

我知道自己并没有作品参加奥斯卡，所以我把他的话直接理解成了去奥斯卡颁奖。紧接着对方还说，“目前还不能对外公布，不过在 24 小时之内我们就会公布了，这件事也已经得到了中国相关部门的批准……”我心想，不就是去颁个奖嘛，搞得这么兴师动众干吗呢？

结果一宣布，是我拿终身成就奖，把我自己都吓了一跳。

到了美国，我见到了美国电影艺术学院的主席谢丽尔·布恩·艾萨克斯，就是她打电话给我的。

我说，我能问个问题吗？

她说，当然可以。

为什么是我？

她说，“这件事情说来就很神奇了，每年最后参与终身成就奖投票讨论的有 50 个人，每个人都可以对这个奖项提出候选人。当我们把终身成就奖的评奖标准公布给大家的时候，有一个人说，如果这个奖的标准是这样的话，那这个人不就是 Jackie Chan 吗？

“讲话的这个人是导演迈克尔·曼，就是《飞行家》《盗火线》《极速车王》的导演。他说，你们看，Jackie Chan 进入行业这么多年，自导、自演、自己做动作指导，他的作品影响了几代人，也影响了我们很多同行业的人。直到今天，整个行业没有人不知道他的名字。如果说获奖者必须得到全世界的公认，要对电影事业的发展有突出贡献和深远影响，而且还要孜孜不倦地奋斗一生，那我认为这个人就是成龙。

“其他人听了都说，对啊，这么说就是应该要颁给成龙啊。迈克尔·曼说，如果这样的话，我就提议颁给成龙，有没有人有意见？所有人都说没意见，全场 50 个人一起举手。Jackie，你是全票通过，这是奥斯卡历史上的第一次。”

听完她说的这些话，我不由自主地说了一句，Oh my god。

我真的很感动，原来这几十年来，自己坚持去做的那些事，是会有人知道的。

不仅如此，她还跟我说，我是获得这一奖项的第一个华人，也是这个奖项有史以来最年轻的获奖者。

颁奖礼之前，组委会曾经问我的团队，希望请谁来介绍我，帮我颁奖。团队的人来问我的想法，我说，我还有这样的权利吗？他们说，你可以试试呀。我想了想，觉得如果能找一个从来没有合作过，同时我又很喜欢的演员来，那就好了。

于是我就跟团队的人说，看看能不能请汤姆·汉克斯，我很喜欢他。大家为了让我保留惊喜感，一直没跟我说有没有请到。

2016 年 11 月 12 日，由美国电影艺术和科学学院主办的奥斯卡终身成就奖颁奖仪式在洛杉矶举行，我身穿一套黑色唐装参加了典礼。

我身穿一套黑色唐装参加了典礼

颁奖礼开始后，我看到奥斯卡影帝汤姆·汉克斯真的出现，作为第一个介绍我出场的嘉宾，他说了这样一席话——

晚上好，我代表组委会和演员协会，在这个奇妙的夜晚，请出最后一位获奖者。终身成就奖，是对一个演员演艺事业做出杰出成就的肯定。是成龙，让“无与伦比”（fantastic）变成了“无与龙比”（Chantastic）。

他的作品大多为功夫电影和动作喜剧，而这两大类型电影，在奥斯卡的历史上几乎毫无建树。如果我能影响组委会的抉择，我得要改变这个现状。我们欣喜地看见了成龙脑洞无边的创造力，他在动作表演上所展现的伟大天赋，以及他对这份事业的奉献精神。

伟大的表演有许多不同的表现形式，作为一名演员，你看到好的表演时就会秒懂。成龙拍电影非常认真，有时候认真得吓人，同时又能让全世界数百万观众捧腹大笑。

一方面，你可以认为他是严肃电影里的约翰·韦恩，同时又是喜剧电影里的巴斯特·基顿，这个男人身上究竟有多少种可能？他的才能是毋庸置疑的，是“无与龙比”的。

但是成龙在做的事，不是那些银幕传奇曾经做到的事，也不是那些伟大的电影艺术家曾经做过的。约翰·韦恩和巴斯特·基顿的片尾NG花絮里，绝不会出现摔断脚踝、撕裂足筋的画面。

这只是他会获得此荣誉的众多理由之一，“无与龙比”的成龙。组委会和演员协会无比荣幸将此荣誉授予成龙！

为了介绍我，他竟然用我的姓氏Chan创造了一个非常有趣的词语Chantastic，很是巧妙。

第二位出场介绍我的嘉宾，是华人女星的骄傲——杨紫琼。说起当初一起拍摄《警察故事3》时的经历，她说，“我们俩都是胜负心极强的人，拍戏的时候完全就是杠上了。我做一个特技动作，他就去做一个难度更高的，这么一来二去，大哥终于忍不了了，把我拽到一边说，‘咱们能不能别这么玩儿了，你从车顶上滚下来，我就要从房顶上滚下来，你从摩托车上跳上火车，我就要从直升机跳上去。再这么搞下去，咱俩都别想活了！’”

当晚最后一位嘉宾，也是亲手把奖杯颁给我的人，是跟我合作过3部《尖峰时刻》的演员克里斯·塔克，他说，跟一位“活着的传奇”一起工作是奇妙的体验，他还特别强调说，“大哥，能和你一起工作真的很荣幸，我非常期待能和你再次合作。因为你和那么多演员合作过，让那么多人变成了有钱人，真的，好多人因为跟你工作发财了……”

当天晚上，“成龙”的名字每被提到一次，在场的嘉宾们就集体起立鼓掌一次，发现还没到我上台，大家就又坐下。如此反复几次，成了当晚有趣的小插曲。两位动作明星史泰龙和施瓦辛格，陪伴在我的身旁，让那个夜晚显得更加有意义。

登上舞台，接过沉甸甸的奥斯卡奖杯，我对大家说——

> 奥斯卡！直到现在我都不敢相信我站在这里。我的梦想实现了。
>
> 多年以前，我跟爸爸妈妈一起看奥斯卡颁奖典礼，爸爸问，你拿了全世界这么多电影奖项，什么时候也拿一个小金人啊？我只好哈哈笑道，老爸，我只是一个拍动作喜剧片的……
>
> 多年后我来到了好莱坞，与一些大电影厂的老板们见面，结识了一些大导演，那已是23年前的事了。在我朋友史泰龙的家里，看到了这个小金人，我简直是爱不释手，那个奖杯上现在肯定还留着我的指纹，史泰龙，你一定要保存好！也是那个时候，我在心里默默对自己说，我也想拿一个。
>
> 没想到，你们真的打来了电话，当时我还不敢相信。从业56年，拍了200多部电影，摔断了好多根骨头，终于，我也拥有了这座小金人。
>
> 我要谢谢我的家乡香港，我要感谢我的祖国。作为中国人，我很自豪。谢谢你，好莱坞，这么多年来教会了我许多事情，并且让我小有名气。我也要谢谢你们，我的家人，我的妻子林凤娇，我的儿子，尤其还

有我的成家班，今年是成家班40周年。还有我所有的朋友们，我发自内心地感谢你们。

最后，也是最重要的，感谢我全世界的影迷们。因为你们，我才有继续拍电影的动力，继续跳出窗户，继续拳打脚踢，继续摔断骨头。谢谢美国电影艺术与科学学院，谢谢奥斯卡，谢谢！

家人朋友

第五章

家人，朋友

我的父亲母亲

我从没想过自己会有兄弟姐妹，更没想过爸爸妈妈曾经历过那么多乱世情仇。

爸爸从澳大利亚回到香港之后，我发现他有时会从公司拿些钱寄回内地，还亲自回去过，但他没说为什么，我也懒得去问。

后来有一天我在公司看到一封信，上面写着“亲爱的父亲”，我就纳闷，自己没给爸爸写信啊。拿着信问爸爸：“这是谁啊？里面还有照片，照片里的人都是谁？”爸爸没有回答我，只是含糊地说：“哎呀，问这么多干吗？”我想老爸不愿意讲就算了。

后来就听到传言说，我其实不是姓陈的，我应该姓房，我想：“不会吧？怎么会？”后来找到机会问老爸这个问题，他又笑笑说：“哎呀，你问那么多干吗呢？这件事跟你讲一天都讲不完，以后有机会慢慢告诉你吧。”我很好奇，到底是什么事？

终于有那么一天，我和爸爸一起开车走在香港的路上，他开口说：“儿子，找时间我讲些事情给你听吧。我年纪大了，怕哪天睡过去就醒不过来了，那样你就不会知道你的身世了。”我听他这么说，心想肯定是个复杂的故事。如果是这样的话，我要把他讲的这些都拍下来，永远留存。

刚好那天我请香港导演协会所有的人吃饭，席间我就在观察，看谁可以做这件事情。看来看去最适合的就是张婉婷，我就跟她说了这件事，问她有没有兴趣拍摄这个纪录片，她一听就很兴奋，欣然同意。我们就这样商定了。

拍摄的过程并没有我想的那么顺利。每天摄制组把机器摆好，打好光，做好一切准备之后，还要看爸爸当天的心情。他经常很不耐烦地说“录什么啊录”，转头就走了，大家就只好在那里等着。有时候他又忽然跟我说：“唉，我跟你讲啊……”这时候就要马上对着他拍。有时候他讲着讲着又停了，我问：“爸爸，还有呢？”他就不耐烦了，说：“哎呀，不要打扰我钓鱼。”加上我一直是全世界地忙，最后这部纪录片断断续续拍了 3 年才拍完，名叫《龙的深处：失落的拼图》。这部片都是用胶片拍的，你想想有多贵啊！

爸爸 1915 年出生在山东，先后在安徽和江苏生活过，16 岁开始学洪拳直到 19 岁。20 岁在南京开始做国民党的勤务兵。随着日军侵华，爸爸也辗转回到安徽，在那里与第一任太太结婚，生下了两个儿子房仕德和房仕胜，之后不久，太太因为癌症去世。解放战争开始后，爸爸忍痛离开两个年幼的儿子，开始颠沛流离的生活。两个哥哥 8 岁时就没有了父母陪伴，很可怜。直到 2013 年 8 月，我终于回到安徽，见到两个哥哥和很多老家的家人，很感慨。

我的妈妈是个遗腹女，我的外婆很疼她，把她当儿子养。外婆当时经营一家杂货铺，经济条件不错。妈妈的第一任丈夫是个鞋店老板，日军侵华期间不幸被流弹所伤离世。当时她婆婆看儿子不在了，就想把我妈妈卖掉，妈妈从家里逃了出来，戴着孝开始跑单帮做生意，赚钱维持生活，供跟第一任丈夫有的两个女儿读书。

妈妈离开家乡后，只身来到上海，在外国人家里当用人，同时自学英文。那时候，爸爸也来到上海"打码头"，就是守着一块地方当打手。

他们两人的第一次相遇很有意思，当时爸爸负责查岗，抓到妈妈在做鸦片生意，原本应该把她抓起来，但看她一个女人戴着孝还在做这样的生意，肯定不容易，就偷偷把她放了。机缘巧合之下，两个人越来越熟悉，有一回爸爸刚好看到妈妈有一大堆当票，他就偷偷拿走把东西全都赎了回来，这让妈妈很感动。生活比较安定之后，妈妈就把两个女儿接到了上海。

几年后，爸爸去了香港，把名字从房道龙改为了陈志平，后来妈妈从澳门偷渡到了香港，当时船舱挤了很多人，空气稀薄，同船的死了 5 个，妈妈上岸时已经快要昏倒，但最终顽强地撑了下来。来到香港后，爸爸通过朋友介绍，到维多利亚山顶的法国领事馆工作。从来没有进过厨房，也不会干家务的爸爸，开始做清洁工、园艺工，并且开始学做大厨，后来妈妈也到领事家里做用人。

两个颠沛流离多年的乱世儿女，终于在香港成婚，并在 1954 年生下了我。

我和父亲母亲

小时候，妈妈经常唱歌哄我入睡，我的专属“摇篮曲”是评剧《刘云打母》，“将娇儿抱在了怀心酸难忍，听为娘有话对你云。娘怀儿十个月可并非容易，娘怀儿十个月费尽了苦辛……”因为听妈妈哼唱过很多遍，这段词我可以从头到尾一字不差地唱下来，长大后，我曾经把它唱给妈妈听，她听着听着就哭了。后来，我选了那句“将娇儿抱在了怀心酸难忍，听为娘有话对你云”，放在了电影《宝贝计划》的主题曲当中，算是对妈妈的一种怀念。

现在回想起来，从小到大妈妈给我最深刻的印象就是节俭。我看过她用爸爸的破内衣修补其他内衣，内衣烂了也不扔，就洗干净摆在那里。等另一条烂了，她会用那条来补这条，可以补很多条，所以爸爸的内衣上面总有很多补丁。

直到今天，在餐厅里吃饭，看到那些大菜的盘子上搭配的雕花，我就会想起很多年以前，爸爸戴着眼镜，对着阳光，慢慢雕刻摆边用的胡萝卜花的样子。后来在我常去的餐厅，我会跟服务生提前交代，我们的菜上面不需要这些搭配，不要浪费雕花师傅的力气。在其他地方不可避免还是会看到这些时，我会把服务生叫过来，请他完整地干干净净地拿走，泡在干净的水里，冻在冰箱里还可以再用。参加一些宴会的时候，如果我看到这些雕花被随意地丢到一边，或者这边没了头，那边没了尾巴，或者看到有人在吃这个雕花，我就会不太高兴，因为我知道爸爸做这些事情的辛苦，所以我能想象厨师们的辛苦。

我长到十几岁的时候，妈妈还穿着我小时候她穿的衣服。她把做用人得到的所有小费都攒了起来，跟她多年来的全部积蓄放在一起。我记得刚去澳大利亚的时候，她常常拿出来一个箱子，告诉我说这里有一个手镯，有几百美金。多年后的某一天，她忽然问我，儿子，你能不能给我 130 美金？我问为什么。她说，“你给我 130 美金，我刚好可以凑够 1000 美金。”她把那个箱子搬出来，里面全是 2 美金、5 美金、10 美金的纸币，那是她 10 年来存的小费，大概 870 美金。我心里很难过，就拿了 10000 美金给她，换回了她的 1000 美金。

妈妈这一辈子都在做服务别人的工作，我没出名没钱的时候，她每天都在帮人家洗衣服熨衣服，等我有名也有钱了，她还是每天在做同样的事情。我劝她不要做了，回家休息，她不愿意，她喜欢有事做的生活，闲不下来。在领事馆里，她会把我曾经住过的阁楼房间的墙壁上、空床上、地上都贴满我的电影海报。

她在澳洲生活很多年，已经待得习惯了，加上本身就怕坐车，晕车，晕机，晕船，所以不愿意到处走。她这一辈子只到过我的片场一次，就是在拍《龙少爷》的时候，她飞到台湾去看我。刚刚走到片场附近，还没进去，就听到有人说“大哥受伤了”，我妈妈当场“咚”就晕倒了……其实那天是个很小的伤，只是鼻子破了一点，但是工作人员一喊，把我妈妈给吓成那样，这之后我就不敢让她去片场，她自己也不敢来了。

我有钱之后，在澳洲给爸爸妈妈买了房子，但他们还是住在领事馆里面，每天做着跟以前一样的工作。她偶尔出行，永远都不愿意坐头等舱，都是买经济舱，住酒店也是最便宜的，后来我就只能想办法骗她，知道她要上飞机，就让人打电话来，说你的妈妈中奖了，可以免费升舱。妈妈就会很开心地说，哇，真的啊，你帮我谢谢人家。住酒店也是一样，找一些理由给她升级成套房，她就会跟我说，哎呀，帮我谢谢酒店老板。其实这些“老板”都是我的工作人员假扮的。

平时我给她买个新包包，她也不用，我把她已经用得旧得不得了的包丢到垃圾桶，结果她又悄悄捡回来，把东西放进去，新包包也不用。妈妈经常跟我说，儿子，我不需要你的钱呀，我自己的钱够用的，她每天就还是洗床单，整理房间。领事馆里的人只要见到她，就会很亲切地叫她“Lee lee mama”（妈妈冠夫姓之后名叫陈丽丽），她用自己几十年如一日的认真劳作，换来了大家的尊重。

大家都知道她的儿子是谁，有时候会拜托她拿签名照，甚至跟她开玩笑说，您在这里的地位比大使还高，她听到大家夸我，就特别开心。直到今天，我们住过的阁楼房间还保留着我当年练拳的沙袋，他们请我签了名作为留念，后来成了影迷必去的观光区。

妈妈到了退休年龄，还在继续做事。再后来，领事馆那边考虑到她年事已高，每天工作要一直上下三层楼梯，担心会有危险，建议她退休，回家安度晚年。不知道跟这个有没有关系，妈妈退休之后没多长时间，腿就出了问题，不能走路，只能坐在轮椅上，因此越来越郁郁寡欢，得了老年抑郁症。也许当时再继续工作几年，情况会不一样，每天至少能活动活动筋骨，不至于一下子完全空下来……

最后那几年，娇姐和小房子常常陪在她身边，我只要一不拍戏就飞去澳洲看她。妈妈生病的最后阶段，我的私人医生对我说，不行了，接下来就是熬着，能熬多久是多久。我在妈妈耳边说，我走了，电影还没拍完，现场还需要我。也不知她是不是可以听到，但我知道她能理解我。如果我每天坐在那里，陪在她旁边，摸着她的手，跟她说话，她就可以醒过来，那我一定会在那里。但这不可能。

2002 年 2 月 28 日，我正在泰国拍《飞龙再生》，正布置一个镜头的时候，别人跟我说“家里有电话来”，我接过电话，那边说“妈妈走了”。我把电话放回去，转头跟大家说“镜头摆这边，继续拍”。现场没有人知道发生了什么事。

拍完那场戏，我在片场随便抓了一辆吉普车，开车门，坐进去，眼泪哗就掉了下来。在车上哭了很久，第二天马上飞回澳大利亚安排出殡。

这之后，澳洲只剩爸爸自己，我希望他搬回香港跟我住，但是他舍不下澳洲的家，而且妈妈的墓还在那里。趁着身体还硬朗，他会找时间飞到香港看我，到了就住在他几十年前花了全部积蓄买给我的小房子里。每次我跟他说，给他买个大房子，或者安排他去住酒店，他都一口回绝，“不要不要。”

有一阵子，我听说他去看了一套房子，我就又跟他说，爸爸，咱们把你看上的房子买下来吧？他又是斩钉截铁地说，“不买不买。”

我知道他永远不会让我花钱买，于是我决定不再问他。我让人帮我打听他看的是哪个楼盘，然后直接买了。从买房子，到最后把钥匙亲手交给爸爸，我花了差不多一年时间，策划了一个惊喜。

交房之后，我先把小房子里他所有的东西搬了过去，之后就想办法安排他来香港。他下飞机那天，同事直接把他接到了公司，他推门进来，我对着一台机器假装正在录影，看他进门，我就转头跟他说，爸爸，我在录个东西，你先去里面等我。等他进去，我就对着机器开始介绍这个惊喜。“我今天要给爸爸准备一个礼物……”说着说着，忽然想到妈妈已经不能再享受这些，我的情绪一下子失控，对着镜头哭了出来……

赶紧三言两语把话说完，背过身去擦眼泪，平复一下情绪，才去里面跟爸爸打招呼，我跟他说，“这个节目一会儿要跟着我拍摄，听我介绍香港的环境，你跟我一起去吧。”他答应了。与此同时，我已经提前邀请了我和爸爸在香港所有的亲朋好友，集合在了新房子那边。

机器顺理成章地跟拍我们，在车上我接了一个电话，挂断之后我跟爸爸说，“刚好有个地产商联络我，说有个楼盘还不错，反正顺路，要不然咱们一起去看看？”爸爸说，“好啊。”

我们开车到了他以前看过的地方，进了电梯，到了顶层，电梯门一开，我就听到爸爸念叨了一句，“一出电梯就开自己家门，真好。”

进了客厅，我带他走到落地窗那边往外看，他说，“这个房间好大啊，可以看到机场哎。”那时候启德机场还没搬。我看他脸上的表情，就知道他是真的很喜欢这个房子。“爸爸，咱们去里面看看，那边的海景更美。”我一边带他往里走，一边在背后跟同事打了个手势，大家心领神会，悄悄地退出去，把已经等在门外的所有朋友悄悄带进客厅。

这时候的爸爸还毫无察觉，他望着窗外的海说，“你现在还那么拼命干什么呢？不要那么拼命啦。”

我没有接这句话，转而问他，“爸爸，你还记得当年给我买房子花了多少钱吗？”

他说，“三四万块吧。”

我内心感慨道，今天换我给您在香港买房子了。

“我们再去外面看看吧。”我拉着他又走回客厅，他一露面，全场人一起欢呼拍手！

他笑着看着大家，不知道发生了什么，我跟爸爸说，“爸爸，这套房子是你的了！”

他有点不可置信，“真的假的？！”

我说，“当然是真的！你过来看！”

我带他到卧室去，给他看衣柜里他的衣服、他的烟斗、他的帽子……他看到这些，发出了小孩子才会有的那种“哇”的欢呼声，持续了很长时间，眼泪也流了出来。

我们再回到客厅，在所有人的掌声里，我把房子钥匙交到爸爸手里，爸爸一边大笑着，一边流着泪，他说，“我在做梦啊！能住上这样的房子……其实我之前自己来看过这边的房子……”

我说，我知道的，所以我就特意买了这套最好的！

2005 年，是爸爸的 90 岁大寿。这次的生日惊喜，我又策划了快一年。

我先安排爸爸飞回香港，然后跟他说，爸爸，我要去参加一个颁奖典礼，你跟我一起去吧。他问，在哪里？我说在马来西亚。他说好。这次还是用跟上次一样的说法，“电视台要录我过去的整个过程”，然后自然安排了摄影机跟拍。

我包了一个 737 的飞机，安排爸爸的所有朋友、我的朋友、成家班的人、电影公司的同事们，总共 100 多人，坐满了整个飞机。我带着爸爸登机之前，小房子已经在机舱里拿着 DV“埋伏”好了。

我们俩上了飞机，爸爸一转身，首先就听到所有人以同样的节奏鼓掌，接着就看到嘉禾的老板邹文怀坐在第一排，然后是林建岳、杨受成等好几个

爸爸 90 岁生日主题
T 恤

电影公司的老板，再往后走是我的经纪人陈自强、我的同事们，所有的亲朋好友们，大家都穿着为这次活动设计的主题 T-shirt，红色的，正面是祝爸爸 90 岁生日快乐的字样，背面是他戴着帽子叼着烟斗的卡通像，整整齐齐。

过道很窄，我拉着爸爸的手，让他向前走，我退着走，带着他从机舱头走到机舱尾跟大家打招呼，所有人都在一边鼓掌一边欢呼，等我再拉着他走到最前面，全体就开始一起唱生日歌，一起大声喊“生日快乐”，这时候爸爸又笑着哭了。

在马来西亚那边，我已经包了一个酒店，那两天酒店里就只有我们的人。抵达那天，马来西亚的国王还在那里打球，听说是我包了酒店，就直接收球，把那个空间让给我们。小房子一到酒店，就跟他的师父李宗盛两个人跑回房间，用几个小时编了一首歌出来。

我的爸爸，一生就只会唱一首歌——《往事只能回味》。以前他经常一边浇水一边哼这首歌，“时光一逝永不回，往事只能回味……”我就邀请这首歌的原唱尤雅飞到了马来西亚，作为晚宴上的惊喜嘉宾。

那天开席没多久，我因为太开心，很快就喝得有点醉了。

我把爸爸请上台，让乐队帮他伴奏这首歌，他一直找不到进的拍子，只是很开心地拿着麦克风，随着音乐摇摆，我就陪着他一起摇，直到他找到第一句的拍，走着调唱完了第一段，我跟乐队说，“停，因为我老爸唱得实在太难听了，所以我请了一个人来帮他唱，有请尤雅小姐！”

我爸爸看到这首歌的原唱歌星来了，还跟他讲生日快乐，开心得不得了。他说，您来了您唱吧。尤雅说，我们一起唱吧！

下一个惊喜，是小房子带给爷爷的，李宗盛跟他一起弹琴，他把即兴创作的歌曲送给了爷爷——

“爷爷我喜欢你的大肚子，还有你抽烟都有型的样子，我喜欢你无忧无愁与世无争，精通五种语言，English 山东话广东话还有国语安徽话……oh 爷爷，you are so wonderful……”

爸爸坐在台下听得笑开了花。小房子唱完之后，带着全场再度唱起生日歌，我和娇姐一起把蛋糕推出来，全家人一起切蛋糕，爸爸一口气就吹灭了

爸爸很开心地拿着麦克风，随着音乐摇摆

所有的蜡烛……

我的爸爸一辈子都喜欢抽烟斗，喜欢喝酒，每天早上起床之后，除了不是用威士忌刷牙，其余的时间总是端着一杯酒在喝。后来得了病，医生说需要化疗，我们听从了医生的建议。没想到化疗让爸爸的身体快速垮了下来，后来很多次我都在想，如果当初没有化疗，也许爸爸还能再活两三年……但这就像妈妈也许当初不该退休一样，我们永远都没有机会重新选择了。又或者即使可以重新选择，事情也不会如我所预期的那般。

爸爸最后的日子是在香港。他住在医院，我每天都去看他，眼看着他的身体越来越虚弱。在他还能讲话的时候，我跟他半开玩笑地说："爸爸，等你走了以后，我不会去拜你的哦。"爸爸说："好，不要拜，没有用。"那时儿子坐在我后面，我转过头跟他说："将来等我走以后，你也不用来拜我。要是真的孝顺，现在就孝顺我，不要等人走了以后再去拜。"

再后来，爸爸就进入半昏迷状态了，医生跟我说，现在就是拖着了，不知道哪天就会走。

我那时候也是有一部戏在拍，剧组停下来了等我，听了医生的话，我到了爸爸的枕边，跟他说，爸爸，现场还有工作在等着我，我就先回去了。如果你要走了，一路好走……

就这样跟爸爸告了别，我把他托付给娇姐和儿子，回到了剧组。

在爸爸最后的日子里，小房子每天去病房里照顾，还拿一个小饮筒，给爷爷滴一两滴威士忌到嘴里，神奇的是，每当他滴威士忌的时候，爷爷的心电图就会出现明显的波动……

2008 年 2 月 26 日，父亲也离开了我们，儿子哭得很伤心，他写了一首歌《一路好走》，里面的歌词，我每次听到都会哭——

向前走 别回头

留着痛 你说想走

小时候 你牵着我的手

拍拍我的头 说有我已足够

一路好走 我会记得你的所有 记得曾经拥有
一路好走 向着天空飞去别回头
我会想念小时候与你手牵手 无言 泪流
握紧你的手和你走到最后
爱我 别走 这样自私的话我说不出口
心痛 泪流 看着你微弱的呼吸到最后
最后 请慢走 想说一生曾拥有你我也足够
百年之后 我们约定在天上再聚头
……

爸爸过世后，我去澳大利亚安排后事。下葬之后，回到爸爸的家里去收拾东西，等我到他的酒库打开一看，我那么多年买给他的所有好酒都放在那里，他一瓶都没有舍得喝。我当时非常伤心。就拿出了两瓶，跟所有陪我来送爸爸的人坐在一起，一边哭着一边喝。大家说，这么贵的酒，你确定要打开吗？我说，开啊，再留着还有什么意义呢……

爸爸和妈妈辞世的时候，我都没能陪在身边。有时候我也会问自己，是不是应该在最后的日子里，每天陪在他们身边，看着他们，直到最后一分钟把他们送走，把所有事情处理完，就叫孝顺呢？

其实我可以问心无愧地说，我是个非常孝顺的儿子。爸爸妈妈在世的时候，我对他们很好，让他们在有生之年享受所有可以享受的。很多人会讲那句古话，“子欲养而亲不待”，没错，就是要趁长辈在的时候对他们好，不要等失去他们的时候，再去弄那套形式主义的东西，比如烧纸钱，你烧了他真的会收到吗？那都是假的，只是一种心理安慰，或者是做给别人看的。

爸爸妈妈年轻时的故事平凡又不平凡，我能想象在那个年代会有多少类似的故事发生。我很幸运成为他们的儿子，也知道他们一直以我为荣。

像父亲一样：何冠昌

《龙兄虎弟》的那次严重意外，让干爸爸何冠昌为我定了两条规矩，第一，不能剪短头发；第二，不能演会死掉的角色。这两条禁令我一直遵守到他去世。

跟他并肩作战多年，我们之间感情深厚，通过体会和观察他的为人处事，我也学到很多做事做人的道理。他真的是一个有大智慧的人。

拍摄《警察故事续集》那年，我刚好在录制自己的音乐专辑，平时各种各样的活动很多，影片的拍摄难度又极大，我一心想要拍好，但同时又有一种逃避心理。种种原因加起来，导致已经拍了好一阵子，却只完成了 3000 尺胶片的素材。有当初“不限制预算、想怎么拍就怎么拍”的承诺在先，嘉禾确实没有人催我。

何冠昌每天去了公司就会问，“今天 Jackie 有没有拍戏啊？”同事回答，“没有哦，今天录歌去了”，或者就是“今天去参加活动了”。制片每天追在我屁股后面问，“明天拍吗？”我就说，“明天不拍了，后天拍吧。”

有一天，我刚忙完一个通告，在公司睡着了。醒来时，发现我旁边放了一幅画。

画的是一个小人儿，在一棵树上吊着，上面写着——

> 祝成龙先生新唱片大成功。
>
> 成龙先生香港歌星大冠军。
>
> 警察故事续集 Ending 可用此定格 3000 尺。
>
> 廿六日大功告成。
>
> 何先生自画像于成龙先生睡眠中。

看完之后，我是又想笑又羞愧。他也不催我，也不骂我，而是画了这样一幅画。

我问公司的人，这部电影要几时完成，才能如愿赶上过年档。

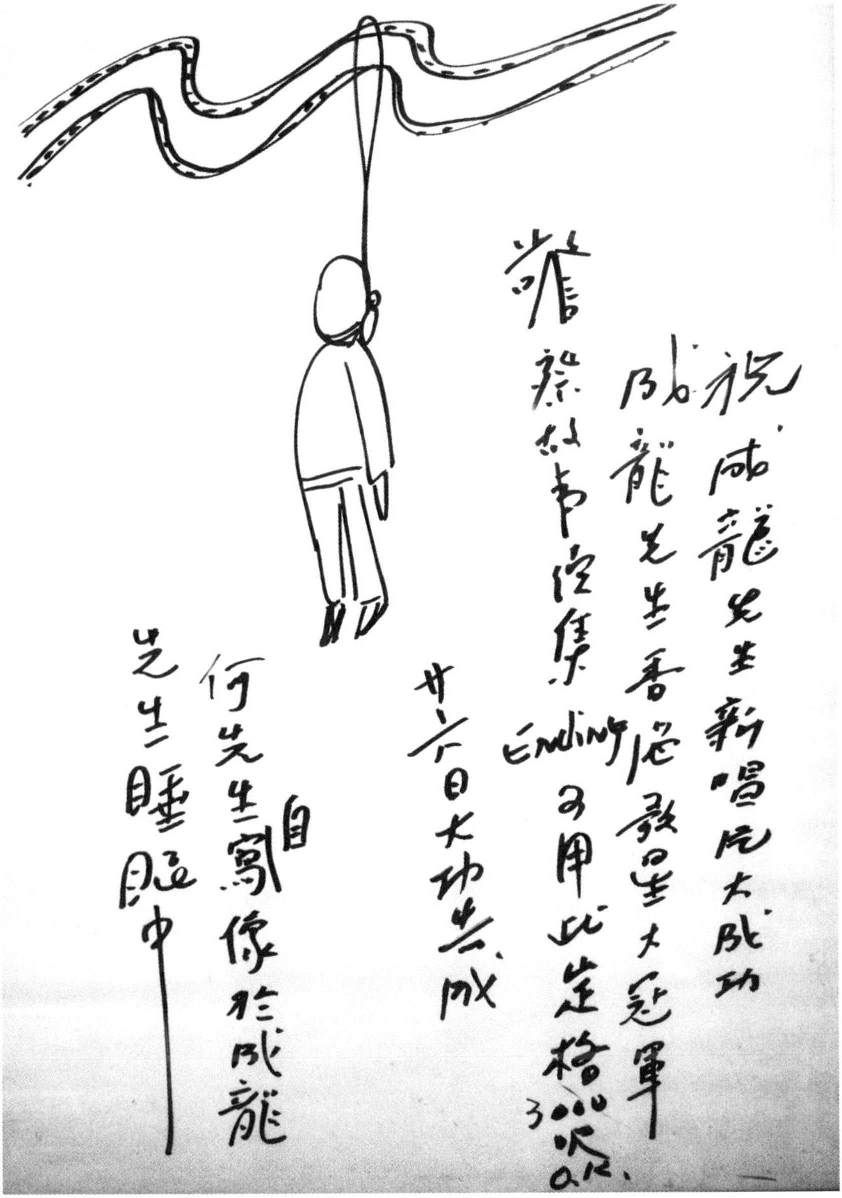
祝成龍先生新唱片大成功
廿六日大功告成
何先生自寫像於成龍先生睡眠中

知道答案之后，我马上召集全部剧组人员，安排两组摄影师、两组灯光、两组工作人员……排了 15 个连续日夜班，把《警察故事续集》拍摄完成，赶上了预想的档期。

为了完成任务，我早上拍打戏，晚上拍文戏，拍到天亮，上车开到另外一组再去拍打戏，两组之间转场的时间就是我仅有的休息时间。成家班也分成两组人，一组 6 个，有打戏的时候，一组拍，一组抓紧时间睡觉，如果有大场面，就把睡觉的人叫醒一起拍。

所有临时演员都不回家，睡在片场。因为我对临时演员也是有要求的，制片帮我找来的都是一些很好看的男女模特，只是这样日夜工作几天之后，所有人已经不顾形象。到了开工的时间，制片就在旁边喊，哦，起来喽，就看所有人一起打着哈欠醒来……

就是因为何冠昌那一张小画，我们在 15 天内拍完了一部含有大量的危险动作的电影，现在看来简直不可思议。这就是他智慧的力量。他完全知道如何对付我这种人。

拍摄《龙少爷》的时候，我们首选的拍摄地是韩国，我带着成家班 16 个人先到了那边，进行前期筹备工作。大家每天早上起来就先集合吃早饭，吃完之后就谈剧本，谈完了再吃饭，饭后坐几个小时车去看景。

3 个月时间过去了，大家光吃饭就花了 100 多万港币，再加上其他前期投入，比如请了十几个搭布景的从香港飞到韩国，这段时间我们已经花掉了几百万。我觉得不能再拖了，决定开机。

而此时，韩国已经从秋天变到了冬天。

开拍第一天，零下 15 摄氏度。可我们拍的是夏天的戏。

开机了，我和太保两个人，都穿着个丝绸的衣服，到了要说台词的时候，两人一张嘴，下巴都是抖的，台词说得叽里咕噜，根本听不清楚，还全是哈气。

下一条，我们事先喝了冷水去抑制哈气，等张嘴再说台词时，比上一遍更抖了，台词更加不清楚。

拍了几条，终于挨到了中午吃饭时间，大家赶紧全都挤上车。吃完饭，我感觉所有人都很不想再下车。

下午要拍一个远景，火星手里拿着把扇子，一边说，还要一边扇风，"今天天气真热啊……"可明明整个人都冻得发抖。

我一看这样，算了，今天先收工吧。

等我们回去之后，坐到很温暖的炕上，再吃点热热的东西，喝些烧酒，忽然又觉得好像也不是那么冷嘛，于是大家就互相鼓劲儿说，明天继续拍!

第二天一到，我很快就化好了妆，又看到所有人都站在那边发抖。当时是在韩国的昌德宫后苑拍摄，现场不能点火，又没有暖炉，什么取暖设备都没有，那个年代也根本没有房车这种东西，就一两辆考斯特，不需要盯现场的人，已经全部挤在车里，在现场有工作的人，就只能站在路边一起发抖。

我下了车，就在巨大的宫苑里溜达。旁边有两个制片跟过来，问我今天拍什么，我说让我想想……

以前我来韩国拍过戏，那时还在罗维的公司，我要表演的是踩弹床，从一个高墙跳到墙另一边去。那个时代更穷，连羽绒服都没有，为了稍微暖和些又不影响做动作，只能穿七八条女生丝袜。到了要拍的时候，大家发现那个弹床已经失去弹力了，就是因为太冷了。

工作人员先把那些橡皮筋拆下来，放在房间里的暖炉旁边去烤着，等摆好机器，所有人准备好之后，再马上拿出来装上，我这边就要马上跳，根本没时间热身。

Action！我腾空跳过来，落到另一边，就在落地那个瞬间，我的真实感受是整个腿筋都要碎掉了。

导演说："走啊！快走！"

我哪里走得动啊……

往事闪过眼前，再看看今天的情况，我还要在这里搭布景，还要在屋顶上捡风筝，还要踢毽子，还要抢包山……那么多危险动作，天气又这么冷，而且还会越来越冷，怎么完成啊……

想到这里，我已经溜达了好几个圈，三四十分钟过去了。这个过程里，

我与干爸爸何冠昌，在嘉禾办公室

跟在我后面的两个制片还会时不时跟我报告一些工作进度，比如今天剪辑师刚飞到这里，哪边的搭景大概完成到了什么程度，我们到那个屋顶拍某场戏的时间大概可以是什么时间……

听着他们说这些，我的脑子变得更乱了。

忽然间，我停了下来，转头跟他们说，“收工。”

他俩愣了，我已经走回自己的车。制片只好跟剧组所有人说，收工。大家也都蒙了。

收工之后，我先回了酒店房间，回到了我温暖的炕上。没多久，大部队也回来了，所有人都来到我的房间，其中还有刚刚从香港飞过来，又坐了好几个小时的车，刚进组的剪接师，大家进来之后一起看着我，都是不知所措的样子。

我说，这部戏先不拍了。

大家以为我生气了，马上全体开始表态：“大哥，我们熬得住的！”

我说，“熬你个头啊，从到现场，你们就没有下过车。今天才是第一天，以后怎么熬下去？最重要的问题是，这样的环境下拍出来的动作戏不会好看，我不能拍一部烂戏出来。我决定了，不拍了。”

过了一会儿，制片拿着电话过来，说是老板的电话。

那个时候，我已经有个绰号叫“嘉禾小霸王”，老板们都非常纵容我，但是花了公司好几百万，只拍了 3 个不能用的镜头，我心里也是挺忐忑的。

电话接通，是何冠昌，他先是问我们有没有冻坏，然后说，“你的决定是对的，如果那么辛苦，就别拍了，赶紧回来吧。”

哇，你们能想象我有多感动吗？

紧接着，我带着大部队去了台湾，又是日夜连班拍摄，把电影完成。

那时候他到现场探班，看到我在等打光的时候睡着了，他就在旁边等着，我一睁眼，他就在我耳边轻轻地说，“太累了，收工吧，别拍了。”

我说，“啊？可以吗？”

他很肯定地说，“收工啦，收工啦。”

我就立马站起来跟所有人说，“来来来！继续！”

后来，我跟大家开玩笑说，我也学会了他的这种“阴谋”。

忘了是哪一年，因为我是 American Express 的 VIP 会员，他们那年有一个专门给会员的年度纪念品，是 12 匹马，各式各样，材质也不同。因为我是属马的，就觉得这个不错，值得收藏，就叫同事帮我买下来。

收到包裹之后，一打开，哎？只有一匹陶瓷的马，配了一个框框，上面有 12 个空位。

原来是一年一匹啊！你要攒够 12 年才能把这个框框摆满。

既然都开始收集了，那就继续吧。

12 年后，我终于把这个框框摆满了，就放在我嘉禾的办公室里面，有陶瓷的，铁的，玻璃的，很漂亮。

一天，成家班有个人过来，要去我行李箱那边拿东西，他背了一个很大的包，蹲着拿完东西一站起来，“哐当——”

我在不远处听到声音，心想，不好。走过来一看，满地狼藉。

那可是我花了 12 年收集的呀……

那个人吓傻了，脸上写着“完蛋了”。

就在那一刻，我想，如果是干爸爸，他会怎么处理这件事呢？

想完之后，我说，“能粘的就粘一下，不能粘的就丢了吧。没事。”就算发脾气有什么用呢？它们还是碎了，也不会复原。

平时在生活中，何冠昌也教了我很多东西。

他曾告诉我，任何时候买房子，要先看消防车能不能到，再看消防梯能不能到，不要去买那些很高的楼。这一条到现在我都记得。这样万一有什么事情，只要窗外面有个树或者栏杆，我一抓一踩就跳出去了。

最早去美国发展不顺利，我非常挫败，回到香港一心希望可以一雪前耻，当时干爸爸给我的建议却是去看看朋友，度个假，享受一下生活。那时的我完全不想听，他叹了一口气说，“我希望你有一天能够明白，生命中不是只有工作，还有很多更重要的事情。你不要一直忽略它们，等有一天发现晚了就来不及了。”可在当时的我看来，什么都有可能转瞬即逝，只有记录在胶片上的作品可以永远留存。事业对我来说几乎就是全部，我没有听进他的话。

随着年纪的增长，我越来越能体会他的意思。这些年，我花很多精力在跟家人朋友的相处上，也开始珍惜一些工作之外的生活，幸好还不是太晚。

一生所爱：林凤娇

当年香港有一本杂志叫《银色世界》，有一次，编辑王安妮小姐打给我，说要给我看她拍的一些照片。我去沙田的世界花园找她，走进去就看到两个女孩坐在那里，一个是王安妮，另一个就是林凤娇。

那时候就觉得，这个女孩长得好清纯，有种惊为天人的感觉，我们就这样认识了。后来，我有机会去了台湾，就打电话给她："你说过如果我来台湾，你要尽地主之谊请我吃饭的。"她说好啊，想吃什么我们去。

我还是习惯性地带了一大帮兄弟，她也带了妹妹一起来。虽然说是要她尽地主之谊，但我带了那么多人，就跟她说，这顿饭我请，她也没反对，就张罗着大家点菜吃饭。年轻的时候我很爱讲究排场。很早以前，我跟大家说过我不爱吃鱼，怕腥。成家班那帮兄弟就把这个当成了铁律，每次出去吃饭就跟人家说，大哥不喜欢吃鱼，不要点鱼。看到周围有海鲜，也赶紧说，快快快，拿到旁边去，大哥不喜欢。久而久之，我自己也很享受这种有派头的感觉，也真的相信自己就是不吃鱼。

点菜的时候，我那帮兄弟就跟她说，我们大哥不吃鱼的。她却说，为什么不吃鱼？这里的鱼很好吃的！我来帮你们点。哇，大家就觉得很有趣，很开心。一群人在一起热热闹闹，那顿饭很快就吃完了。吃饭的过程，好像也没聊太多东西，但很奇怪的是，吃完饭以后，我的那帮兄弟都对她印象特别好。大家都跟我说，大哥，她好漂亮啊，人很好啊。

后来就又约出来吃了几次饭。在与她相处的过程中，我慢慢发现了她的与众不同。她的性格很温和，平易近人，没有明星的架子。她不喜欢奢华的衣服或装饰品，平时打扮得很朴素。尽管我的行动做派一直很大老粗，但她不在乎，总是顺着我的方式来，让我觉得很舒服。我喜欢和朋友们混在一起，她就在旁边陪我，看我们一群大老粗在酒吧里喝酒打牌，她在旁边很开心。不管我讲什么话她都笑。

所有这些，都让我觉得可以做自己，让我觉得她对于我的欣赏，不是因为我是什么明星，而是因为我这个人。我没有问过她是否喜欢我，但我心里常常在想，她怎么会喜欢我呢？她明明说过自己最欣赏的是那种有学问、有知识的人。

有一次在吃饭的时候，她提到自己正在拍一部片，第二天有场动作戏，她没有经验，不知道该怎么保护自己，让我给她一些建议。我问她，你明天在哪里拍？她就告诉我地点。我说好，我明天带点东西给你。第二天，我带着整个成家班出现在了林凤娇的片场。所有人都震惊了。

这算是我追女孩的方式。那段时间，我在香港拍戏，她在台湾拍戏，我有空就去探她的班，带东西给她吃，有时候也会叫她来探我的班，两个人对彼此都有了明确的感觉。有一次很好笑，她来我的片场，我们俩找了个地方聊天，那天是个大太阳，我特意自己站在太阳底下，让她躲在荫凉的地方，结果收工的时候，我没事，她还是晒伤了，后来满身都痛……

跟她在一起的这些年里，大多数时间我都活在自己的世界，带着成家班天南海北东奔西战。今天做一场大爆破，生存下来了，大家很开心，第二天又是另外一部戏，没停过。她都不敢来探班，只有我叫她来她才敢来，我不想让她看到我在现场拍那些危险的戏。

拍《龙兄虎弟》我出了那么严重的意外，差点死掉，脑开刀一个礼拜后她才知道消息。她打电话来问为什么不告诉她，我还赌气说："我开刀，你知道了，就能让我避免手术吗？就能保证手术一定成功吗？不会啊！既然这样我为什么要让你担心？我是个大男人，死了就死了，好了就好了。"她在电话那端哭了。听她哭我也不高兴，还说："你哭什么？难道你要我每天跟你报告今天手划破了，明天腿断了，工作好辛苦啊，这样吗？这是儿子跟妈妈撒娇才会说的话，我不会跟你这么说。"

后来有一天，我问儿子长大要干什么，我希望他好好读大学，他说："我将来想要进电影圈。"我说："好啊！你先把大学读完。"那天晚上，我听见厕所有人哭。走进去，看见是她。我很疑惑地问她在哭什么，她说："你没听见早上儿子说什么吗？”“说什么？”“他说他要进电影圈！”我说：“这很好啊！”哇，她哭得更厉害了。“进电影圈你有什么好哭的？”她说：“因为电影，我已经没有一个老公了，将来他再拍电影，我连儿子都没有了。”我只好说：“傻丫头，不会的。”

我和她很早就定下一个规矩，生活里不要因为一些小事赌气，有什么不满意就讲出来。平时我不拍戏的时候，只要在家里，就会跟她约好，每个礼拜开一次会，其实就是一起聊聊天，把她不喜欢我的地方、我不喜欢她的地方，都说出来。我们俩就坐在阳台上，她会说，这个礼拜有什么什么事情，你应该怎么样怎么样，等轮到我的时候，我居然一条都说不出来。等到下一个礼拜，我还是这样，一条都说不出来。

林凤娇息影30年之后，在《十二生肖》露了大概一秒钟的脸，我为了拍这个镜头求了她一年。原来她怎么都不肯演，觉得息影就是息影，不能违背，而且自己也不愿意再上镜了。终于有一天，我请她到工作室看我拍摄的一些片段，看到我在里面受伤的样子，她很心疼，我顺势跟她说拍这部电影有多么不容易，又是我自己投资并且做导演的作品，也可能是我最后一次去演那些危险动作，她才被我打动，勉强答应下来。

为了她能演得舒服，我还把整个片场搬到香港我自己的摄影棚里去。拍摄那天，她到下午才出现在片场。为了防止她反悔，我提前跟所有工作人员讲好，只要我说试一下，那就是实拍了。看到她过来，我就说：“来来来，试一下戏。”她就走了一圈，走完我说，好了，拍完了！原本她一直坚持只露背影，我要了个机灵，等她走过来的时候，故意顺势抱着她亲了一下，把她的脸转向了镜头这边，这才有了电影里那不到一秒钟的画面。

林凤娇这个人，用现在的话讲，就是一个标准的宅女，她不喜欢出门，总是在家里忙她自己的一些事，有时候我和儿子的剧本拿给她看，她也很少会提意见，看完就是两三个字，“好看”或者“不好看”。偶尔我会推荐一些小说或者故事给她看，她看完就会说说自己的看法。

把《警察故事2013》的剧本拿给她之前，对于故事和项目情况，我什么都没透露，但我故意给她拿了个饼干，她说“我不吃”，我还是把饼干放

在了她旁边，然后配合饼干在旁边放了一盒纸巾。我就是想要看看她对这个剧本的反应。

等她开始看了，我就去旁边做事，隔一会儿就瞄她一下，后来看她果然开始抽出纸巾擦眼泪，我就知道她也被感动了。我就很开心。

这部电影里有一幕，是景甜转身离开，我看着她的背影，内心忽然五味杂陈。

很多年前，娇姐生孩子的时候，我飞到美国，只陪了她一天，就又回到片场工作。那时候也没有什么家庭观念，只是觉得作为男人，要把自己的事业弄好，很多人问我是不是一个好爸爸，我也想问到底怎样算是一个好爸爸，每天喂奶，换尿片，做早餐，接他放学，这样当然是很好，可是当时的我做不到。

后来看看，很多事情已经没法回头了，我错过了儿子成长中的太多事情。即使是在我身边的时候，也总是成家班带着他出去玩。在戏院里面看我的电影，他看到我觉得非常兴奋，旁边人还要跟他说不能叫爸爸，看着他只能在那边欢呼，却不能喊爸爸，真的很让人心疼。

演那场戏的时候，太多这种画面在我脑海里面出现，我哭得很伤心，只是其中的原因我没跟别人说。

2016 年 10 月，我到台北拍 MV，收工之后请成家班的兄弟和当地的武行们吃饭，里面就有我当年带到林凤娇片场的那几位。聊起那时的往事，他们拿出一张旧照片，照片里的娇姐非常优雅，非常美，而我像个迷茫的毛头小子，旁边还有成家班的一群电灯泡。这张照片，从一个侧面勾勒出我俩多年来的相处模式，我总是稀里糊涂地忙忙碌碌，跟兄弟们长在一起，她有她独立于我之外的世界，但当我需要她的时候，就会发现她其实从未走远。

过去我大部分时间在全世界飞来飞去，即使人在香港，也会排满各种事情，没法每时每刻跟她和儿子在一起。如果有人问我，现在有没有后悔？我后悔过，但也许这样也挺好的。没有经历这个过程你就不知道，失与得，成与败，都有它的道理。如果我那时候每天都跟她在一起，可能两个人早就分

和林凤娇在片场

开了。现在林凤娇常跟别人讲，“我投资的这只股票是最好的。他对身边每个人都那么好，何况对我？他很善良，很念旧，很真性情。这么多年，他一直是个有童真的人。”

回想这么多年她跟我在一起的日子，最开始我是个大老粗，一路走到今天，因为有她为我无怨无悔地付出，让我没有任何后顾之忧，才取得今天的成绩。小时候被人歧视，长大后穷困潦倒，终于等到机会，我渴望成功，渴望拿出一部又一部好作品给这个世界，证明自己的价值。这么多年来，是她对我无条件的爱，成就了今天的我。

我曾经说过，我对得起很多人，但是我对不起自己的家人。年轻的时候我自私，不懂得体谅别人，又容易受周围声音的影响，但她放我去外面闯天下。到今天她为我所有的付出，令我更加尊敬她。有时候我们俩也会聊，个性这么不一样的两个人，会相遇、结婚、一起度过几十年的人生，应该就是上天注定的缘分吧。

疫情期间，我们一起在香港度过了将近一年的时间，这是我这辈子第一次跟她朝夕相处这么久，很奇怪，我并没有觉得有太多不适应。每天整理整理家和公司，陪狗狗玩一玩，晚上两人一起吃个饭，饭后一起看电影，感觉到对方流眼泪了，就互相递上一张纸巾……

以前我很怕无所事事，担心一旦从忙碌中停下来，心里会空落落的。可是疫情给全世界所有人上的这一课，让我们学会了如何面对以前没有想过的生活方式。我记得很多年前，我跟她开玩笑，你不要总是把精力放在你儿子身上，你也关注关注我，以后等他长大了，我们老了，就只有我跟你两个人牵着手了。疫情期间的相处，算是提前练习了吧。

我和林凤娇的婚姻不是完美的。我们经历过风雨，一路走到现在，越来越珍惜对方，我们是永远的家人。

我和小房子

全世界都知道的一个故事，是儿子抱怨我从来没去学校接过他放学，等有天我终于有空了，跑去他学校门口等，却没有等到他，回家才知道他已经升中学了，而我去的是他小学门口。跟他之间还有很多有意思的事，现在想起来还会笑。

出生

小房子出生的前一天晚上，我一直睡不着。俗话说，人没有花名不富，马没有夜草不肥，我就想，怎么样可以给他起一个响亮的名字呢……就一直想，想了两个陈，叫陈陈。要么是陈点，一点的点，名字就直接点一个点，要么就叫陈“撇”，只有一“撇”，这样就算将来给老师罚写名字，写得也会很快。我经纪人告诉我，你想的这些都不是名字，没法登记。那我就不知道该叫什么了。后来去问我爸爸，才有了现在这个名字。那英文名字呢，Peter啊，David 啊，讲了一大堆，都觉得不好。后来我想，不如就用我 Jackie Chan 里面的 J 和 C 吧，就取了 Jaycee，既有 J 又有 C。

正想着，医院打电话来，生了！我赶忙跑去医院，一去就看见他了。

小孩子刚生出来都很丑的，我看了也没什么感觉，也不太在乎男孩子长什么样，我首先去看他的骨头是不是“双骨”。像一般人都是“单骨”，但别人都说我是“双骨”，就是说我骨头很粗。练武的人一定要骨粗。我一看，他是“双骨”的，我就很开心了。就那个时候，一看是双骨，再看看那个小孩子，很不经意地，居然流下两滴眼泪。我的经纪人在旁边也哭了。我也想不到，今天的成龙，有自己的小孩了。掉完眼泪，又哈哈一笑。

三四岁（一）

那时候他老是不乖乖吃饭，常常一顿饭要折腾一两个小时。

有一次，他在该吃饭的时候不吃，老说要上厕所。给他嘴里放一口饭，他就说，我要小便。去了厕所之后很长时间才回来，他妈妈叫他张嘴喂饭，他就张开嘴给我们看，嘴里还有饭。喂不了一两口，又说要上厕所，这一去又是十几分钟。嘴里老是那一口饭含着。

我在旁边看着很生气，就把他拉到厕所，把他裤子脱掉。“你不是要小便吗？你小便给我看！”结果他站在那里尿不出来。

我瞪着他说，“你给我好好吃饭，不要给我来这一套！我告诉你，我是大古惑，古惑仔，你知道吗？！”

他低下头委屈地说，“你是大古惑，我就是小古惑喽。”

小孩子不爱吃饭很让人着急，我就总在想能怎么治他这个毛病。

有一次我看到家里有黑加仑糖，就拿了一块放他嘴里。小孩子嘛，还是喜欢糖果的。过了一会儿就是吃饭时间，他还是不好好吃。

我摆了一张非常严肃的脸，看着他，“你要是再不好好吃饭，我就念咒语，把你变僵尸。”他还是嘻嘻哈哈的，不当回事儿。

我起身摆开架势，对他叽里咕噜念了一串咒语，最后两个手指往他额头一点，“你去照照镜子，看看你的舌头！”

他一看就崩溃了，跑过来抓着我说，“老豆啊，我不要变僵尸啊，我要好好吃饭。”一边说一边哭。

我还是一脸严肃，把馒头递给他，看他眼里噙着泪，咬着馒头喝着汤，我和他妈妈还要用力忍住笑。

大概过了一两个小时，我观察他舌头上的黑色也差不多褪掉了，就叫住他，再念一番咒语，让他再去照镜子，他一看舌头果然不黑了，开心得不得了。

从那之后，只要他再不好好吃饭，我就马上摆开阵势要念咒语，他就马上冲上来，按住我的手，脸上做哭状——

“不要哇老豆！我不要变僵尸……”

三四岁（二）

小时候他很皮，最爱翻我的东西。皮包啊，钥匙啊，桌子啊，柜子啊，反正所有我的东西他都要翻。

那时候干爸爸何冠昌送了个古董柜子给我，蛮贵的。柜子运来的时候，他在家里，他看着人家搬进来放下，就一直盯着那个柜子。

那个柜子的样子很特别，玻璃是不规则的，如果弄坏了，买都买不到一

他小时候也很顽皮，和我有一拼

样的。我担心他又乱翻，就想出一招对付他。

等人们都走了以后，他还在看着那个柜子。我就跟他妈妈挤个眼，他妈妈心领神会地走过来，我指着柜子说："Remember,nobody can touch.（记住哦，任何人都不能碰。)" 那时候小房子是讲英文的，我就故意说英文。他妈妈赶忙回答："Oh,ok,ok."

过了一会儿，他还在旁边，他妈妈故意经过，伸手碰了一下柜子。我马上拿个报纸卷起来打她。报纸打下去声音很大的，一边打一边说："I told you, nobody can touch!（我告诉过你的，任何人都不能碰！）"他妈妈就假装呜呜地哭。

自此以后呢，他每次往自己房间走时，本来可以从柜子旁边经过，那样比较方便，但他永远不直着走，每次都要兜一个圈，碰都不敢碰那个柜子，我就很安心地把干爸爸送的一些古董小物件，还有那些零零碎碎的东西，都放进柜子里。他每次经过那个柜子，都还是远远躲开。我很得意，这个办法真有用！

有一次，忘了他是犯了什么错，我吼他："出去！ Out！" 吼完把他推出房间。

推出去之后，我把门半掩着，开个小缝往外看。外面的灯是亮着的，我的房间灯是暗着的。我能看见他，他看不见我。

我就看他在不远处回头，眯着个眼睛，皱着个眉头，愤怒地看着我房门。先是看看我，又回头看看那个柜子，再看看我，再看看那个柜子，忽然他快步走到柜子前，转头再瞄一眼我房间，很快地用手"嘣嘣嘣"打了那个柜子好几下，打完又看看我房门，见没动静，又"嘣嘣嘣"打了一通！

我赶紧叫他妈妈来看，我俩躲在房间里笑得前仰后合。现在那个柜子还在我家摆着呢。

五六岁（一）

我有一群"坏"朋友。他们有时候来我家，逗我儿子说你妈妈又要生小孩了，等生了新的小孩你爸爸就不疼你了。他就气鼓鼓的。有一天，又有朋友来家里，跟他说："你看你妈妈的肚子都大了，肚子大了就是要生小孩了。”结果他马上跑到他妈妈面前，对着他妈妈的肚子，举着小拳头就打，一边打一边嘴里还喊：“Punch!Punch!Punch!”

五六岁（二）

有一次，我和卢惠光带着他去游泳，忽然卢惠光朝我大喊一声“水母！”，我听到的一瞬间立马把儿子从水里拎出来，一把递给卢惠光，就在这同时我和卢惠光先后被水母给蜇了一下，我们俩都大叫一声。后来我跟大家开玩笑说，原来这就是人的本能。知道有水母，我难道不应该先逃跑吗？没想到我的第一反应是把这小子从水里拎出来。

六七岁

有一次我跟他坐飞机，他坐后面的经济舱，我坐前面的头等舱。

我想效仿别人教育小孩要自力更生，不能依靠父母的钱，所以我就先带他看我的位子，他看着我的座位说：“哇，你这边好大啊！”我说：“对啊，你看，我这里是头等舱，等你有钱了，你就可以坐在前面，但是你现在没钱，只能坐在后面。”他“哦”了一声，就去坐后面了。

过了一会儿，我感觉旁边有个小东西拱过来。转头一看，发现他坐到我旁边来了。我说：“你怎么过来了？你不要坐在这里，人家会骂的。”他说：“我也不知道啊，是小姐把我摆上来啦。”我问那个空中小姐，人家说：“没事，反正这里也有空位子，就让他坐过来吧。”原来是人家给他升舱了！

后来有一次他又跟我一起出门，我还是让他坐经济舱。可能是他长得可爱，也可能人家知道他是我儿子，结果人家又帮他升了舱。他坐在我旁边有点得意地说：“你看，我不用有钱。”我跟他讲：“不，你坐在这里，不是靠你自己挣来的。如果你将来想要拥有什么东西，靠你自己奋斗得到的那才光荣。”

七八岁

何冠昌送我一对琉璃雕刻，是一对鹦鹉站在树上，我特别喜欢。

有天他打篮球，一个球过去，“嘭”一下打烂了一只。他妈妈就在旁边说，吼吼吼，你完蛋了，让你爸爸看到你就完蛋了。

他很紧张，赶紧问怎么办。他妈妈说，你快点打电话给爸爸，跟他认错吧。

我一拿起电话，就听他在呜里哇啦地哭，赶紧问怎么了。他说，我把你的鹦鹉打烂了，呜呜呜……我赶紧说，你手有没有事？人有没有事？他说，我没事，但是我把你的鹦鹉打烂了一只，呜呜呜……我赶忙又说，别哭别哭，没关系没关系，赶紧扫掉，不要伤到，我再买个新的就行了。

等我回到家，赶紧问他妈妈，儿子没事吧？这么小的小孩子，可别吓着他。他妈妈嘎嘎大笑。

我问，你笑什么？他妈妈说，你知道你儿子做了什么吗？我叫他打给你，他一拿起电话听筒，还没接通的时候，先转头问我，妈妈，我要不要哭？我说，好啊，你哭。他就等，等你一接电话，他就呜呜呜地开始哭。

原来是假的！不过我后来也没有拆穿他。

九岁

拍《重案组》的时候他 9 岁，那应该是我第一次带他到现场。很多人看见他，说，哇，小少爷来了。那是他长那么大，第一次出现在人群面前，倒没见他怯场，挺镇静。

当天那场戏，我是拍水下戏份。天很冷，我就把他安排着跟成家班待在一起。我拍的时候他就在旁边看。看我在水里挣扎，做出痛苦的表情，拍完一条，出来，摄影换镜头，换好之后再拍，我再进入水里挣扎……

其实那个水温温的，不是很冰，但出来的时候有风吹着，还是会冷。每次我一出来，大家赶紧用毛巾给我捂上，我就在那里发抖，牙也咯吱咯吱地打战。想起他在旁边，我故意装得更辛苦，抖得更厉害，牙床和整个身体都在抖。其实如果我想控制，也是可以不抖的。工作人员拿两个很大的灯，远远地打着帮我取暖，我身上就在冒气，像烟一样。

拍着拍着，旁边不见他了，我也没管他去了哪儿。

当天收工，我和他一起回家，跟他说，你看老爸开工多辛苦，以前你什么都不知道。他妈妈也在旁边说，对不对？你爸爸在现场真的很辛苦！

他说，是啊，所以老爸拍到一半我就跑到厕所哭去了。

十岁

小时候他给我打电话，第一句话永远是“Where are you?”，这句话每次都被他加上重音，显得很有怨气——“你又在哪里？”

有一次我说，我在澳大利亚的雪山拍戏。他马上很遗憾地说：“哇，雪山啊！我长这么大都没有见过雪。”后来我们又说了几句别的，就挂电话了。可是我在片场，他的这句话就一直在我脑袋里面，觉得很心酸。

我马上又打个电话回去，这次是他妈妈听电话，我跟她讲，“明天你买机票带他飞过来。”他妈妈说，“神经病，不行，他要上学。”我说，“少上一天学，还可以补回来。错过这一次，我不知道什么时候再有时间陪儿子玩。”他妈妈听了之后就说，“好。”

第二天他就飞来了，到了片场之后，我站在一个地方，他没有过来跟我打招呼，我以为他会马上跑过来抱着我呢，结果也没有。他直接躺在雪地上，躺了很长时间。我就在那边等他。

等他从雪地上起来，我开始教他玩雪地里的那些东西，滑雪啊，开雪地摩托啊，等等。他很聪明，一学就会了。我们当时拍了很多照片，一家人笑得很开心。我跟他妈妈说，你看，这样多好。

十三四岁

大家都说他打篮球很厉害，尤其三分球很厉害。我不相信他真的有那么厉害。

有一次我跟他说：“1000 美金 1 个球，如果你连进 10 个三分球，我就给你 10000 美金，但是只要掉 1 个就不算。”他说好，接着站在三分点，我负责抛球给他。他一接球，一拍，一投，一接球，一拍，一投，哇，9 个都进去了！到第 10 个的时候，我故意不抛给他，而是从地上滚过去。这下他没料到，赶紧弯腰捡起来，等捡了球再站起来，位置已经偏掉了，最后这个就没进。他说我赖皮，我说哈哈，差点输 10000 块给你。

若干月后，我想再来一次。“这次我真的 10 个连续抛给你，你进 10 个就 10000 美金。”结果他真的就连进 10 个三分球。等进了第 10 个球之后，他根本就没过来找我，而是马上转身跟他妈妈说：“Daddy owe me ten thousand.（老爸欠我 10000 美金。）”

他妈妈马上拿了个纸条写下来，“我欠儿子 10000 美金。”还叫我签字。

结果这 10000 美金我到他成年后才给他。

十五岁（一）

在国外读书的时候，Coco（李玟）很照顾他，常常去陪他，他就认 Coco 做干姐姐。

那年他回到香港，说要请干姐姐吃饭，去一个意大利餐厅。我说好啊，你去。他去了没多久，就打电话给我，说老爸你来，Coco 想见见你。

我说你们年轻人吃饭关我什么事啊。他坚持说，你来吧来吧。我一去，看李玟带了十几个人，就明白了，他是叫我来买单的。那时候他没什么钱。

我在经过走廊的时候，看到金庸和他太太在吃饭。一看见他，我马上过去打招呼，跟他鞠躬。金庸就跟我笑笑。打完招呼我才进了里面房间，进来之后就跟服务员讲，金庸那个台子的账单也是我付。

意大利餐厅是那种长台子，我进来就坐在进门的第一个位置，我儿子坐在最里面。大家吃得差不多的时候，忽然金庸走进来，跟我说，阿弟（上海话），你太客气了，谢谢你。我说应该的应该的。

我一站起来，他也跟着站起来。看他站起来，我马上叫他走出来，过来打招呼。他看见我毕恭毕敬地鞠躬，也跟着毕恭毕敬地鞠躬。

金庸说，这是你儿子啊，长这么大了，我说对啊对啊。寒暄几句，他准备走了。我赶紧送出去，他也赶紧跟着送出去，一直送到老先生上车。

我俩往回走的时候，他问，老爸，这是谁？我说，查良镛。他问，干什么的？我说，啊？！金庸啊！！！

他说，哦，银行家啊。原来是帮你管钱的，怪不得你那么怕他。

十五岁（二）

十几岁的时候，他身边总是跟着几个保镖，保镖们都很尽职尽责，他到哪里都不允许。他说要到外面看看，大家跟他说危险。每天就把他骗回家里关着。等其他人都走了，就剩他一个人，哪里都不能去。

那时候他正跟李宗盛学着做音乐，就写了一首歌叫《人工墙》，歌词是这样：“四面人工墙，不让我的躯体灵魂自由地飞翔。想去的地方，也只能透过人工墙的窗远远张望。空无人的房，时间一分一秒滴滴答答过得特别慢，墙外的浪漫，我只能轻叹，祝福他们永远幸福美满。我把小鸟给放，它聪明却无情地一去不返，墙外鲜花怒放，我却闻不到丝毫的芬芳。谢谢你，人工墙，不让我乱冲乱撞去受伤。谢谢你，人工墙，就算我跌倒还有地毯免我受伤。我不希望我的梦想只能这样凭空想象，我不希望我的眼眶总是看到呵护的铁窗。我不怕跌倒，我不怕受伤，我不要特权，我只求平凡。我要自由，我想自由，你要自由，人要自由，我们要自由，自由地飞翔。”

他说，第一面墙是我，第二面墙是妈妈，第三面墙是李宗盛，第四面墙是保镖。他在写歌的时候看到人家房东有个小鸟，还把人家的鸟放走了。

我听完这首歌，就决定不管怎样也把保镖们撤掉，让他自由。

写这首歌时他才 15 岁。

十五岁（三）

我拍《上海正午》的时候，让他当了一次临时演员，就过了一下镜头的那种。

那时候他放暑假，每天都来片场，刚开始觉得什么都新鲜，每天跟着成家班学这个弄那个，搬海绵啊，抬机器啊，看我套招啊，我就很开心。

晚上也跟成家班一起玩。我让成家班教他打拳，没几天我就听着打拳的声音不见了，变成“砰砰砰”的声音，过去一看，原来他带着成家班跟他一起打篮球去了。我训他，他还顶嘴：“这也是运动啊！”

几天过后，人就不见了。他觉得无聊又很困，就跑去很远的一辆车子里睡觉。因为我们拍的是古装片，地上不能有车轮印，所以就把车子停在很远的地方。

当时我拍一个镜头，一个后翻下来，被东西砸到了头，很痛。我心想，我受伤的时候他怎么能看不见？一定要让他看看老爸工作多辛苦。我就找了个人，说你快去叫他，就说我受伤了，然后我就抱着头假装很痛的样子。

那个人过去之后把他拍醒："你爸爸受伤了！"他吓一跳，赶紧站起来往这边走，很着急的样子。走着走着我就看他脚在打圈，等走到海绵垫子那里，他居然直直躺倒睡着了！居然看到海绵垫就睡着了！！

现在想起来，觉得当时那个画面要拍下来就太好玩了，可惜当时没拍到。

第二天，他不好意思到片场来了，就在周围抓地鼠。地鼠都躲在洞里，他在每个洞口摆个圈，再放一些东西引它们出来，竟然真的给他抓到 4 只。

我想，怎么骗他把地鼠放掉呢？开始怎么说他都不放，"我不要，我这么辛苦抓到的，我不放！"后来我想，我讲没有用，那就请别人来吓唬他。

于是我就跟我的英文老师一起骗他。英文老师装作很恐慌的样子，"哎呀！你碰了它没有？快点洗手！有毒！地鼠身上有细菌，你千万不要给它咬到，我有个朋友被地鼠咬了之后，整个手指都切掉了！"

他听了就有点害怕，马上就放掉了。地鼠经过我们身边的时候，我和英文老师还假装很害怕地说："哎呀！不要碰到我们。"

把地鼠放走后又觉得没事做，他又写了一首歌，叫《边走边唱》。"我独自一个人走在马路上，看见车来车往，人们各有各忙，各有各的方向，各有各的思想，和我所想的不一样。我走，走到野外上，只是我已经忘记方向，妈妈有她忙，爸爸去上班，而我就在野外上，边走，边唱，边走，边唱。"歌里说妈妈忙的其实是打麻将，我又工作没空管他。等我们听到那首歌后，他妈妈就不再打麻将了。

那时我就发现，他把很多想跟我们说的话都写进歌里，那里面有他要表达的思想。

十七八岁

那时他回到香港，我就分一半的房子给他住。

每天晚上看到他的灯都是亮着的，过去看他在干吗，发现人也不在，可房子里面没有一个灯是不亮的，连厕所和橱柜的灯都亮着。等他回家，我就说，“你能把灯关一下吗？浪费资源。”他说，“灯开着人会精神一点啊。”我说，“这个钱是我给的，你才会这么说。你明天如果不记得关灯我就让你自己给钱。”

第二天又是灯火通明。

第三天我就叫电工过来，把电表分成两边，给他房子那边弄了一个电箱：“从此以后你这边所有电费都你自己付。”

从那以后他所有房间的灯都记得关了。

我很爱收拾房间，见不得屋子里是乱的；他跟我相反，他房间里永远乱成一团。如果我在家，就会跑去他那里帮他收拾，东拣拣，西拣拣，没人去的犄角我都会进去看看。那时候他住的地方有个阁楼，里面没放东西，也没有人进去过，特别脏，我有天无聊就把阁楼整个清理了一遍，弄得干干净净。

这时候居然在角落里看到一个盒子，打开一看，里面是登山用的绳子，我就纳闷了，他用这个东西干吗？想了一会儿，我走到他窗户那里，看看外面的砖墙，上面果然有磨过的痕迹，绳子放下去一看，长度刚好。这小子肯定是晚上先早早回家，跟妈妈说休息了，等他妈妈睡着之后，他又溜出去玩。

第二天我做了件什么事呢？我把成家班的伍刚叫来家里：“你看一下，这个绳子稳吗？”伍刚试了一下：“大哥，是稳的，因为这是他找我们拿的绳子……”我又问伍刚，你教他打的安全绳，他学会了吗？伍刚说，学会了。这样我就放心了，最起码是安全的。我把他的绳子原封不动放回去。还怕他其中一个扣环不结实，偷偷给他换了一个钛合金的扣，故意换的是一样的颜色。弄好，我看了伍刚一眼，说，别告诉他我知道了，就当我没说。

到现在他都不知道这件事情。如果他看到这本书，估计心里会后怕，也会会心一笑吧。

很早以前，香港还没回归的时候，我曾经跟他讲过一次，香港人很惨，爸爸妈妈孩子常常是不同国籍，没有祖国作为后盾，无依无靠的。当时在香港有好多家庭都是这样。

他可能是把我这些话记在了心里，有一次从美国回来，他跟我说，老爸，我要把国籍还给美国政府，不久，儿子放弃美国籍，回归中国籍，我觉得很欣慰。

“魔鬼制作人”：李宗盛

跟他怎么认识的我忘了，就记得一直很欣赏这个人。

因为他的关系，我经常帮滚石唱一些慈善歌曲，后来他张罗帮我出唱片，就跟滚石签了约。第一张专辑叫《第一次》，他做我的制作人，卖了100多万张，是当时的销售冠军。后来又合作了第二张专辑，慢慢就变成很好的朋友。他在音乐上对我要求特别严格，所以我也叫他“魔鬼制作人”。

我那时候一张唱片恨不得能录3年，这在别的歌手身上是不能想象的。哪有人录个唱片在全世界各地录，到哪里都是录几句。因为我太忙了，只能从各种工作行程中挤出时间来慢慢磨。

录《第一次》时，他们让我尝试录了两首闽南语歌，我自己觉得唱得不错，结果后来我才知道他们一直都在笑我。他们说我的闽南语有山东腔，还加一点京剧小调的味道，讲出来就很像小孩子牙牙学语的语调。

有一天我录闽南语歌，为了专心，就把录音室的帘幕拉上，一个人在里面唱，一口气唱完，发现外面一点声音都没有。以前我唱完，李宗盛他们通常就会说哪里要改进，再录一遍时要从哪里开始之类的，那天就没有声音。我打开录音室的门走出去，发现他们全体笑得躺在了地上。我就纳闷了，我的闽南语真有那么好笑吗？

录第二张专辑的时候，李宗盛他们给我选的歌难度都很大，比如让我唱“拍拍身上的灰尘，振作疲惫的精神”这种，他们写的“嘿呦嘿嘿嘿呦嘿”是跳板的节奏，我每次都抓不到拍子。要不然就是有些歌把音写得很高，每

次录音就觉得很辛苦。

有一次我录完出来，觉得不行，就跟李宗盛说，“你们就编《明明白白我的心》这种多好，我也记得住，也可以上台表演。我不想录现在这种歌。”李宗盛说，“你不能老是唱原来那种，《明明白白我的心》啦，《在我生命中的每一天》啦，我要帮你 upgrade，要给你升级。”我说，“我不要 upgrade，我要 downgrade（降级），我就要唱普通的歌。你要编一首歌，让普通大众都会唱，不要编每一首歌出来都这么难唱啊。我拍的电影就是普通大众都会看的，我不要拍艺术片，艺术片就只有一小部分人会看，你不要把我搞得在那里嘿呦嘿嘿嘿呦嘿，或者啊啊啊地飙高音，我就要唱《明明白白我的心》那种！”

我对着他们讲了大概 45 分钟吧，他们很耐心地听我说。说完，李宗盛问我，“发完牢骚没有？”我说，“发完了。”他说，“好，进去录歌。”我说，“哦。”

结果之后我在全世界只要唱《壮志在我胸》，就带着李宗盛一起去。每次到这首歌时他就站在台下，等快到“嘿呦嘿嘿嘿呦嘿”的节拍时，就做一个手势给我，我一看到他的手势，就马上跟着唱“嘿呦嘿嘿嘿呦嘿……”，他看我跟上拍子了，转身就走了。下一次还是这样，他就只管站在台下“嘿呦”的时候给我一个手势。

录《怎么会》这首歌的时候，我人在美国。

每天就到录音间里唱，今天收工，明天又来。一个月之后，李宗盛说：“好，今天正式开始录歌。”什么？那我前面那一个月都是在干吗？原来我前面那一个月都是在练习。

最后只这一首歌就录了一个月。人家录歌很多都是一段一段录，可他每次都要让我从头唱到尾，一唱一整段。真是神经病。我也没办法，就只能跟他撒娇，“你先唱给我听！”他就进去唱。每次唱的都不同，但每次都很好听，他可以跳板，也可以慢板，完全自己掌控节奏。他还会用各种不同的语言告诉我“再来一次”，普通话、粤语、闽南语、英文，每次都是“刚刚唱得很好，但我们再来一次”。

有一天，我又把录音室的帘幕拉起来，这次是赌气故意不看他，就自己在里面唱。录到一半，他忽然跟我说收工了。我问为什么，他说，你的歌声带有恨意，今天不录了。我被他气笑了。他说，你自己说，是不是带有恨意？我就说，对！当时唱的就是满腔怒气，劲儿特别大，咬牙切齿的，“怎么会？怎么会？……”心想，我又不是靠唱歌生活的，费这个劲干吗呢？

我没有特别要去当歌手，但是真的唱了很多好歌，也有很多传唱很广的歌。《明明白白我的心》《在我生命中的每一天》《真心英雄》《神话》……我觉得自己很幸运，可以有机会唱这些歌。

今天我可以到处去唱歌，真的要谢谢李宗盛。如果大家觉得我唱功还不错的话，也是要衷心谢谢他。

第一个助理：陈德森

当年刚刚签了嘉禾，经纪人陈自强想帮我找个助理。那个年代是没有助理的，只有李小龙有过经纪人，没人有助理。陈自强帮我找来的助理是谁呢？陈德森。

他跟我工作的第一部戏是《师弟出马》。那时候我刚刚尝到走红的滋味，还不太懂事，每天收工都带他去喝酒，我买一件衣服，就也买给他一件。那时候我才22岁，他也就18岁吧。我们俩都不算是大人，就两个小孩在一起。拍戏住在希尔顿酒店，我睡觉，他也跟我睡一间，反正大家喝醉了就睡。第二天，我不醒，他也不醒。就像一个老太爷，一个小太爷。

那时候陈德森觉得自己是“一人之下，万人之上”。十几岁的小鬼头，很多人巴结他，把剧本递给他，然后追着他问我的意见，对他毕恭毕敬。那时候其实他也没什么正经工作，帮我看看车子，看看房子，我有朋友来香港，他帮我招呼招呼，送送飞机，有国外的影迷来找我，他稍微会些英文，就帮我陪陪影迷。

那时候我很喜欢赛车。有一天晚上，我开车带他去山上，一边开车，就看他神情有点紧张，说有事想要跟我商量。我说，你讲。他说，我不想做了。我当时有点惊讶，就把车一下子停到一个避弯处，看着他，问，我对你不好吗？他说，没有不好。我说，没有不好为什么不做？他说我没机会进片场，但我想进片场学习。我说，学习什么？他说，我想做导演。

后来据陈德森形容，我当时那个表情，白眼都要翻上天了。他当时年纪小，一下子自尊心受不了，感觉都快哭了。我那时抽着烟，很潇洒地把烟弹掉，问他，你想怎么做导演？他说，我从基层做起。我说，什么是基层？他说，我做场记。我说，好啊。

一个礼拜之后，我就推荐他去一部电影做场记。之后我就换了别的助理。

陈德森说我后来 20 年看到他都不理他，他觉得是彻底得罪我了。我回想一下，其实刚开始确实很生气，觉得我对你那么好，你居然要走，但是后来慢慢也就没事了，没有他想的那么严重。

直到有一天，我给他打了一个电话，把他吓坏了。“在干吗？”“我在吃饭。”“要不要来跟我吃日本菜？”他就有点纳闷儿，不知道是什么意思。“我听说你有个剧本很不错，叫《特务迷城》，嘉禾要投资。你过来跟我聊聊吧，我想拍。”他有点语无伦次，说大哥你是嘉禾股东啊，你想拍就拍啊。我说你先过来吧，过来再讲。

他出门之前先在家里灌了半瓶酒，喝得有点摇摇晃晃地就来了，可能是为了壮胆吧。

一见他我就问，你喝酒了？他说，对。我说，来，再喝。“就是这部戏，我做演员，你做导演。”他听了之后惊呆了。接着大家就越喝越嗨，他还一直跟我确认，你有没有搞清楚？不要酒醒了之后又忘了。是你叫我做导演的哦。

后来我跟他说：“其实这 20 年，我都有在看你。你真的是做到了一个好导演。我看过你的上部戏，真的不错。你去嘉禾讲了两次《特务迷城》的剧本，我也在关注。大哥错怪你了，你这些年真的是努力了。这一次我不是大哥，我是你这部戏的演员，你是我的导演。我们好好地把这部戏拍出来。”

看我这样说，他就有点得意，我又马上补一句：“我这一辈子，没有人跟我说辞职的，你是第一个，也是最后一个！”

师徒之缘：Bradly James Allan

很多年前，我带着成家班去好莱坞拍戏，从最开始的不习惯、不能融入，到后来用真本事折服所有人，还让几个成家班的成员借着当时的契机，逐渐扎根好莱坞，成为炙手可热的武术指导，这让我非常开心和欣慰。

这其中，除了我在前面故事中讲过的 Andy 郑继宗，还有一个代表人物就是 Bradly James Allan。他加入成家班的经历很有趣，是个“追星成功”的过程。他小时候因为喜欢我而开始学武，刻苦研习拳击、合气道、空手道、中国武术，学了很多种流派的格斗技巧。

1997 年，他完成了在中国的学习，返回墨尔本，发现当时《一个好人》正在那里拍摄。为了跟我当面说一声“谢谢你”，他混入了拍摄现场，还真的见到了我。我看他很精神的一个外国小伙子，会说几句中文，了解到他学习过中国武术，又表现出对片场的极大热情，就让他留在了现场。当时跟他一起留在现场的，还有他的朋友 Paul。

在很短的时间里，Brad Allan 就向我们展示了自己的身手，刚好我们需要不同的武行加入拍摄，他的表现不错，摔、打、蹦、跳都会，我就让他留了下来。

忽然有那么几天，我在片场没看到他，等他再来的时候，是以“探班”的身份来的。我问为什么，他说因为他还没资格加入澳大利亚的动作特技人协会，这部戏里的武行都得是协会成员才行。我就有点不高兴，拉着他去找那个协会的负责人，跟他说，从今天开始，他属于成家班。

当时和他一起来的朋友 Paul，也一起成了成家班的成员。后来在拍摄国语戏的时候，他们也经历过不适应的阶段，中文水平还不足以进行沟通，现场工作节奏又很快，很多时候他想帮忙也无从下手，只能从最基础的工作做起，比如铺海绵、搬凳子、拉威亚，但是他们克服了这些辛苦，顽强地坚持了下来。

到了拍摄《玻璃樽》的时候，Brad Allan 饰演片中那个跟我对打的小个子拳师，他的学习能力和认真刻苦，让我们两人很有默契，最终在很短时间内就完成了拍摄。那场戏给大家留下了深刻的印象，他也向观众展示了自己的实力。在拍摄一场戏的时候，他为了保护全速从路边栏杆上冲下来的我，被我的惯性带倒，摔到了头，自己悄悄去了医院，都没让我知道。

近些年，他已经是整个好莱坞数一数二的动作指导，代表作品有《环太平洋》《神奇女侠》和《王牌特工》系列。因为他的能力和影响力，片中的明星都会配合他的要求，在开拍之前几个月就开始进行严格的封闭训练，这也是成家班一直以来的要求。看到他的成绩，我真的很为他骄傲。

2021 年 8 月 7 日，噩耗传来，Brad Allan 突发疾病去世，我们都无法相信。这些年，成家班的兄弟，已经有好几个与我们天人永隔，冯克安、周润坚、韩春、杨升、Brad Allan……我们会永远怀念他们。

兄弟、儿子：吴彦祖

吴彦祖算是我挖掘的新人里最成功的。

我跟他是在一个聚会上认识的，当时有个朋友过来说，介绍一个男生给你，他是你的影迷，专门从国外来香港的，很想见你。我说好啊，吴彦祖就被带到了我面前。

那时候他中文还不太好。我看他的外形实在是很不错，就说，不如来香港发展吧，你可以先给我留个电话。回公司之后我就把他的电话交给我的经纪人，说有个年轻人不错，你打电话给他，叫他来公司，把他签下来。签完约没多久，他就接了《美少年之恋》，之后很快就红了。那时候他每天都在公司里找个房间，坐在里面很认真地学广东话，后来又很努力地学普通话，有时候也会出去上语言课，很勤奋，我很欣赏这样的人。

《新警察故事》是我们第一次合作，他把反派演得很到位，大家的评价很高，后来我们的关系也越来越好。最初是偶像与影迷，后来就成了朋友。平时我把他当儿子一样看，在剧组里大家又像兄弟。

认识这么多年，他总是说最欣赏我是个什么都不怕的人，其实他不知道我害怕很多东西。

平时我把他当儿子一样看，在剧组里我们又像兄弟

拍完戏之后，有一回他跟我说，拍戏最难的是把我当成平辈的朋友。原来他一直拿我当偶像，这个概念很难甩掉，还好我不断跟他聊天，天天跟他们在一起，他才慢慢适应。可是等到我们去外面，我一下车就被一大群人包围起来，他就又会慌神，觉得我又变回了大明星，他又变成了小粉丝。

我俩合作的电影里，有一幕是讲吴彦祖被一群人打得很惨。我拍戏这么久算是见过很多场面的了，那天不知道为什么，看他那个样子，特别心疼，心里总在想，“假如我的兄弟性格很善良，却无端被人残害到只剩半条命，我会怎么样？”一想就止不住了，看着他满身是伤，身上绑着绷带，就一直哭，哭到刹不住车。拍完后一整天都不能讲话，那时候我才体会到别的演员说的那种感觉，太投入角色，原来真的需要时间才能抽离。

吴彦祖是个价值观很正的人，平时除了工作，也会用心做慈善。回顾起来，其实我还蛮擅长发现帅哥的，也喜欢这种又帅又努力的男生，我可以随时把他们带在身边，拍戏的时候、剪片的时候，他们都可以跟着学东西。

所有这些新人，我都希望他们做恒星，不要做流星。现在的演艺圈流星太多了，今天红了，下个月就不见了。我们这辈人，到现在可以站那么久，是因为有真本事。如果没本事，只是漂亮英俊，那很快就会被人家盖过去，有真本事，你就可以永远站在台上。

大兵小将：丁晟

在香港，有两个不怎么识字的导演，一个是洪金宝，一个就是我。其他导演要么会写字，要么会画画。这两样我们都不会。虽然不怎么识字，但我们一到现场，马上就可以指挥起来，镜头摆这边，灯光这么打，一会儿怎么怎么拍。这是靠从八九岁开始进片场，在现场泡了十几年的经验。

别的导演都会弄分镜头，我们不懂怎么弄，分镜头、场景表、剪辑思路全都在我们的脑子里。反正你要快的，就可以快，要慢的，也可以慢。现在我们也与时俱进了，也会请人家画点图样出来，甚至在实拍之前就可以先把全部故事用动画或视频预演一遍，但是以前，我们只会土法炼钢。

当初会找丁晟来拍《大兵小将》，很多人都很惊讶。其实在决定合作之前，我已经默默观察了这个人很久。最初丁晟是广告导演，跟我合作过几次，拍的过程中，他并不知道我正在远处观察他。我发现他的现场调配能力和沉稳的性格，跟当下很多焦虑毛躁的人相比，显得非常特别。

再接触下来，发现这个人竟然是个全才，会演戏、填词、唱歌、画画、导演、剪接、篆刻……想到《大兵小将》这个故事已经酝酿了二十几年，一直找不到合适的人来做，就跟丁晟谈了谈，给了他一个比较成型的剧本。一个月之后，丁晟给我提交了详细的计划报告，在当时的历史背景之下，服装应该是怎样，道具应该是怎样，还帮我挑出了剧本里一些跟时代相关的小错误。看到这份详细的报告，我当即决定这部戏就交给他。

拍摄这部戏的时候，我的“土法炼钢”就派上过用场。

有场戏，我先是跳啊跳，接着滚下山坡。上山的路很崎岖，所以没有带升降车上来，但是导演希望能拍出一点跟拍的感觉，从高位“哗”的一下滑下去，我跟他说，让我来教你一招。

我让他们现场找了一个梯子，让成家班把带滑轮的梯子固定在树上，然后把摄影师“绑”在了梯子上，他扛着摄影机，梯子“咻”地往下一滑，就可以拍出导演想要的效果了。以前我们在现场经常这么做。

后来我听导演说，摄影师拍完那场戏，当天晚上就去了医院，发烧打吊瓶去了。因为这样的动作对于脊椎、腰、腿都有很高的力量要求，以前我们遇到这种情况，要么摄影师是有点功底的，要么就是成家班的人直接上手拍，就像以前有一部戏，要站在摩天大厦的楼顶边边上拍，摄影师不敢，最后那个镜头是我自己拿着摄影机拍的，还在那边玩推拉的调度。可是这部戏的摄影师没有经历过这种“训练”，升升降降几次，他根本适应不了，强撑着拍完，快给折腾得散架了。

我觉得挺不好意思，我们有时候会把自己做起来很简单的事情去要求别人，其实那对人家是很难的。当时在现场，我说就这么拍吧没问题，摄影师不好意思拒绝，结果一瞬间就被“绑”到了梯子上……

我们在原始森林里面拍的时候，有一个镜头，需要在树上划一刀，剧组说那就找一棵树，我一看那边全是那种长了不知道多少年才长成的参天大树，觉得不能这样破坏它，哪怕只是划一刀也不行，于是我让剧组买了一棵假树，抱着进了原始森林，把它栽上，拍完再拿走。

拍摄的最后一天，正是拍大结局那场戏，拍完就杀青了。

前一天晚上，我们和丁晟导演围坐在一起喝茶，讨论明天到底怎么拍，要讲哪些话，最后要怎么样的结局。聊完之后，导演就熬夜画出简单的分镜图。

直到第二天开拍的时候，我们还没有想好，我的这个角色要不要死。

到了真正要拍的时候，有那么一瞬间，我心里忽然做了决定——所有人都说我这个角色太可爱了，那不如就让他走吧，这样观众会为他心痛……

真功夫打星：杨紫琼

杨紫琼是马来西亚人，从小就特别喜欢运动，语言天分也很高。小时候粤语和普通话就讲得很好。长大之后因为当选马来西亚小姐，进了演艺圈。原本她是学芭蕾舞出身的，23 岁那年受过一次伤，复原之后就跟我和洪金宝学功夫，每天都很刻苦地练足 9 小时。那时候我们每天都要练功，她和张曼玉也被逼着跟我们一起练。杨紫琼因为有芭蕾舞的底子，功夫练得不错。

筹拍《警察故事 3：超级警察》的时候，我把她找来跟我一起搭档，两个人都有功夫，演两个性格迥异的警察，戏剧效果很好。电影里她的动作场面不比我少，那场开摩托车直冲火车的戏，也是亲自上阵演出，很有拼劲，我很欣赏她。这也是我电影里的女主角第一次不再“能看不能打”。后来她在好莱坞发展得很好，演了《007》系列里面最能打的邦女郎，《卧虎藏龙》更是给她加了很多分，我很替她骄傲。

她很爱各种运动，有一次就跟我说，大哥，咱们找时间叫几个朋友一起去国外滑雪吧。我说，“不，我从来不滑雪。”她问为什么，我说，“我才不要去做这种危险的运动，我拍电影每天就是在做这些危险动作了，好不容易有空歇一歇，玩一玩，干吗还去做这种？再说了，如果我去滑雪、滑冰、爬

我与杨紫琼

山出事死了，那多冤枉啊！就算我要有什么事情，也要有片子记录下来才行，起码人们知道我做了什么。我在片场做危险动作，至少还有机器在记录，大家看到之后还会说你很勇敢。”她有点不以为然，我说，“你要去可以，一定要小心。”

下一次再见面，我约她吃饭，就看她拄了两个拐。原来就是她那次说去滑雪，结果把脚筋摔断了。我说，“你看你多冤枉啊。”她就苦着脸，“大哥你说得对……”

我这么多年拍戏，很多运动都试过，知道滑雪是最容易出问题的。当时我们在澳大利亚拍戏，那边的医院每天都有因为滑雪伤到的人去看医生，我就特别注意，也会“恐吓”剧组的工作人员，谁要是在休息的时候滑雪受伤，就马上回香港。

脚筋断了要休养很久，她迫不得已只能休息一年。当时没人知道，她还要藏起来，不然万一给媒体知道了，大标题出来——“武打女明星杨紫琼滑雪摔断脚筋”，多糗啊！所以她躲起来一年没拍戏。

2016 年，奥斯卡组委会邀请杨紫琼作为嘉宾之一，为我颁发终身成就奖，在异乡相遇，我们都很开心，那是对我们友谊的一次美好见证。

敢豁出去：张曼玉

张曼玉是个为了戏很敢豁出去的演员。最早我们合作的时候她被我带得蛮惨的。

《A 计划》第二集，张曼玉、关之琳、刘嘉玲都在。有一场戏是我和张曼玉、关之琳在屋顶被追，三个人都吊在那边，那场戏拍的时候很有意思。

当时我们站在高处，走走走，追追追。这种戏通常有两种拍法，一种就是跳帐幕，另一种就是坐篮子。当时我们几个一跑出来，关之琳在最前面，我跟她说，人家一追，你就跳下去。她说，啊！我不敢！我又跟她说，我给你这个戏很好啊，你从这中间下去，只需要跳一下就可以很抢戏啊。结果她上到屋顶往下一看，马上就傻眼了，瞪着我先讲了一句粗话，接着骂我神经病，“你当我是你们成家班啊！”转头就走掉了，把我晾在那里，弄得我很没面子。

我一转身看到张曼玉，就又跟她说，“来来来，这个很抢戏的，而且很简单。你先看看啊，我叫人示范给你看。你看那个帐幕啊，棚啊，都弄好了，到时候你就跟玩滑板一样。”她半信半疑地点点头。

当时我们的布景从上到下连着三层，我先让人把纸皮盒铺到第一层，让她去跳一下试试，她试了一次，说，“行哎。”接着我又说，“你看啊，不能你自己跳一层，第二层又让替身做，这样镜头连不起来就不好看，观众也会觉得假。咱们应该一个镜头把它完整拍下来。”

我让人把纸皮盒挪到第二层，“你从第一层先跳到第二层，不是很高的，再往下面就是纸皮盒了，肯定没问题。”她咬咬牙说，“行，我试试。”

我一听很高兴，赶紧让大家行动起来，把布景弄好。这时候关之琳就在下面的化妆间看着我们，我当时心里想：“哼，我就要把她拍得好一点，把你的戏抢掉，谁让你不听我的话！”

接着我上去，喊 Action，张曼玉心一横就跳了下去，很重的咚咚两声，最后落在了纸皮盒子上。我说，“好！咱们能不能再来一个？”她缓了缓，“好，可以。”

她上去再做了一遍，我又过去故技重施，“很好！你现在有信心了吧？”“有。”“那咱们再来一个。我把纸皮盒去掉，最后一层没有纸皮盒，但是我在下面把你接住，怎么样？”

她看看我，一秒钟之后，忽然“哇”地大哭起来！

我被吓住了，赶紧说“好好好，不跳了不跳了啊”，安抚了半天，她委屈得要死。其实她真的已经蛮够胆了，也很相信我。虽然那时候我也不是百分百有底，但我绝不是为了伤害她们，都是为了她们的戏好看。请她们做的动作也都是比较安全的，我心里设想过很多种可能，都不太会出什么问题，才会叫她们去做。就算真要那么拍，我情愿自己有事，也一定会把她接住。

后来我在制作音乐专辑的时候，有一首歌叫《是你给我一片天》，准备

PIER 39

拍 MV。我对原本制作班底的拍摄不满意，坚持要用胶片拍摄，找来张曼玉帮我演女主角，全程都是电影的设备和制作规格。我俩的那次合作应该创下了史上最高规格 MV 的纪录吧。

“见死不救”：林青霞

这个故事我原来讲过，但是没有人相信，后来就不想讲了。有朋友告诉我，林青霞在她的书里写到这件事，那我就可以讲了。

1978 年，我们一群演员被组织去泰国义演。同行的有很多人，徐枫、秦汉、秦祥林、林青霞等。那时候我刚演完《醉拳》，开始走红，大家都叫我“醉拳小子”。

我们一起去海边玩，那里有很多项目，水上单车啊，快艇啊，还有空中气球。空中气球呢，就是用一个超快的快艇，把人从地面上用降落伞一样的大气球拖起来，拖到空中之后一直往上升，升到一定的高度再停，接着快艇带你在空中慢慢地兜一个圈回来，再降落到水面，接着换第二个人。

那时候我还不会跳降落伞，也不会控制，但我想到将来拍戏可能用得上，就想趁此机会试一试，学一学。排队的时候，大家都有点害怕，都说 Jackie 你先你先，我说，好啊，我来！

我先是被绑好，然后站在沙滩边，等着快艇开。船一开，速度很快，迅速就把我拉起来了，拉起来之后慢慢地往上升。

刚刚升到最高点的时候，我忽然听到“叭”的一声，有个东西断了，断的同时打到我左半边脸，“啪”的一下，很痛，接着我整个人往上一蹿，就碰到了气球的顶部。应该是断掉之后的弹力把我弹了上去，好像橡皮筋一样。

一瞬间，那个气球就把我包了起来，我整个人从很高的地方“咻”地摔了下去。

可能是有气球包着的原因，摔下来的时候不觉得怎么痛，但一瞬间就沉到水里面去了。

可是我不会游泳。

一开始我很急，因为气球上面所有的带子都捆住了我，而且眼睛、额头都流了血，浸在海水里很痛。

接着我想，别急，我现在掉下来，岸上有那么多人看见，大家知道我不会游泳，一定会有人来救我的。

虽然被气球包裹着下了水，但里面还有一点空气，我刚巧就在那个空气的小包包里边，用力地吸了一口，然后憋住气，身体一直往下沉。

不知道沉了多久，忽然间，一大堆手把我抓了出来，接着抬到了岸上。

我一上去才知道多恐怖！

大家告诉我，当时海面上很热闹，很多大船、小船、水上摩托车，我刚巧掉在两个船的夹缝中间！如果要是从高空摔到船板上，后果不堪设想，你说我是不是走了狗屎运？

所有的朋友都跑来看我，秦祥林是第一个跳下水救我的，后来我跟他变成了很好的兄弟。我看到林青霞在旁边，就问她，大家都来救我，怎么就你不来呢？

她说，我也想啊，但我里面穿着比基尼，脱衣服脱到一半，旁边有个记者一直说，只要我脱掉她就拍我，我就不敢脱了。再说我看那么多人都赶过去了，不差我一个，哈哈。

这个故事我过去也讲过，但大家都说，哎呀大哥，你不要总把自己的经历说得那么神奇，你是编的吧！气得我就不讲了。其实到现在我游泳也不是很好，我只会潜水。

拍摄《警察故事》的时候，林青霞也非常敬业。

“成龙导演的武打片动真格，林青霞不止一次被戏中人摔进玻璃橱窗，砸向木质桌面，身上青一块紫一块。就因为成龙说了一句‘如果不用替身，你自己做，观众会永远记得你’……”

有人把这段她的专访内容念给我听，她在访问里对记者说，“那是有生命危险的，可是，导演说要让观众记得你，我只有搏一搏了。”

尽管已经淡出影坛多年，但她在很多人心中依然是女神，是真正的好演员，就是因为她当年真的敢做敢拼。

永远的传奇：张国荣　梅艳芳

把他俩放在一起讲，因为都是我的好朋友，他们又在同一年先后离开。

很早的时候我跟张国荣就很好，那时候他和陈百强都特别爱跟我开玩笑。我头发长，张国荣每次见到我，就凑过来，用手轻轻撩开我的头发，嘴巴贴在我耳边轻轻说话，一边说还一边吹气，故意整我。我被他闹得浑身僵硬，起鸡皮疙瘩，但不会生气。我看网上还有一张早年间我们俩的照片，他在捏我的脸，其实那只是很多个小片段之一，他很爱逗我玩。

只要在香港，我跟张国荣就经常吃饭、见面、Party，我也喜欢跟他们一起玩。后来先是罗文生病，我到医院去看他，他那时候已经到末期了，看得人心里很难过。我跟他说，快点好，等你喝酒。过去他每次见我，都要喝一大杯威士忌，我也陪着他喝。聊了一阵，我说，改天再来看你，就回去拍戏了。等我拍完戏回到香港，他已经走了。那时候我就想，唉，朋友们有空就多聚聚吧。

有一天我请了张曼玉、梅艳芳、张国荣、莫文蔚等几个朋友一起吃饭。大家一起围着一个长台坐，我右手边是张曼玉，对面是梅艳芳，斜对面是莫文蔚，她旁边还有两个朋友，张国荣坐在边上。长台是不方便讲话的，你只能跟旁边的和对面的人讲话，我中间去上厕所的时候看到张国荣不见了。当时是请他们在一个地下酒窖吃饭，朋友跟我说，他觉得不舒服，坐在那里很压抑，觉得是坐在地下面，就先走了。

我觉得有点奇怪，但也没多想，我自己是不迷信的，以为他也只是心情不好而已。那次之后我到德国拍戏，到了德国就听说他跳楼了。我心里特别痛苦，怎么当时没有看出他情绪有问题呢？这么好的一个人，说走就走了……

接着没多久梅艳芳就生病了。我回到香港，一下飞机就赶到她家去看她。家里的人来开门，说她在房间，我推开她的房间门，一看到她的样子，就忍不住了，眼泪哗哗地往下掉。她当时在做治疗，头发全部都没有了，整个人也变得特别瘦。

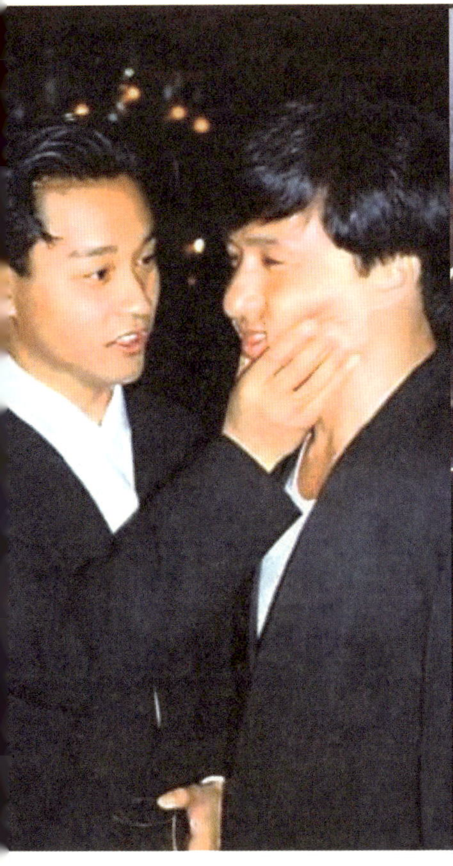

我心里特别难过，走的时候两个人都好好的，回来的时候，一个不见了，一个又病成了这样……

她在开最后几场演唱会的时候，把所有的朋友都邀请到现场，用自己的方式跟大家告别。演唱会上她穿着婚纱的样子，让很多人心碎。那时候我还在德国拍戏，没能去参加。最后那几天，我一直在医院陪着她，一直到把她送走……

2013 年，我跟她的生前好友们，一起参加了她的纪念演唱会。

她曾经说过，“当我有一天离开娱乐圈，到底还有多少人能够真正记住梅艳芳这个人呢？我不要承诺，我只想当大家百般无聊的时候，望着天上的星星，会记起这个曾经好熟悉的名字。”

我想说，他们两个是香港影坛的传奇，他们的名字我们一直都记得。我很幸运曾经有过他们这样的朋友。

宠物家人们

在片场，不可避免地要跟各种动物打交道，还经常需要跟危险的大型动物一起拍戏。现在想起来也是很难得的人生体验。拍跟动物有关的戏，我也逐渐积累了很多的经验，除了要尊重它们，还有就是一定要训练。

拍《上海正午》的时候，需要拍到很多马。大概提前半年时间，我让剧组专门找了一个片场，去训练那些马适应拍摄现场。在它们周围，每天安排很多机器推来推去，灯光闪来闪去，有开枪的声音，有人打反光板，这样子训练一段时间之后，那些马都习惯了，在片场就不会怕了。

年轻的时候，我看很多人养宠物，但我不想养那些普通的，觉得不够酷，就有人来给我介绍各种不普通的宠物。

有个朋友卖给我一只小狮子，刚刚出生没多久，要了我 10000 块。我觉得蛮可爱的，而且很特别，就很高兴地带回公司养，每天喂它吃东西啊，吃奶啊，照顾它。我很喜欢捏动物的脸，有天我抱着那只狮子捏它的脸，扯来扯去，结果它抬起小爪子过来挡我，大概意思就是“哎呀，别搞了”，用爪子轻轻扒拉了我一下，哇，当时我整个脸被它的爪子从左边划到右边，满脸都是血印。

我看着它，心想，它就那么小一只啊，像只小狗一样，要是长大了再来这么一下，我整个人不就没了？我赶紧打电话给卖我狮子的那个人，“还给你，我不要了。不敢养了。”

后来有段时间朋友送我一只鹰，很帅的样子。每天我在片场它就飞过来，停在我肩膀，我抖一下肩膀它就飞走了。有时候我在剪片子，它也飞过来，抖一下肩膀它又飞走了。

再后来养过一对懒熊，两只眼睛很大，很可爱，很爱趴在我儿子的胳膊和腿上。

再后来给我推销动物的越来越多，我就养了飞狐啊，白蛇啊，飞鼠啊各种动物。动物越来越多，我干脆在嘉禾的后山搭了个大笼子，花了 7000 块，给它们隔开，把它们都摆进去，每天工作结束还会去看看它们。

结果有一天香港刮台风，过了一晚上之后我去看，都死了……

我本来以为动物对台风无所谓的，原来它们在森林里什么恶劣天气没遇到过，可是我没想到森林里面有树，它们可以躲起来，现在它们被放在大笼子里，风一来也没地方跑，在山上什么遮蔽都没有，对着大风口都被吹死了。我想可能是台风之前天气很热，它们已经被热到了，后来又被风吹被水泡，就都死掉了。看着它们的样子我难过坏了。

我养过两只圣伯纳犬。那种狗是什么概念呢？一大早起来，我给它弄 6 个大大的鸡蛋，跟很大一盒鲜奶倒在一起。它就等在旁边，很乖的样子，等你把吃的给它，它真的就是一口，眨眼就没了，喝光了。为了养它，每个月要花不少钱，还要请人来照看它们。

有天我要去遛狗，一个副导演来找我，我就叫他一起。那两只狗加起来能有 300 多磅重。那时候我很瘦。一开始我牵着两只狗，其中一只停下来小便，我就跟那个副导演说，你帮我抓着另外一只。

等我再抬头的时候，听到“啊”的一声大叫，只见那个副导演抱着一根电线杆子，那只狗拼了命地往前走，他根本拉不住，也不敢松手，一松手自

我和我的宠物们；我拍的 JJ 和 Jones

己就会被甩到地上。我在旁边笑死了。

养猫是为了治老鼠，自从养了之后，家里就没老鼠了。我家的两只猫，一只叫叮叮，一只叫当当。叮叮很乖，当当很调皮，很爱到处乱跑，这次回来这边少块肉，下次回来嘴边一个洞，都是跟别的猫打架打的。每次我都要帮它治，休养一个来月，好了之后又往外跑，打完架回来我再给它治。最近一次跑掉就再也没回来。我想它要么是在外面成家了，要么就是因为打架横死街头了，唉……

公司的 5 只猫里有 4 只怕我，只有一只叫小黑的完全不怕。我第一次去公司见到它们，4 只全都跑掉了，只有小黑站在那边看着我，我就觉得这只小猫很有种。

我在香港的家里养过两只大金毛，是很早以前别人送我的，家里院子大，狗有地方跑。这两只大狗是两兄弟，我不在香港的时候它们都很想念我，其中一只还因为不能常常看到我而得了忧郁症。

在这之前我养的第一只狗，辛辛苦苦养大了之后，有一天跑出去不见了。我登报纸给重赏，在住的那条街贴满它的照片，最后还是没有下落。我朋友家的狗 Jones 刚刚生了一窝，朋友看我那么难过，就送我两只，他知道我对狗很好。我给它们取名字，一只叫 JJ，一只叫 CC。后来 Jones 死了，我就让 CC 继承它妈妈的名字 Jones。

得忧郁症的是 JJ。它曾经因为跑丢了差点被人道毁灭。有天晚上，外面的自动门不知道怎么给开了，一大早起来我发现两只狗都不见了，赶紧让所有人出去找。几天之后，找到了 Jones，但是连续两个礼拜都找不到 JJ。我特别着急，想起第一只狗跑丢之后再也没找回来，怕这次再丢一只。

香港有个“防止虐畜会”的机构，他们会监督那些有主人的狗不被遗弃，但如果收容了流浪狗，很久又没人来领养的话，狗就会被人道毁灭。我同事想到了这个机构，就去那里帮我找。那边的人说，没有你要找的那只。同事回来跟我报告，看我很难过，就说，我再去一次，这次我一定要进到里面，亲眼看到每一条被收容的狗。

第二次去，他求工作人员给他看一下里面的狗，开始人家不让看，他磨了半天，说只要看一眼就行，人家才终于放他去看。他进去一眼就看到了JJ，赶忙说这个就是我要找的狗！工作人员说不对啊，这里面登记的地址跟你说的不一样啊。

后来才搞清楚，是因为我搬了家，JJ 体内的芯片地址还是原来的，跟现在的住址对不上。

同事赶紧把 JJ 领回家，那时候它就开始有点小小的忧郁，可能是在防止虐畜会里面环境不好，吃的也不好，又脏又害怕，加上可能别的狗也欺负它，就很可怜。

回家之后，JJ 老是提不起精神，看到什么都害怕，连我家的猫都怕。如果猫挡在它前面，它就不敢走路了。如果我在这里叫它，中间站只猫，它就不敢直接过来，而是从后面绕一大圈再过来找我。如果猫在我这条腿的旁边，它就躲在我另一条腿旁边。后来娇姐养了一只很小的小狗，JJ 连那只小狗都怕。小狗经常会骑在它身上。

我在香港的时候，常会开车带 JJ 和 Jones 兜风，它们都很开心。我专门为它们买了车，后面有车斗，可以带着它们出去玩。每次它们只要看到我在门口穿鞋，就会扑过来不让我走。它们知道我这一走又不知道什么时候才回来。

每次回香港，看到车库里面的车，刚犹豫要开哪一辆，就看到两只狗很兴奋地跑过来，很渴望的眼神看着我，好像在说“带我出去玩吧”，最后就只能开那辆带斗的皮卡。JJ 和 Jones 对于从家到公司的路已经很熟悉。Jones 很活泼，路上只要有风景和人的地方，它就会一直迎着风大叫，特别开心。只要是一过隧道或高架桥，没什么东西可以看了，它就会趴下休息。到了公司里，我走到哪里 Jones 就跟到哪里。JJ 比较安静，一般都是自己四处逛，有时候也会来跟着我。

随着年龄的增长，近几年 JJ 和 Jones 的身体都越来越差。

它们俩一个忧郁症，一个多动症。我原以为忧郁症的 JJ 会先走，没想到却是 Jones 先走。

2020 年夏天，Jones 被医生诊断为咽喉肿瘤，不能吃东西了。我一直要

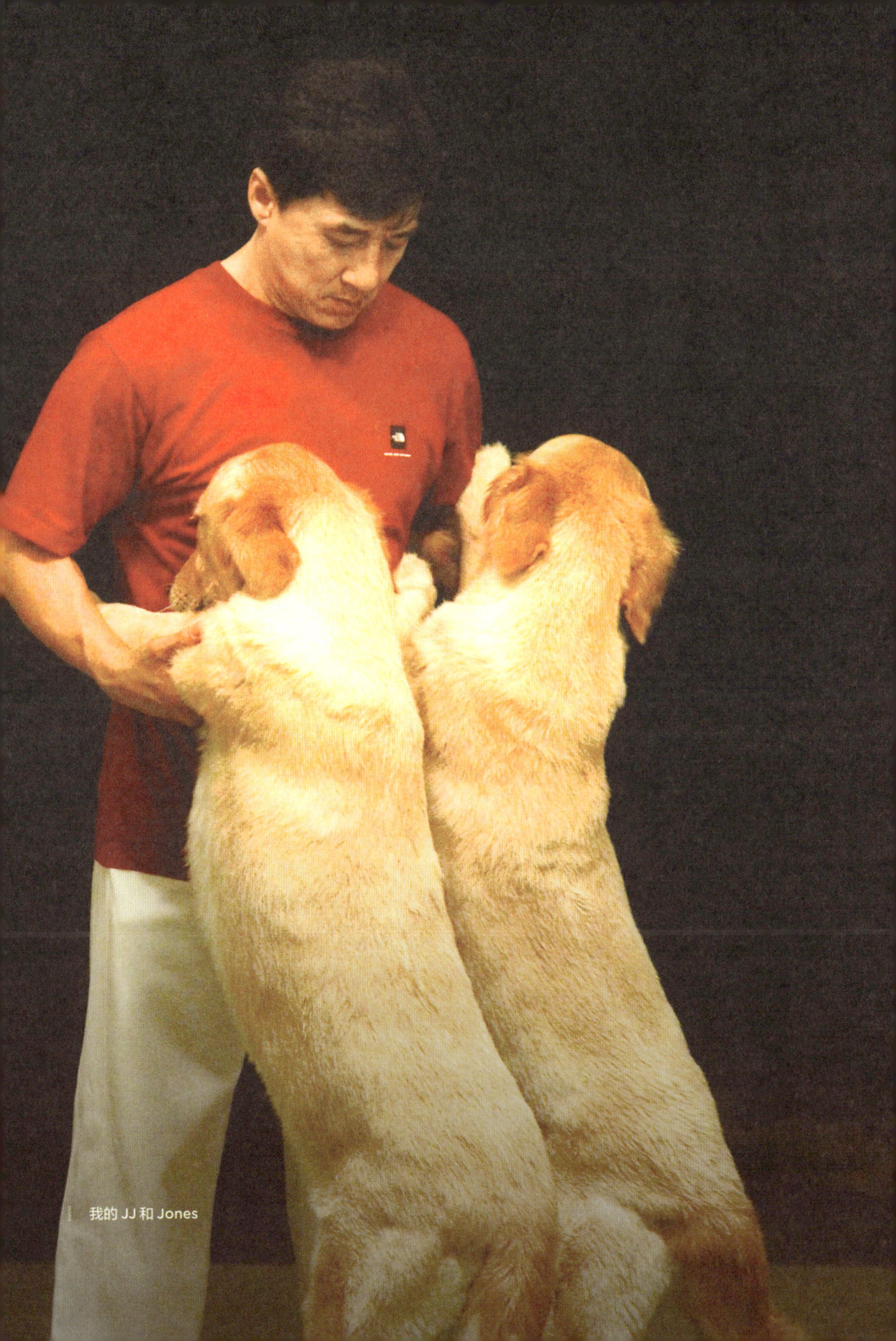

我的 JJ 和 Jones

求医生好好救治，输血，打针，但是后来医生说，已经没办法治好了，现在它这样强撑着，是很痛苦的，我们还是让它走吧。

我们把它从医院带回来，给它在地上铺上毯子，它躺在上面，已经失禁了。JJ 趴在它旁边陪它，身体也已经很虚弱。那个画面太戳心了，我一个人躲到房间里哭了很久。这时，我也理解了医生说的话，只能决定让它没有痛苦地离开。

离开那天，我最后摸摸它，跟它讲了再见。

Jones 离开之后，家里就只剩下 JJ，我怕它太孤单，就跟我一个代理秋田犬的朋友说，给我一只秋田吧。之后不久，小秋田 Bobo 就来了，JJ 对它很好，两只狗每天形影不离。又过了一阵子，我的朋友又给了我一只秋田，与 Bobo 是两兄弟，我给它起名叫 Chanchan。

JJ 把 Bobo 带大，它的身体也不行了，医生说是骨头的病。每天 Bobo 寸步不离地守在 JJ 旁边，它走路很慢，Bobo 也会陪它慢慢走。我把它们俩带去公司，看到公司其他狗欺负 JJ 的话，Bobo 还会去保护它。

再后来，JJ 的腿无法支撑，走路的时候会磨得爪子周围、腿上全都出血，我们就只能把它的四条腿都包起来，尽量不再让它走路。最后阶段，JJ 快要不行了，Bobo 一直躺在它旁边，守着它，我看得特别感动。

2021 年 1 月 13 号，因为不想让 JJ 最后的时间那么痛苦，只能忍痛把它带去医院，让它不痛苦地走。

疫情缓解之后，我从香港回到北京，丁晟导演跟我说，大哥，我们家的秋田生了 6 只，活下来了 4 只。

当初他有一只秋田犬，是公的，我就送了一只母的给他，于是我跟他说，“那你要给我一只呀，当初我帮你促成了这两只狗狗的姻缘。”

他马上送我一只，我现在养在北京，依然给它取了 Jones 的名字。

自从这只狗进了家门，我每天的时间就有一大部分要分给它，帮它擦屎擦尿，给它洗所有的抹布，喂它吃东西，陪它玩。在外面吃完饭，我都会让同桌的人把他们用过的纸巾、湿纸巾、湿毛巾全都装到袋子里，大家都说，哎呀大哥，这些我们都用过了，我说没关系，我拿回家都是擦狗尿用的，不要浪费。

后来，丁导又把 Jones 的妹妹送给我，我又给它起名叫 JJ。

以前的 JJ 和 Jones 被我训练得很有规矩，我说“sit”，它们就会坐下，我把肉骨头放在它们面前，甚至把肉干放在它们的鼻子上，只要我不给出“go”的指令配合拍腿的声音，它们就算再馋也会忍住不吃。现在北京的 Jones 和 JJ 也已经能做到了。

有人不理解为什么我跟宠物感情那么好，宠物病了走了会哭得很伤心，那是因为他们自己没有养过，不能体会这种感情。

献给影迷

2012 年 12 月，《十二生肖》到达沈阳站做宣传，进影院做见面会的时候，我见到了传说中的“刺青哥”。他是我多年的影迷，把我很多部电影的名字都文在了背后，最新一部就是《十二生肖》。那天他带着孩子一起来看我，我送了他一件自己品牌的羽绒服。

有时候回想起来，从开始拥有影迷到今天，跟他们之间有太多故事。疯狂的，离奇的，感人的，吓人的……都有。我很清楚地知道，没有影迷们的支持，就没有今天的成龙。

当年我在东南亚迅速蹿红，所有的影迷里面就数日本的女孩们最疯狂。

她们总是神通广大，能拿到我的行程，然后买机票全世界地跟着，打听到我住在哪个酒店哪个房间，那一整层楼就会被她们包掉，三四个女孩一起分一个房间。她们不会过来打扰，但只要我一出现在走廊，所有的门就会“咔嗒”一声一起打开。有时候一天的工作结束，当地朋友要带我出去吃个饭，我也很想去放松一下，这么简单的事情都很难做到。活动结束后，要先回房间换下西装礼服。影迷们通常是跟着我活动的步伐，从外面一起回到酒店。回房之后，只要我一开门要出来，她们就都打开门看着，这样我就不敢往外走了，我知道自己去哪里她们就会跟去哪里。

大摇大摆不可以，我就试轻声轻脚的，悄悄打开门，小声跟朋友说，“走了走了"，但只要一站到走廊上，所有房间的门就又打开，她们又都出来了。我有点尴尬，只好说："我是出来跟你们打个招呼，然后就要回去睡觉了。"

晚上只要我的房间的灯亮着，她们就都不睡觉，一直等着。我是个喜欢晚睡的人，不想让她们在那里陪着熬夜，就去洗手间拿毛巾出来，把房间门口下面的缝隙堵住，光透不出去，她们看我房间没有光了，也就慢慢都休息了。

到今天，很多日本影迷已经做妈妈了。我去日本做活动的时候，她们有的会抱着两个孩子一起来，有的甚至是带着女儿和外孙一起来。

我在香港的办公室经常有世界各地的影迷来，等在门口想见我。很多年前，内地到香港还很不方便，所以从内地来的影迷并不多。有一回，我在香港拿了个社会学的荣誉博士，领完奖之后很开心，往办公室走，回去要马上准备庆功宴，还要做一些访问，急匆匆的。路过门口时就看到一个男孩子，年纪不大，那天很冷，他穿得很少，身上只有一件毛衣，已经有点破旧。

我的车子很快经过他身边进了公司。进去之后心里却老在想着外面这个影迷，就叫我的工作人员出去看一下他，问问情况。一问才知道是内地来的影迷，费了很多周折和钱才来到香港，就希望能见我一面。我一听就先放下手边的工作，让人把他请进来。他走进来的时候，抱了三本大大的剪贴簿，冷得不停流鼻涕。我让人给他倒了热茶，让他坐下缓一缓，暖和一下。把剪贴簿拿过来看一看，又站起来拍拍他，这一拍他直接哭了，可能是委屈加上兴奋吧，一下子爆发出来，我又找人给他拿了一些签名照片和小礼物。

我在香港的公司有两个门，因为常有影迷跑到公司等我，如果赶上我要进公司开会谈工作，同事就会提前给我打电话，说门口有影迷在等，大哥你今天最好从后门进来。

曾经有一个德国男生，每天站在我的公司门口等，手里拿个箱子。同事让他进去喝点水，拿点签名小礼物之类，他也不听，不进去。好多天路过前门都看到他站在那里，我心里不忍，就让同事把他请进公司里面来，说大哥今天在，要见你。他进来之后看到我，全身都在发抖。我问他为什么每天站在这里，他说，我只有一个愿望，就是加入成家班。这次来香港之前，我已经下定决心，如果见不到你，达不成愿望，我是不会回国的。

我转身跟助理说，安排他明天到现场。当时正在拍《重案组》，我就真的把他放进剧组。他问要不要表演功夫给我看，我说不用，你就在现场先学东西。第二天一早，他就到了现场，就跟成家班在一起，拿海绵啊，搬东西啊，做一些琐碎的事情，表现很好。那时候我已经有了一些跟影迷相处的经验，对一些很疯狂的影迷，不能一下子跟他们太亲密，不然他们的情绪会出问题，所以在片场我也不跟他讲话，吃饭的时候也不跟他坐在一起，他就跟成家班坐在一起吃饭。

过了一阵子，助理跟我说，那个德国男生要回家，他的妈妈生病了，但他没钱买机票。我说，好，给他买机票让他回去吧。一个礼拜之后，他居然又回来了。我问他怎么回事，他的理由把大家乐坏了。“我从来到这里见到你，到进入片场，再到回家，好像做了一场梦一样。回国之后的一个礼拜，我跟所有人讲这个经历，没有一个人相信，都说我在吹牛。弄得我也不相信自己来过，你真的收下了我，还带我一起在剧组工作。我竟然忘了跟你拍一张照片来证明这件事。现在回来就是为了跟你拍一张照片，带回去给他们看。”

我跟他拍了一张照片，他就带着照片离开了。几年前我带《功夫梦》去德国宣传，居然又见到了他。他站在人群中大声叫我，看到他我也很惊喜，我问他怎么样，他说自己已经在拍电影，在德国的片场做武术指导了，我很开心。现在回想起来，其实他的功夫还真的不错。

有个日本女孩，每天都来现场看我拍戏。她来到香港，找到嘉禾公司的片场，那时片场附近有个斜坡，那里总会竖个牌子，每天贴出来第二天的通告，几点是什么戏，演员是谁。大家收工之前会去看通告，这个日本女孩也很快学会了看通告。

我每天都能在片场看到她。她总是倚在墙边，只露着半个脸，看着我，我走到哪里，她的眼光就跟到哪里。我换个地方待着，她就会换到附近找一面墙倚着，再继续看着我。久而久之，我觉得她很不容易，就让工作人员叫她一起吃饭。一大帮人一起吃饭，我坐在里面，让工作人员带着她一起坐在外面。

RESTAURANT
jackie

I Like You
Jackie Chan
Smile
FOR CHILDREN'S HEALTH & EDUCATION
www.smilefoundationindia.org

有时候她一见到我，就用日文打招呼，“哦哈呦”，跟我握手，动作很快地塞个纸条给我。开始的时候内容还比较正常，大概就是一些祝福的话，后来内容慢慢就变了。比如她会写，“我知道你不方便公开跟我怎样，没关系，只要你看着我的时候，我就知道我们两个心里都有感应。”她那时候为了我去学中文，写的句子虽然会有不通顺的地方，但也可以看得明白。开始的时候她的落款是 Yumiko，到了后面就开始写“陈太”了。到了我的片场，她也会跟人家说“我是陈太”。

她拿普通的旅行签证到香港，到了一定时间要离境，她就先去一趟澳门，再从澳门转回香港来，后来就干脆不理签证了。等到移民局的人找到她请她走，她就跟移民局的人说是我老婆。移民局的人很莫名其妙，啊？成龙的老婆？虽然不太相信，但居然也给她一次护照延期。后来她总是这样，移民局就打电话到公司来查询，公司同事就说没有这回事啊。再后来她已经快没钱了，住的酒店从好的变成中等的，最后变成很差的。我开始意识到这样下去不是办法，不能再一味地出于不忍让她沉迷下去，丢掉自己的正常生活。

后来有一次她把我们吓坏了。我的戏拍完了，进入后期阶段。她在片场看不到我，就打听到了我住的地方。一天晚上我们大家去看剪辑，凌晨 4 点才一起收工回来，下车就急匆匆地往房间走。一进走廊，她忽然从暗处走出来，跟我说“Hi”，把我和几个同事吓了一大跳，很恐怖。如此几回之后，大家就开始害怕了，她总是坚称自己是陈太，已经开始有点妄想症了。公司同事只好报告移民局，请她回国。现在想起来也蛮难过的，可是当时真的没办法，怕她那样下去会做出什么傻事。

原来我每年都会组织一个给影迷的圣诞 party，几百人上千人的规模，最多的时候达到过 4000 人。大家从全世界各地来到香港，我会安排十几辆巴士去机场接他们，车上挂着“成龙国际影迷会”的标志。香港才有多大？每次我一办这种活动就会满城皆知，很多酒店爆满。有时候如果赶上我在拍戏期间，还会安排巴士带着影迷来探班，先来两辆巴士，大家看完之后离开，再来两辆巴士，如果十几辆车一起来，现场会挤不下。

每次影迷大 party 都有 16 个成家班的人，在我身边做保镖兼助理，我负责握手，他们负责送礼物和拍照。影迷都会排好队，过来之前把相机调好，我跟他们握手，成家班就拿相机拍照，再送出礼物。那么多人参加的活动，一定要有这种流程和效率。过来，握手，拍照，离开，拿礼物，下一个。成家班跟我配合得很默契。最早的时候我还签名呢，那样整个弄完就要差不多一天的时间，后来就不签了。

有一次，一个女孩走过来，用英文问我“May I...”，人很多，我听不清楚，就说可以可以。她就抬起手，“啪”，轻轻地打了我脸一下。我就愣了，成家班也跟着愣了。大家都没想到，我就说没事没事，这个女孩就走了，就换下一个。

第二年，她又来了，排队签名。到我给她签的时候笔掉了，我就弯腰去捡笔，起来之后，她“啪”地打了我一大巴掌，很重的一下。我很惊讶地看着她，她就朝我一笑。成家班想过来抓她，我拦住说没事没事，她又一笑就走了。后面排队的影迷看见她打我就很气愤，我就跟大家说没关系没关系，咱们继续。

第三年，她居然又来了。还是这样的情况，又是一大巴掌。我就觉得不行了，这人怎么这样呢？活动结束我就跟成家班说，你们要留意一下，看到底是怎么回事，为什么连续几年都这样？他们就把这三年的录影带全部看了一遍，把她找了出来。原来她每年都会变不同的样子过来，不同的头发，不同的衣服。

第四年，她一下飞机刚上巴士，工作人员就认出她了。到了活动现场，成家班已经知道她是哪一个，她一走过来，大家就严阵以待地盯着。她走过来又朝我笑，刚一抬手就被成家班一把抓住带到了旁边。影迷会的负责人问她，“你为什么要这么做？”她很淡定，“现在证明你们记住我了，他也记住我了。”大家目瞪口呆，竟然还有这样的影迷。“可是你这样的话，以后不能再参加影迷会的活动了。”她很平静地说，“没关系。我远远看着就可以。”

他们告诉我情况之后，我忽然想起约翰·列侬被歌迷开枪打死，心里有点害怕。以后的影迷活动，握手都改成用左手。拍照时，我的右手放在后面，拍完一个，右手把她们轻轻推一下送出去，就换下一个。如果她们有什么意外动作，我左手抓着她们的手，右手也可以反应得过来。那时候做活动，工作人员也开始做比较细致的检查，看有没有人假装影迷携带危险品之类的。

2017 年，成家班成立 40 周年的活动上，我们邀请了一些影迷来共同参与和见证。

其中有一位“90”后，是个很年轻的企业家，捐赠了很多珍贵的东西给成龙艺术馆，我从工作人员那里了解到了他的故事。

他小的时候曾经被欺负，每次被人逼到墙角打一顿，需要缓很久，再慢慢起身，掸干净身上的土再回去。一次偶然的机会，他听到《壮志在我胸》这首歌，里面第一句歌词“拍拍身上的灰尘，振作疲惫的精神”，他觉得就是在唱自己，后来他说，“十几岁最难的时候，我就是凭借这首歌给我的力量撑下去的。因为就算‘远方也许尽是坎坷路，也许要孤孤单单走一程’，但是‘不能阻挡我奔前程，我要认真对待我的人生’。”

那之后，他开始努力学习，课余的时间会找我的电影和访问来看，还会把一些励志的访问内容放进 MP3 里反复地听。

长大后，他到国外留学，发现那边有民间拍卖市场，其中有的渠道会拍卖一些名人的物品，比如迈克尔·杰克逊的表演服、手套、鞋子等。

他问对方，你们有成龙的东西吗？对方说，当然有。

就这样，他从我的第一张名片开始，一直拍，一直拍，陆续收藏了我写给影迷的亲笔信、我电影里的很多道具、服装，还有我给成家班做的第一批皮衣，等等。很多东西我自己都已经没有了，我也不知道那些人怎么那么神通广大，能把这些东西搜集起来。

几年前，他把自己所有的收藏陆续从国外运回中国，无偿捐赠给了我们。现在，他已经是国内很优秀的企业家，也在自己力所能及的范围内做慈善，他跟我说，“大哥，谢谢你当初带给我的力量，才让我没有走弯路。”

跟影迷之间的故事太多，讲不完，但在我心里一直为他们保留着一片空间。如果说人与人之间的关系都是一场缘分，我很感谢这辈子你们愿意追随 Jackie Chan。

普通
不普通

第六章

普通，不普通

没实现的“发明”们

年轻的时候没钱，我想过很多赚钱的方法。

我 18 岁就想做上门清洁的公司了。那时候，元彪、我、元奎，五六个朋友总是在一起混，当时功夫片不景气，大家经常没事做，也没钱赚。那之前我在澳大利亚，发现一到周末，每家都是自己铲草，因为那边的法律是草高过了多少米要罚钱。上了一个星期的班已经很累了，周末还要自己铲草。可是我们有力气啊，如果你用我们的话，就是一个星期多少钱，你给我一把钥匙，我们就负责打扫。买菜、买水果、洗衣服、修理东西啊，都帮你弄好，就是一种家政服务，非常有的做，而且也不用雇人，我们几个自己做就行了。

当时没钱，申请执照也难，这个想法想想也就过去了。后来有了钱，我还真的试过，投了几十万，后来发现一个问题，很多人不放心把钥匙给你，还会有人说不见了东西之类的，当时还没有现在这样接受家政服务的习惯，后来就不做了。我也想过改进的方式，每次安排专门的人把钟点工带去别人家里，到了之后，先把摄像头摆上，才开始收拾，你可以看到一举一动，这样就避免了信任问题，服务也更专业。有人负责接线和安排，记下你需要的服务，再安排钟点工过去。这就需要慢慢做出品牌，让大家接受才行。

在澳大利亚的时候，还曾经想到做毛巾。因为那时候澳大利亚自己不生产毛巾，所以毛巾还挺贵的。我就想，自己买一些毛巾，再弄一个洗衣机，每天给中国餐厅送干净的毛巾，再把脏的收回来清洗消毒，每天就这样循环也可以赚钱啊。

你看那时候人穷，会想多少东西，其实很多想法都还蛮有前瞻性的。尤其我听过一个故事，说一个人上公车的时候，捡到一个女孩子的发夹，他被这个东西启发，做出来了夹文件的夹子，就拿了专利，所以我也经常琢磨这些。

十几岁刚开始做武行的时候，我很想发明巴士上放脚的、顶膝盖的东西。那时候老是坐巴士开工，喜欢把膝盖顶在前座上，时间长了会很痛。经常在车子上面睡觉，又总爱撞到头，所以就想发明一个东西，挂在巴士座位的后面，有个塑胶的东西撑住，上面有个东西可以放头睡觉，下面有地方可以顶住膝盖或者放脚。

再后来我又想弄有保安和保姆车的公司。买十几二十辆保姆车，一模一样的。每天就负责接演员，我包司机。每天不同的车牌一样的车，狗仔队就没法按照车牌来跟人了。今天出来一辆车，他们也不知道里面是谁，而且当你被狗仔队包围的时候，我还可以再叫一辆车去帮你。

比如，你最近总是被跟拍，那出门的时候，门口就摆两部一样的车，你进哪一部他们也摸不清。如果是在地下停车场，干脆三部一样的车一起出来，他们也不知道哪部车里面是你。我这边就负责管理，第一，训练的司机都是自己人，都有经验了，他一上车就会看有没有人跟车什么的，就会有警惕性。第二，以后还可以加入保安，看到你出来就给你开车门，你坐进去他帮你关门，然后自己坐到副驾驶，再开车。

这样的服务，你不需要管车的维修，而且还省出一个车位，我收你五六百一天很不错吧，很多明星每天可能只是用两三个小时而已，车就可以轮换着开，将来还可以自己做车行，收很多二手车，修完了之后去喷统一的颜色，再弄一个维修部，每天负责清洁、保养和维修车子，所有车子都是干干净净的。20 辆车子起码养 20 个人，再养 5 个保镖，维修中心又可以养七八个师傅，四五个助手什么的，能提供很多就业机会啊。不过这些我也只是想想，没有去尝试。

后来我有能力了，就会全世界搜罗很多有趣和实用的东西，找厂商做出来。除了拍戏要用的成家班的专用设备，生活里面其实随处都可以体现创意。很多朋友都有我送他们的手机壳，那个就是我自己设计的。因为常年在片场，都是住各种酒店，出门时不需要带什么东西，一部手机、一张房卡就可以了。我就想怎么能在手机壳上面装一个放卡片的东西，现在这个手机壳就是这样想出来的，背后有一个卡槽，出门旅行也会很方便。其他像是我自己品牌做的各种衣服、包、文件袋、红包袋、贴纸、围巾、杯子、U 盘、行李贴，各种东西都有我的想法在里面，拿来送朋友，外面买不到，朋友也会

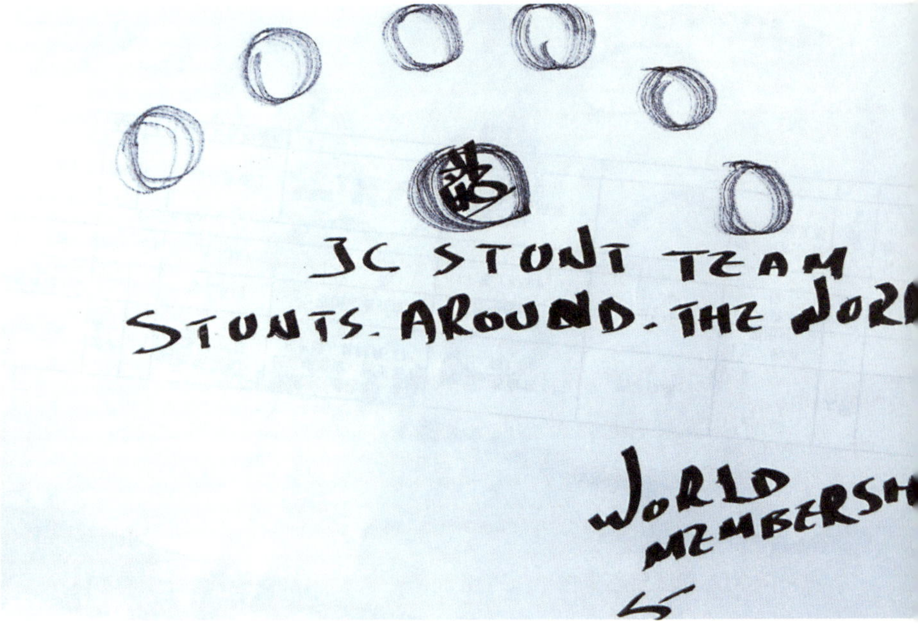

我在片场画的设计草图，这个设计最终用在了成家班的设备房车上

特别喜欢。这算是满足了当年自己想去创造的愿望，把那些奇奇怪怪的想法付诸实践，让我很开心。

从想买到想捐

当我还是小鬼头的时候，跟着罗维大导演去名牌店买东西，他进去慢慢看，我就坐在一边慢慢等，每样东西都很贵，人都不太敢站起来大步走。

我坐在那里等了很久，实在无聊，就站起来看看那些衣服，有一件还蛮好看的。我走过去指着它跟售货小姐说："我能不能看看这个？"那个女孩子就爱搭不理地说，"很贵的哦，你买不起的。"一脸鄙视的神情。我"哦"了一声，又退下去坐回座位上，心里很挫败。我也知道很贵啊，我只是想看一看不行吗?

罗维导演还没出来，我又不敢赌气走掉，只能坐在那里，看着那个售货小姐，越看越讨厌，越看越丑。她在那边擦擦东西啊，收拾收拾啊，一会儿又瞄瞄我，也许当时她也没有什么恶意，但我就觉得她那个样子是看不起我。

等罗维导演一走出来，她马上就迎上去，声音很嗲地说，罗导演啊，怎样怎样啊……我心想，这人怎么这么势利眼。

想不到我在短短1个月后就成名了。那时候才22岁，片酬是"天价"，480万。有天忽然想起这个售货小姐，就带着成家班又去那家店，他们像保镖一样站在两边跟着我，我就很拽地走进去。

她当时刚好就在店里，我过去故意跟她说，"这件这件这件这件，我每一件都要试穿。"现在商店卖的衬衫已经没有别针了，以前的衬衫在包装好的时候是有很多别针的，包在胶纸袋里面。她把每一件都打开，我拆开扣子随便试一试，然后就丢在一边。她先后拿了几十件下来。接着我又试鞋子和裤子，试了一大堆之后，我随口跟那个女孩子说，"这个要这个不要，这个要这个不要，包好帮我送到酒店。"然后转身就走，那个女孩子都要崩溃了。

店里的经理赶紧过来跟我说，"成先生，对不起，你讲的她没记清楚。"

我说，“我讲得很清楚啊，这边要，那边不要，我要每一件都包得像新的一样，一个别针都不能少，全部给我封好。”说完就出门走了。

今天这些衬衫还在我家里某个角落放着，买了从来没有穿过。现在再想，那时候真的很幼稚，你以为是报复了，出气了，其实是无知而已。如果是现在，我肯定会原谅别人。当时主要还是没信心，总怕被人看不起。有钱之后，我每天还是一副大老粗的样子，这都是故意的，跟那些势利眼们对着干，有种报复的快感。

做武行的时候经常路过半岛酒店，想走进去看一看都不敢，好不容易有机会进去了，连地毯都不敢踩。当时邵逸夫约我在半岛酒店喝下午茶，我就觉得很开心，带了 8 个成家班的人，故意穿着牛仔裤和背心大摇大摆走进去，服务员赶紧过来说：“对不起成先生，我们这里不能穿背心的。”我说：“哦？不能穿背心啊？那你给我找一件衬衫来啊。”人家就拿了一件衬衣给我，我随便穿上，也不扣扣子，就跟邵逸夫聊天喝茶。

第二天，我又去那里跟人见面，上身穿着衬衫，下面穿着一条短裤，又是大摇大摆走进去，服务员只好又过来说：“对不起成先生，我们这里不能穿短裤的。”我又说：“好啊，那你帮我找一条裤子来啊。”人家把裤子给我，我就直接套在身上。这两次旁边都有很多人在看，指指点点的，我心里就觉得很爽。那些有钱人每天打扮得衣冠楚楚，我偏不这样，就是要破坏你们的规矩，你们也不敢因为我这副样子就看不起我。

我从小就喜欢身边围着一群人，爱热闹，有钱了也开始学人家讲究排场。那时香港影坛有很多动作组的班底，刘家班、洪家班、袁家班，我想要自己的成家班最有面子，就决定帮所有人都买车。一部车子 7 万，我出 5 万，你自己供 2 万，每人一辆。他们问我，我们要那 5 万块，但是不买车行不行？我说不行！这样的话 5 万块就不给了。后来每天出去，成家班一共 16 辆车子，加我一共 17 辆，一模一样地开出去，多威风！我们只要一出门，人家都知道是成家班来了。

拍《一个好人》的时候，我跟成家班在澳大利亚逛街，路过一家名表店，门口刚好站着一个中国人，见到我就说，哎龙哥龙哥，进来看看啊。我说我不买东西，他说不买没关系啊，就进来看看嘛。我想人家这么热情，那就去看看。一进去店员就倒咖啡倒茶给我，很殷勤，我就不好意思了，就去看他们的表，结果就是成家班一人一块名牌表，那时候一块表大概两万块。本来我只带了 3 个人逛街，我想一人送一块也就行了，他们 3 个就说，“那其他人呢？”我说，“好吧，那就全送吧。”回去之后每人一块，看他们挤在那里讨论，我要换那个款啊，我要去换那个颜色啊，每个人都开心，我也跟着特别开心。

我一直很喜欢送人礼物，有段时间，想做一批自己品牌的皮衣。从 2000 年开始，设计了一年多，用最好的羊羔皮。当时做完大概 6000 块港币一件，算是很贵了。那批衣服做得很好，每一件都有编号和签名，我不舍得随便送人，而且送这个不送那个，就会得罪人，所以我就决定一定要送给特别的人。

刚好那段时间我到伦敦，看到羽毛球队总教练李永波，当时大家都在赌拿了五连冠要怎么样，我说我也加入，如果五连冠，我就送球队每人一件皮衣，结果最后他们真的拿了五连冠。我说话要算话，后来他们在深圳参加一个活动，我就把皮衣全部拿过去送给他们，自己也穿上，跟他们一起上台唱《真心英雄》，给他们鞠躬。尤其看到那几个负责陪练的球员，特别感动，一个冠军已经很难拿了，五连冠真的很厉害！

有一阵子，我们一起拍戏的那些人，洪金宝、元彪、我、陈勋奇、曾志伟，收工了之后经常是在郊区，大家就会去空旷的地方飙车。后来去美国拍一部片子叫《炮弹飞车》，里面用的都是三菱的车，拍完之后他们就请我做形象代言人。

之后，我们一起搞了一个慈善的“成龙杯”赛车比赛，弄了几年，效果一般。我们就想，怎么样能让活动形式更有创意，能吸引别人来参与做慈善呢？不如弄一个由女明星参与的“成龙杯”慈善赛车会，我们确保大家的安全，这样的形式也更能吸引媒体的关注和报道，能筹集更多的善款。

当时是在澳门举办的，马上就大火，到了后来，很多人去澳门看完“成龙杯”就都走了，其他的职业比赛都不看了。连续做了好几年，每年他们都

给国家羽毛球队送皮衣

收我很贵的费用，场地费多少钱，各种费多少钱，后来有一年又涨价，我就觉得不太想做了，我给你带来效益你还收我那么多钱，本来是做慈善的，做一场赛事很辛苦，最后扣掉成本，筹集不到一两百万元，我想这一两百万元还不如自己捐了算了，到处求人弄得很麻烦，最后就不做了。再往后就是我跟三菱车队一起参与职业比赛，巴黎 - 达喀尔拉力赛，我赞助国内的车队。

这些年，我总觉得东西太多了，都成了负担，于是我做了一个“成龙电影艺术馆”，把我 40 多年来所有的电影道具全部搬过去，47 个货柜全部送到艺术馆里，这之前还要花钱维修那些坏掉的东西，包括脚踏车、摩托车、汽车、头盔、眼镜等。我还想要找一个地方盖起“成龙世界”，把我这么多年来所有的收藏全部捐出去，摆在那里给大家欣赏。

从没钱到有钱，从乱花钱到做慈善，我也在一路成长。我不介意别人说我没文化、暴发户，我也确实有过那样的阶段。原来是什么都想买，现在什么都想捐。30 多年前我已经把一半家产捐到我的慈善基金会里面了，那时我就说，我的愿望就是死之后银行存款是零。

心大了，事就小了

我是一个不怎么懂理财的人。不仅不懂，还很容易受骗。

有一年在香港拍《玻璃樽》，在海边，拍我和舒淇开着车的那一段，我看到海边有个破房子，海滩又很脏，就想如果这边稍微搞一下，可以变成一个很好的旅游区。当时剧组里有个布景师说，这很容易啊，这边的地是不卖的，只能租，我认识的一个人就有这块地的牌照，只是他没有经营下去。我说那你帮我谈一谈吧，我把它租下来改造一下。他说好。后来就告诉我手续费要 300 万，我说没关系，就上了律师楼交了 300 万，接着就是每个月交一万多块的租金。

等办完手续之后，有一天我经过那边，就看到有人在那边烧烤，乱七八糟的，很脏，我又马上花了钱用铁丝网围起来，找人去设计，想等设计完了，就找认识的人，从撒哈拉沙漠买沙子回来堆在那边，把整片海滩都弄得很漂亮，再把旁边的地租下来做停车场。

每隔一段时间，我就会带人去看，给人家讲这块地我怎么发展。一晃几年过去了，我每次问那个人，他每次都说在申请中，再问，他就说在改图纸，只要改图纸就要再申请。这一放就是七八年。直到有一天我遇到当地的一个负责人，讲别的事情的时候，我想起那块地，就请那个负责人帮我看看有什么问题，为什么那块地的申请一直没有进展。他问完之后告诉我，这块地从来没有人申请过。等我再找那个布景师的时候，人已经不见了。就这样，我被骗了 300 多万。

从小到大，无论被骗多少次，我永远选择先去相信别人。如果你骗了我，没关系，我还有更重要的事情要去做。我不会因为你，而变得不再相信别人。那么多人骗我，他们也没有因此变富。我一直被骗，也没有因此变穷，而且我相信那些骗子自己这辈子都不会好过的。

年轻的时候受过的委屈，等时过境迁，可以云淡风轻地笑着讲。

1982 年的时候，王羽邀请我拍一部戏叫《迷你特工队》，那时候我已经很红了。主演除了我们俩，有林青霞、郑少秋，还有那位当年当面拒绝跟我拍《剑花烟雨江南》的女演员张玲。

我从香港飞到台湾，剧组派了当时全台湾只有一部的劳斯莱斯去接我，把我送到片场。我们男生的妆很快，化完妆之后我就满心在想，一会儿见面，我到底要怎么对待张玲呢?

想了一会儿，发现还没人通知我去现场，我就问旁边的人，“现场可以了没有？”

那个人说，“哦，我们还在等张玲化妆。”

我一听这个名字，马上说，“啊？是吗？我化完妆了，先到现场了。”说完我起身就出去了。这时候我就听见王羽在旁边很大声地说，“什么妆化那么久？观众也不是要看她，观众是要看成龙的！”王羽一向说话非常直接，我估计张玲听到了，她马上就走了出来，跟在我们后面。

我们几个演员到导演旁边听他讲戏，这个过程中，我一直用余光看张玲，她那时候在台湾已经不算很红了。我一边听着导演讲戏，脑子里还在想，一会儿我要怎么对她，怎么甩她……

这时候导演说，“好，就这样，大家可以去补妆了，稍后我们就这么来。”

所有人散开，我一转身，看到张玲站在那边没动，我很平静地跟她笑笑，说“你好”，然后伸出手，跟她握了个手。她也跟着笑了。

尽管我在一秒钟之前，脑子里想的都是要怎么给她难堪，以报年轻时被当面羞辱之“仇”，但真的面对她的时候，我知道我不会那么做。

人就是这样，如果我真的用一个很恶劣的心态和方式对她，她不开心，我自己也不开心，这样一来，跟她演戏的效果也不会好。而我这么跟她一握手，她一笑，她也放下心，我也开心了。

这就是我的做人方式。不管谁对我好或不好，我都是这样。有些人，是我喜欢来往的朋友；有些人，我可以跟你来往，不拒绝跟你来往，但我也不主动跟你来往。“心大了，事就小了”这句话，我也是慢慢在成长中学习到的。

爱唠叨

好好读书

当年我刚成名，经常要为影迷签名。在国外还好，签英文名字无外乎那26个字母，人家说能不能帮我写上名字，那只需要问他“How to spell（怎么拼写）”就可以了，写起来很容易。在国内就很尴尬，人家说帮忙写上名字，我就问是什么字，人家说了，我常常不会写，还要人家跟我说是什么偏旁部首，我也听不太懂，最后就变成麻烦别人写下来，我再照着写。有时候别人写的是连笔字，我还要麻烦人家写得比较正楷一点才能抄，真的很麻烦，也很糗。

开始做慈善以后，经常到一些学校或孤儿院去，人家会让我签名或者留一两句话，我每次都觉得很紧张甚至害怕。这种感觉你们是不会了解的。有时候一推开门看到桌子上摆着纸笔，有些时候甚至还是毛笔，我就吓退了，经常就假装有事溜到旁边去。你看很多有文化的人，经常会留一些墨宝，写得很好看，收到的人也会很开心。我不是不想写，而是不会写，真的很惭愧，所以我现在一有机会就跟年轻人说，一定要好好读书。我用全世界影迷捐来的钱和自己的钱放在一起，盖那么多龙子心学校，也是为了让我们国家的小孩子可以从小就好好读书。

回想起小时候，觉得很遗憾，在有机会读书的时候没有把握机会。年轻时，拥有多少财产，拿过多少奖，对我很重要。随着年龄的增长，这些东西对我越来越不重要，我早就不在乎这些了。这些年，如果说有什么事是我真的后悔，真的想重新来过的，那就是想回到童年，把书好好读好，这是我现在唯一后悔的事情。我真的很想长远地有那些学问在身上，不像现在，每天都在遗憾。常常词不达意，说出来的话被人曲解和误会。

李小龙读过很多书，还研究哲学，他讲话就有那种很深奥的东西在里面。他的“Be like water , my friend（像水那样吧，我的朋友）”那段话讲得多好，“因为水是无形的，你不能抓住它，你不可能用拳击中它，更不可能伤害它。”我就讲不出来那么有感觉的话。

我一直都说自己是个大老粗，这么多年来也不断去学，不断纠正错误，不断提升自己。希望年轻的你们可以抓住大好时光，好好学习，不留遗憾。

保持整洁

很多人都说，从来没见过像我这么爱打扫爱收拾的人。不管是在飞机上、酒店里、餐厅里、休息室里，还是车上，我总是不停地在拿个纸巾擦啊擦，拿个笤帚扫啊扫。

出差在外，除了工作和睡觉的时候，我的团队永远都是一起待在我的房间。我早就习惯了带着大家吃一日三餐，大家也都习惯了只要回到酒店就去我的房间集合。晚上如果跟大家一起喝点酒，酒瓶和酒杯都是冰的，外面一直有水滴到桌面上，我手里就一直捏着一张纸巾，一直擦啊擦。喝完啤酒，我会把易拉罐踩扁收集到一起。看到塑料袋，我会把它卷成一个个小卷扎起来，摆在旁边。

有一次，一个专门帮我拍纪录片的同事去我家，穿了一双特别脏的运动鞋，就放在门口。第二天早上，他要出门的时候发现鞋不见了，到处找也找不到。跑去问娇姐，娇姐很淡定地往旁边一指——我正在阳台上对着一盆水帮他刷鞋……

每次回到香港，我常常会趁没人的时候去公司收拾大家的办公室。大家第二天一到公司发现很干净，然后就是此起彼伏的叫嚷，“我的笔记本哪里去了？”“我的计算器找不到了！”尤其可怕的是，我会在大年初一收拾办公室，还招呼所有人一起干活。

说是有洁癖，可只要一到片场就老实了，拍戏时哪能还嫌这个不干净那个不干净，但我还是会保证自己的那一亩三分地是干净的。

《辛亥革命》是在大煤矿拍，无论怎么清扫，还是永远一层灰。休息的时候，我扫完自己的车子，就去帮成家班清理他们的车子，清扫的时间往往就是我想事情的时间。他们说，大哥，我们已经弄得很干净了，我就用纸巾在车子上一抹，把上面的灰举起来给他们看，这叫干净？接着就开始数落他们，“就你们这个样子，怎么扫都没有用，你们看我上车之前，都是先把身上、腿上、脚上的灰抖掉了才上车，你们不管身上多脏永远都是咔咔咔上来了，咔咔咔下去了，能干净才怪。成家班那么多人，如果每个人上车之前，

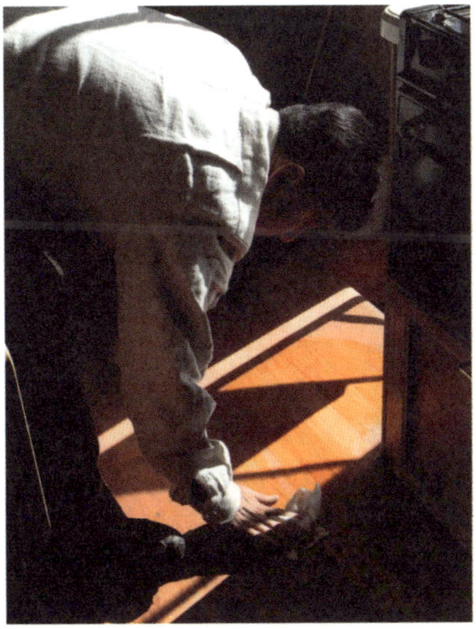

我在片场打扫卫生

《辛亥革命》片场

都能先清理一下，那车上的灰就能少很多……”

在我香港公司的洗手间贴着一个守则，上面有10条内容。希望男生小便时能注意卫生，比如上厕所前先把马桶圈抬起来，上完后如果有不干净的地方要擦干净，方便后面的人使用。洗手之后不要抓一大把纸巾来擦手，尽量节约，都是诸如此类的要求。

随时培训

《天将雄师》首映礼那天，所有明星都在一间VIP影厅里休息，我发现有个人怪怪的，我就故意走进走出，发现那个人一直跟着我。过了会儿，我招呼现场的保安过来，提醒他们注意一下。果然，那人不是任何主创团队的工作人员，而是跟着一群人混进来的，我之所以注意到他，就是因为他一直在休息室里偷拍，最后工作人员礼貌地请他删除了手机里的视频。

我把休息室的门关起来，对着满屋子的经纪人和助理做起了培训。“这个房间里这么多工作人员，竟然没有一个人发现。你们一直围在演员身边是没用的，房间一共就这么大，一群人围着，主创之间聊天交流也不方便，你们也不方便观察周围的情况。你们看我的团队，他们不会一直围在我旁边，永远都是站在房间的角落，找一个可以眼观全局的角度，观察周围的环境有没有问题，而且他们的眼睛一直都在我身上，只要我一个眼神，他们马上就心领神会。我跟成家班的人在外面工作，他们也有一句话，叫‘Eye always on Jackie（眼睛不能离开大哥）’。”

我跟大家讲起很多年前在美国的一件趣事。那是一部电影的首映礼宣传，当时的行程安排很匆忙，发布会、看片、观众见面、访问等，整个过程都有一大群人跟着。终于访问完了，一群人就跟我一起上了房车，里面有我的团队，也有片中合作的女演员。整个过程里面呢，一直就有一个女孩坐在我旁边，穿得也很光鲜。在车上，大家聊天，她也跟着一起聊，到了一个地方吃饭，她也跟我们一起吃，完了大家还一起拍照，临走前她还过来抱着我说拜拜，还亲了我一下。看她走了，我问那个女演员，“你怎么不跟你女儿一起回去呢？”她说，“啊？她不是我女儿啊，我以为她是你的朋友！”我也愣了，“啊？不是啊！我以为她是你的朋友！”问了一圈，发现没有一个人认识她。她就这样全程跟着我们，坐我们的车，吃我们的饭，还跟我们拍照片……

将心比心

我自己做导演拍戏，最怕的就是遇到不专业的明星，我知道大家对他们有多反感，就提醒自己不要这么做。每次到了电影宣传期，我总能听到工作人员说，“大哥，你们是我见过的明星里面，最好合作、最专业、最敬业的。”对于这样的夸奖，我会觉得不敢当，但是至少我和团队一直在努力这么做。

工作现场出现了问题，我们不会马上去指责工作人员。这种宽容的态度并不是天生的，只是因为我拍了几十年电影，知道无论准备得再充分，到了现场还是会有状况，所以我不会去苛求人家一定要完美，只要你不是故意弄错的就好。参加活动的时候，如果遇到一些临时状况，我和我的团队往往是最淡定的。

一些刚刚冒出来的明星，他们讲究的一大堆东西，我只会觉得幼稚，我很多年前去好莱坞拍戏时，见识过“巨星”的要求，他们可以提出用矿泉水洗澡，要让整个房间的空调吹出来的都是氧气，反正就是只有你想不到，没他们提不出来的。时间久了就会发现，计较什么单独休息室啦，出场顺序先后啦，吃饭标准啦，指定化妆师啦……所有这些，都不如你认认真真拍一部代表作重要。

我每次出门，吃饭喝水这些东西自有身边工作人员安排，不需要麻烦别人。去拍杂志的时候，一般都是自己整理头发，一把梳子，一小瓶喷雾就搞定，不太需要化妆师帮忙。杂志社安排的衣服，我基本上都会照单全穿，不会嫌这个难看，那个不是我的风格。工作结束，我会主动招呼大家拍张大合影，免得别人不好意思开口。

我的团队跟我工作几十年，在各方面早就已经训练有素。助理 Dorothy 身上永远背着两个大包，被大家称为“哆啦 A 梦的口袋”，里面我需要的东西应有尽有。只要跟我一起出门，所有人一定会穿方便的鞋和裤子，因为不知道在哪里会遭遇大群影迷，他们会把你的衣服踩坏、鞋子踩掉。

所有的活动现场，大家一定要走在我前面，因为人群是跟着我的，如果你落在后面，不仅可能被后面的人群踩到，动作慢的话还有可能被安保人员拒之门外。假如你身上没贴什么标签，也没带工作证，人家不确定你是谁，你就要解释半天，或者请里面的人出来接，这样就会很麻烦。参加活动的时候，各种素材、伴唱带、音频视频，都带一个备份，以免现场忽然出现问题无法播放……

做好分内事

这个故事是一个反面教材，但我到今天都记得很清楚，因为真的又好气又好笑，不妨分享给大家。

有一段时间，我每次去嘉禾公司剪片子，都会看到一个女孩子，一直加班到半夜。我问她为什么还不回家，她说，还有事情没做完。我心里就在想，这个工作人员真是勤快，后来我再去剪片子就会带点消夜给她吃，她具体是做什么工作的我也不清楚。

到了筹拍《飞鹰计划》的时候，我才知道她是嘉禾新来的制片，被指派给了我这个项目。因为对她保有敬业的印象，我当然不会反对。这个女孩叫Alice，带了 3 个助手，都是马来西亚人，一个胖胖的，一个瘦瘦的，还有一个中等身材。这 4 个人就组成了我的制片“娘子军”。

到了西班牙，她们跑来跟我说，“大哥，因为是成家班，我们不知道怎么办。”

我问，“什么事？”

“A 不要跟 B 一个房间，B 又不要跟 C 一个房间，D 要跟 C 在一个房间，但是那个 C 又不想跟 D 在一个房间……”

我听得头都大了。其实这些事情，就看剧组要怎么处理。要非常强硬地直接把房间分好，不允许有任何的意见，是一种办法，但迁就大家的想法，让关系更好的人住在一起，也不是不可以。只是当时我看这几个女生很为难的样子，又点出是成家班的问题，就马上表态：让他们都服从统一安排。

分房间的问题解决之后，有一天她们又来跟我抱怨，大哥，我们每天都要去看外景，但是大家不管是洗衣服，还是寄信、换钱，都要来找我们，我们要负责所有人的琐事，真的忙不过来啊……

我想了想，其实制片组在片场就是负责解决问题的，这些事情你要说不归她们管呢，好像也不完全是，但如果全都让她们几个女孩子管呢，似乎又确实累了点。

于是我找了一天，安排了一个餐厅吃饭，等所有人都到齐了，我就上台跟大家说，“各位，你们听好，我们来这边是来工作的，不是来度假的，你们平时没事的时候，可以自己出去走走，因为我们不是来三天两天，我们要在这边生活 3 个月，你们要熟悉这边的环境，学点当地的语言，了解一下风土人情。制片组她们几个人，不是帮你们洗衣服、寄信、打电话、登记的，她们是来拍戏的，琐碎的事情你们尽量自己做，如果你们再烦到她们，你们可以马上不做，请你们回香港。有没有问题？没有问题了，好，吃饭。”

听听我的语气多严重，“如果你们再烦到她们”，话都说到这个程度了，剧组所有人就都自力更生了。各种事情都自己来，没人敢去找她们 4 个。她们的工作就只剩下纯制片的那些内容，而且还是 4 个人在分担。

Alice 有个口头禅，我后来给她总结为“三咁”，那就是“来咁、做咁、记咁”。

比方说你问，我的西瓜汁呢？来咁，意思就是在来的路上了，马上来了。

那个杯子呢？做咁。

那个车子的事情呢？记咁。

她永远就是这三咁。手里拿着个本子，很认真地在写。你跟她说个什么事情，她就马上哗啦哗啦地翻那个本子，煞有介事。我就很放心地把很多事情交给她去安排。

我们在西班牙拍摄的时候，有需要撞车的戏，要买车子，撞完之后还要再买。跟她确认这件事情的时候，我永远记得她当时那非常笃定的神情，“大哥，我们现在啊，是 under budget”，意思就是预算控制得好好的，然后她还说，我们买 20 辆车，以后还可以卖掉，如何如何。

我说，那很好啊，接下来我就要去摩洛哥的沙漠了，你要在这边盯住啊。她说没问题。

摩洛哥那边的戏份，我们需要很多喷枪，用来吹机器、镜头、机身，吹片盒上的灰尘，还可以喷脸和喷身体，消耗量很大。一支小的喷枪 500 港币，一天就能用掉 3 到 4 瓶，如果是在沙漠拍，起码一天 6 瓶。

我马上打电话到香港，问那种插电之后可以一直用的大喷枪多少钱，对方说 3000 港币。我就交代 Alice，马上买一个寄到摩洛哥去。紧接着，我说再帮我寄一个剪接用的机器，我要最小的那个，4 个盘的，快点寄去摩洛哥，我要开始剪片了。

过了几天，我问，喷枪呢？

寄咁。

剪片机器呢？

来咁。

我说，好好好。

西班牙的部分拍完了，我问她，摩洛哥那边安排好了吗？她说安排好了。我就很放心地拉了一大堆人到了摩洛哥。

在那边的片场，箱子一打开，我马上跟工作人员显摆，你们看，这个喷枪，这是我想到的，你们永远都是用现成的，那个 500 港币一个啊，多贵啊！我想到用这个，从香港寄过来，才 3000 一个！

大家就说，哇，大哥英明。

拍了快一个月，剪辑师都飞来了，我问，剪接机呢，怎么还没到？

她还是那句话，寄咁。

之后因为一些原因，我想干脆早点拍完，把所有素材搬回香港剪，也就没再追问。

有一天，我在片场看到一个箱子，打开一看，是喷枪。

我问 Alice，这个是什么？

她说，香港寄来的喽。

我说，那我们前面用的那些呢？

她说，租的。

我简直不敢相信自己的耳朵！租的？

原来她租了一个可插电的大喷枪，一天租金 500 港币，我们去了一个半月，租了一个半月！我马上就要杀青回香港了，买的喷枪才刚刚寄到？！

紧接着，有人跟我汇报，我们在西班牙拍的那些戏，早就已经超支了，什么狗屁 under budget！

我忍住所有的怒火，跟大部队回到香港，回去之后才发现剪接机被寄到了欧洲，两个月之后才辗转从欧洲寄了回来……

我打算开始剪片子的时候，公司的人又来报告说，大哥，我们少了很多素材。

这下我彻底急了，让人去查到底是哪个环节出了问题，最后弄明白是被某个合作单位给扣住了。打电话过去，对方说，你们这个不合手续，准备好赎金过来赎吧。

最后是邓景生拿了 160 万美金去换片子，而且拿回来的素材依然有缺失。这真的是触碰到了我的底线。

我跟其他制片合作，不管是在哪里拍戏，尤其是在国外的时候，一拍完，最最重要的事情就是把底片请人安全地带上飞机，送回香港。

结果这位“三咁”女士，身为制片，对于剧组人员生活上的照顾，不愿意做，自己带了 3 个助理，也没看到她是如何用人，如何进行工作分配，安排给她的事情全都没有做好，号称没有超支其实超得一塌糊涂，她手下的一个制片还坐了一个礼拜的牢，原因是她没有安排在拍戏用的钱上面印上“道具”字样，有些临时被请来的特约演员或工作人员就拿着钱去买东西，结果被抓到了……

就算所有这些都不说，可是最最重要的底片，她竟然出了这么大的差错！

《飞鹰计划》现在的版本，是我在沙漠一撞就停了，其实本来后面还有的，但当时所有人把素材翻了个遍，都没找到那一段底片，我一生气，只能在那边就咔掉了。

后来电影都上映结束了，大概隔了半年吧，那家扣住我底片的单位打电话来，说，“我们帮你找到了丢失的底片，请你再拿 80 万来赎回。”

我问为什么，他说，为了找你这个，我成立了一个办公室，请了 3 个人，一直就在找这个片子……

我当时差点直接爆粗口。

经历过这件事情之后，我到世界各地去拍戏，都会把这家合作单位的名字讲出来，让所有人避开如此没有道德的公司。

自那之后，那位“三咁”女士看到我都绕着走。

我跟何冠昌说，嘉禾今后可不可以不要用这种人？反正以后嘉禾有她没我！

逼得我说出这么赌气的话，跟一个工作人员杠上，可见我是多伤心又愤怒。

现在讲起来依然很生气！

细节决定成败 态度决定一切

我经常会教育身边的年轻人，细节决定成败，态度决定一切。

在片场每次看镜头的时候，我基本不太去看主角是怎样，这些重要的部分相信大家已经准备得很好，我注意的是旁边的临时演员和道具陈设，这些反而更加要紧，穿帮和漏洞往往都出在这里。一个大将军站在前面威风凛凛，后面站了两个兵却无精打采，帽子戴得都是歪的，这就不行。拍古装戏的时候，就要去检查大家妆容上的问题，现场有没有会穿帮的现代器具。每次我站在镜头前演戏的时候，都会提醒摄影师，“别看我，帮我看看后面的景和群众演员。”

我在片场的时候，没事做就会观察现场的人，有打打闹闹的，有打情骂俏的，有心不在焉的，这个过程中，你就会发现有那种非常专注认真工作的人，我会更多留意他们，如果将来有适合的工作岗位，就会留下他们继续一起工作。机会都是给有准备的人的。

这几年开两会的时候，我也会一直留意身边的人。比如我就发现了一个记者，他不像其他人那样，只有在所谓“明星委员”讲话的时候才认真听、认真拍，他会认真记录每一个人的发言。在我看来，很多人的发言非常有内容，我自己都学到很多东西。那个记者在房间里走动的时候，脚步很轻，拿着录音笔放在别人旁边的时候也是轻轻的，不打扰到人家。我就请工作人员把这个记者的名片拿来，留在我的人才库里。

我很欣赏敬业的人，工作态度在我眼中非常重要。

《十二生肖》里的张蓝心就是因为这一点被选中的。

我的选角导演和动作组去挑人的时候，镜头摆在旁边是持续在拍的，不是说你表演动作的时候才拍，我就是要通过这个看全程的细节。当时选角导演给我看录像，我发现很多人没有留意到这一点，当听到说“再来一遍”的时候，就会面露不悦，等被要求“能不能换个角度再来一遍”，甚至会有点不耐烦。每次看到这样的人，不管她打得有多好，我都会马上按快进，直接跳到下一个。

张蓝心很不一样，拍完一个之后会很主动也很有礼貌地说，“老师对不起，可不可以给我再来一次？”接着看到她转身对着镜子练踢腿，然后说，“可以了老师，我再来一次。”看到这里我转头就对制片说，就她了。制片跟我说，其实前面和后面都有几个技术比她好的。我说不管前面还是后面我都不要了，工作态度不好，就算功夫再好也没有用。

一直以来，我拍戏都爱用新人，我不喜欢跟有些大牌明星合作时的那种麻烦。跟他们拍戏会很累，自己也不开心。今天没期明天没期，你只能一直拍替身，要么就是把戏拨给其他主演，这样出来的效果自然不会好看。新人可以一天到晚跟在剧组，随时学习东西，也随时上阵去拍，省掉很多麻烦。

我会时常想起当年的自己，是多么盼望别人给自己一次机会。在经历了那么多次的挫折之后，如果没有当初那些拉我一把的贵人，我也很难一次次渡过难关。现在自己变成了那个可以给别人机会的人，我会一直尽量地去帮助别人。

不要耍大牌

有很多演员，合约规定每天工作 8 个小时，到了时间不管拍没拍完，头套一摘就走了。这个规矩以前没有的，我拍《警察故事续集》那 15 个日夜班，是电影圈很多人都知道的事情。后来行业内慢慢有了每天工作 8 小时的说法，这是保护艺人，避免超时劳动的一种方式。

如果你不规定法定的工作时间，有些导演、有些剧组会太过分，连续拍 24 小时、36 小时，拍通宵，所以规定时间也是保护大家的权益，但是有些艺人一到现场就先问导演几点收工，要么是有约会，要么是有其他事，这样也不好。没规矩的时候把演员累死，戏演不好，拍打戏也容易受伤；有了规矩之后又容易把人惯坏，所以应该有一个合理的空间，既体谅导演和剧组，也体谅演员。

刚开始拍《新少林寺》时，我曾经问过陈木胜导演，“怎么你老拍别人，都不拍我？”导演就说，“大哥，帮帮忙，他们要过钟（拍摄时长有限制，到时间就走）。”

我一听这个就懂了，就跟他说，“没关系，你先拍他们，把他们拍完再拍我，而且我可以帮他们做戏，只拍到我脖子或者侧脸的也没事，我来帮你们拉背，不用找替身，等他们白天拍完走了之后，你晚上再拍我。不管别的演员怎么样，到我了，你就慢慢拍，不要怕，我全天时间都给你。”陈木胜就很感动。

因为我自己做导演，知道导演的辛苦，所以我不给导演任何压力。演员们没做过导演的，可能意识不到这一点。到了时间，经纪人、助理都跑来提醒了，“过钟了，超时间了……”就把演员带走了，要么就是去房车里面睡觉，要么就是去赶别的工作。

后来有一天在现场，我又故意当着很多演员的面问陈木胜导演，为什么你都不拍我呢？导演就笑了。我就是故意当着大家的面说，没关系，我有大把时间，人家没时间，你先拍人家，我不赶时间。

我很清楚，在拍摄现场导演是最累的，演员是最舒服的。晚到早退，吃最好的，坐个椅子，化妆师，造型师，助理，一群人给你服务。现在我们的演艺圈每天都在比排场，不管是谁一出来都是跟着一大堆人，大家都在比谁的跟班多。其实，有什么好比的呢？讲究这些的、比较这些的，都是一些没有信心的人。真的要比的话，难道不应该比作品吗？

我年轻的时候也试过戴上帽子、口罩、眼镜，但还是会被认出来，自己也觉得挺傻挺无聊的，干什么呢？后来我不管到哪里都直接出去，人家也不会把你怎么样。

每一个访问都是第一个访问

现在身边这些后辈，我欣赏的，觉得可以算得上朋友的，就会教他们一下，不喜欢的我就不教。我喜欢勤奋又有才华的年轻人，只会跟他们唠叨。

我曾经跟他们说，“记住，做任何一个访问都是第一个访问。”这也是自己的经验，我曾经试过不认真对待，后来很后悔。那时候刚到美国拍电影，好莱坞的那种工作方式，一排访问就是几十个，每家媒体只有 5 分钟、10 分钟的时间。大的媒体给的时间长一点，小的就给的少一点。记者们已经形成流水线，上一个在访的时候，下一个已经在旁边准备，时间一到，工作人员一提醒，他们就会站起来，说声谢谢，收拾东西离开，也不会说一定要多问几个问题。那时候我的最高纪录是一天做了 79 个访问。

几十个访问做下来，一直在说一些重复的话，状态就越来越差，回答问题也就越来越敷衍。“Oh，yes...”“Nice...”尤其上一些电视节目的时候，前面已经说话说累了，几个嘉宾共同坐在一起，人家主持人把问题给你，自己也不愿意说，老是几个字带过，请旁边的人去说。收工了之后就兴高采烈地去吃饭，后来看那些节目的回放，看到自己那张无精打采的脸，就特别恨自己，整场看下来就是两个字——无聊。

不管你做了多少个访问，记者都是第一次访问你。人家并不知道你前面已经说了多少遍，对人家来说这是第一遍，你没有理由不去尊重人家的工作，而且看你访问的观众也是第一次看到，如果你是一副要死不活的样子，那人家凭什么要看你呢？你本身就算再有魅力，也没有通过访问体现出来。所以那时候我就告诉自己，从今以后，每一个访问都是第一个访问。每个记者问我一个问题，只要时间允许，我都会把整个故事给人家讲出来，下一次另一个记者再问同样的问题，我还是会再讲一遍。作为公众人物，我们更要去尊重别人。

环保

我在很多场合看到过很多喝不完的矿泉水，最后都丢在那里，很浪费。

在片场或参加活动时，我和我的工作人员，都会在瓶盖上写上名字，一瓶水随身带着，喝完为止。实在喝不完的，剩下的水一定是用来浇植物，再把瓶子踩扁扔进垃圾桶。原来这些我都会自己做，后来人家说我是作秀，有时就交给身边的同事去做。在美国拍《功夫梦》的时候，威尔·史密斯的儿子也跟我学会了这一招。

我觉得很骄傲的一件事是，当初自己的几场演唱会都尽量做到了环保。前面在哈尔滨、上海开的时候，我跟全场观众说，请大家把喝不完的水倒了浇植物，把身边的垃圾带走。

这两次之后，主办单位都来跟我说，大哥，我们过去从来没有见过任何一个演唱会，结束之后现场这么干净，除了一些演唱会的票留下了，其他都没有什么垃圾。

接下来鸟巢的演唱会，我特意让团队在票面上都盖了“成龙”的章，这样大家就觉得票有收藏价值，也就不扔掉了。后来他们告诉我，那场演唱会的垃圾至少比别的活动少 70%。此外，我举办演唱会，在前期策划的时候就会要求尽量不用纸屑、烟花等不环保的东西。

这么多年来，我到全世界各地的酒店也好，带着大部队开工也好，只要出门，就关掉全部的灯。

我记得看过一个新闻，忘了是哪个国家，有一年，他们约定每一个地方关一个灯泡，一年省了不知道多少亿。

在剧组，我没事就去做突击检查，到了成家班的房间，看到他们正在那边忙着看手机或者打电话，厕所没人但是灯还开着，我就会问，你们有人要上厕所吗？他们说，没有啊。我说，那为什么还开着灯？他们就赶紧去关。

下飞机时带走没喝完的矿泉水；因为我的唠叨，威尔·史密斯的儿子也学会了用喝不完的水去浇植物

跟大家一起开会或聊剧本，我去上厕所，会问，有没有人也要来上厕所，两三个人上完了，再一起冲水。男孩子无所谓的。

我们中国十几亿人，全世界几十亿人，如果都能节约水资源、电资源，那将会省下不知道多少能源。这不仅仅是钱的问题，而是避免让地球的资源越来越匮乏，避免人类最终失去自己的栖身之所。这需要大家一起努力。像我和团队合作设计的手机壳，是用米糠之类可以回收再利用的环保材料做的。成家班动作训练基地、成龙电影艺术馆，包括我自己在北京的公司里面，也都用各种用环保材料制作的家具，比如旧布做的沙发、灯罩，瓶盖做的墙、塑料瓶做的天花板……我希望时时刻刻把这个理念传递给大家。

后勤主任

拍《奇迹》的时候，我们是第一个在现场有茶点处的剧组。那时候也会有些工作人员趁人不注意偷装一大堆吃的走，这是一个必经的过程，后来时间长了，大家习惯了，慢慢地也就没人去拿了。

拍《神话》的时候，我第一次在内地也做这样的尝试，也看到过有人把速溶咖啡抓一大把拿走的，等到我拍《十二生肖》《警察故事 2013》《天将雄师》的时候就没人去拿了，要给大家时间去慢慢改进。

所有来我《十二生肖》探过班的人都说，大哥的片场太厉害了，其他的剧组都没办法像他的剧组一样。有抽烟的地方，有喝茶的地方，有小吃部，有咖啡部。我尊重人家抽烟的习惯，但在现场绝对不能抽烟，我会给你单独的地方抽烟。吃饭要排队，吃完要排队把碗碟摆好。

你刚刚开始一部戏，要这样去做管理，第一个星期一定最辛苦。我会站在那里监督，摆放碗碟的时候，如果一个人盘子摆歪，下面的就都歪了，所以我很快吃完之后就在那里看着每一个人，他们就很自觉。

我的剧组吃的是非常好的，饭菜、水果、茶、咖啡、水、汽水，随便吃喝，那么你在这样的环境里工作，就要遵守我的规矩。一个礼拜下来，大家都已经形成习惯了，杯盘、碗碟、筷子全部都摆得很好，大家也会越来越方便。所有临时演员也都跟着学习，甚至我们到拉脱维亚去拍戏，拉脱维亚

我在片场做后勤主任，准备的姜汤和茶水

的电影人也都会跟着学。他们很惊讶地说："哇，原来你们中国剧组这样厉害！"我说："Yes！"

总之，我希望从自己开始，为整个业界做出一个典范，所有来过我片场的同行，他们回去也会慢慢地学习，这样我们的片场环境就会越来越好。

我剧组的茶水车，不拍戏的时候，也会借给其他导演去使用。比如姜文导演，尔冬升导演，我都借给过他们，这样工作人员可以享受到一点福利，车子也不会一直闲置。

饭前吃水果

有一阵子我总是吃过饭就吐，不知道为什么，以为自己生了多严重的病，赶紧去看医生。医生检查完之后，跟我说，你以后不要再饭后吃水果了。我说，啊？你怎么知道？

他说所有的肉要两个小时才能消化，但水果几分钟就消化了，如果你在饭后吃水果，那你吃下去的肉在胃的下面，水果就在上面。水果很快消化之后就下不去，就会开始发酵，慢慢变成胃酸，所以你就吐了。人家吃东西都是慢慢咀嚼，还能消化得比较快，但我吃东西都是囫囵吞枣，几乎不嚼的，一大块肉我一下子就吞下去，再把一大堆水果吃下去就埋单走人了。唐季礼总说我是大白鲨，什么都先吞了再说。每次又都吃得特别饱，恨不得吃到嗓子眼那里，一站起来肯定就吐了。从那之后我都改成饭前吃水果，到现在也是这样，你们以后也要吃“饭前果”，不要吃“饭后果”。

同为苦出身

我是苦出身，所以对各行各业最基层的人都有好感，尤其像饭店服务员啊，空中小姐啊，都会比较照顾。

有一次，朋友招待我们吃饭，在一个饭店的包厢里面。有一个服务员看起来像刚工作不久，动作还不算很熟练。中间她过来帮大家倒茶，手不稳，个子又小，一不小心就把茶淋到了椅背上的衣服上。我看她一下子很紧张，也不管那件衣服是谁的，马上跟她说，“没关系没关系，衣服都可以洗，你有没有烫到？”我这样一说，在座的人肯定也不好意思责备她了。她原本就紧张，听我这么说，快要哭出来，我赶紧又说，“没关系的，你不要害怕。”在飞机上，如果遇到空中小姐不小心洒了东西在我身上，我会马上说没事没事，假如是洒到了别人身上，我就会说我来帮你一起收拾，这样那个被洒的人也就不好发脾气了。

我总跟周围的同事和朋友说，我们要对这些最基层的人们好。这几年外卖越来越发达，很多人都是靠外卖员的来回奔波，吃上一餐又一餐的，他们每天起早贪黑冒着烈日严寒送餐，是很辛苦的，所以一定要多多体谅他们。

平时请朋友们吃饭，我永远是一边吃一边收拾碗碟，吃完的碗碟让大家都摆到转台上，集中到一起请服务员收拾，“你看这样给人家省掉多少事，我们不要麻烦人家总是一个一个摆，一个一个收。这些汤咱们都自己盛自己分，人家服务员每天站那么久，帮那么多人端茶倒水，还要忍受客人的脸色，有时候还会被人家骂，她们很辛苦的，我们要对人家好一点……”

不要浪费食物

在北京，我经常请朋友们吃饭，常去的餐厅就那么几家，中餐西餐都有。

现在我已经能踏踏实实地享用一顿饭，也不再抵触西餐，但是很多年前，我是真的很烦吃法国菜、意大利菜这些。不是菜不好吃，而是太浪费时间了，光是点菜就要点半天。我记得有一回跟外国人吃饭，5 点 30 分到餐厅，前后差不多吃了 7 个小时，他们居然还在那里点咖啡！

那天我们是 5 个人，点菜至少点了 45 分钟，每个人都慢悠悠的，我点什么什么东西，要怎么做怎么吃，几成熟，怎么烤，还要问原料是从哪里来的……妈呀！西方这种点菜和上菜的规矩也很奇怪，那些牛排啊鸡排啊明明都是要很热才好吃，但他们非要等着每个人的主菜都做好才一起上，我实在忍不了就冲过去把自己那一份拿过来，跟大家说抱歉我喜欢吃热的，冷了不好吃。当然，只有跟朋友们在一起我才是这样，如果出去参加那种外事的活动我就没办法了，只能跟大家乖乖地等在那里浪费时间。

几十年前，我们在南斯拉夫拍戏。住在一个酒店里，没有中国菜，没有日本菜，整个城市还很不发达。不过那个餐厅看起来倒是很高级，里面的人也都打扮得像模像样，很斯文。那时的我和成家班，一群毛头小子大老粗，英文基本上都不会。收了工一群人坐那边点菜，来来回回就是 salad（沙拉），soup（汤），steak（牛排），变一样都不会说，人家问你牛排怎么做，最多会说一个几成熟。

点菜的时候，有些人要喝汤，有些要吃沙拉。一会儿，沙拉先来了，我就问服务员我的汤呢。人家说，要等你们吃完那个沙拉才能上。那我是老大，就跟那些点了沙拉的人说，你们快点吃！终于汤来了，别人就看我喝汤。刚收工大家当然很饿了，西餐又总是先给你上一堆面包，大家就猛吃面包，结果等到牛排来了，没人吃得下，每个人只能吃一半，我就很不爽，觉得太浪费。问服务员下次能不能把牛排先上来。他们说不行。

后来我是怎么整他们的呢？一坐下来，我就先点 dessert（甜点）。他们就问，什么都不要，直接要甜点？我说对，就要甜点。吃完甜点，我就要 steak，完了之后又要 salad。我都反着来，搞得他们顺序全乱了。后来因为我每天都要去那边吃饭，他们就只好随便我们了，每次点一堆东西，什么都一起上，只有面包最后上。

现在我请大家吃意大利菜的时候，如果看到有人猛吃餐前面包，我也会去提醒，“面包别吃太多，不然一会儿就饱了，等后面的菜来了都吃不下了。”

经常跟我吃饭的人，都对一句话很熟悉——“一个圈，没人吃就打包”。我总是见不得桌子上有剩菜，第一轮凉菜上完，大家吃过几圈之后，我就开始盯着那些还有剩菜的盘子，分配给不同的人让人家吃掉，我自己也会负责扫荡一些。吃完之后所有碟子摞起来，再请服务员收走。

到了热菜的环节，吃过几轮之后，我就会说“一个圈，没人吃就打包”。第一次跟我吃饭的人可能还没搞清楚怎么回事，就看到我把桌子转一圈，接着就让人把桌面上剩下的菜都打包走了。最后吃主食的时候，桌面上已经不剩什么东西了。所以我总跟大家说，跟我吃饭你千万不要客气，菜转到你前面，一定要赶紧吃，如果你两三圈都不吃，想一会儿再吃，那我会认为你不爱吃这个东西，那么我很可能会在你没尝过一口的情况下，把那盘菜自己吃光或打包。

吃完的东西打包回去，一丝一毫都不会浪费，零碎的留着自己继续吃，完整的没动过的那些，我会送给小区值夜班的保安们吃。这么多年来大家都已经非常习惯了，每次看到他们开心的样子，我依然很高兴。因为我会想起很多很多年前，我还在戏剧学校的时候，如果哪天有演出，我们一定会打包很多好吃的回到学校，给没机会去表演的师弟师妹们吃。那时，一顿好饭就是我们童年最好的慰藉，也是我们所能表达的最朴素的情感。

支持国货

很多年前我去韩国拍戏，那里的同行跟我说，我们韩国人出门一定坐大韩航空，手机一定是三星，开的车子一定是现代、大宇。很少人开外国车。有一次我跟他们电影界的一个制片人聊天，他带我去看韩国当地专门卖盗版的商店，我进去一看所有的盗版电影全是外国的，没有一部是韩国的片子。我问这是为什么。他很自然地说，我们从来不盗版自己国家的电影。我心想，还可以这样？

这些年我在很多场合都号召大家支持国货，我自己用的手机也是国产的。以前我出门都是穿自己品牌的衣服，2020 年我跟李宁合作了功夫系列，现在出门就常常穿这个品牌。

30 多年后，跟李宁同一个 pose 再合照；在联名品牌发布会上的我们

“治理”交通

我真的很讨厌路上的车不让人行道上的人。

有一回在一个天桥上，看到下面是红灯，但还是有车在挤行人，我忽然很生气，就很快地走下天桥，故意到人行道附近，看到信号灯已经变黄，但有些车还是迫不及待要开，我一个跳跃翻到其中一台最着急的车子前边，用手大力地拍他的机箱盖。那个司机吓傻了，在驾驶座上看着我，我就在外面瞪着他，我指着他，给他看，这是人行道！然后转身就走了。

城市里的堵车，很多时候就是自己在那儿卡来卡去，是人为的，为什么不能互相让一下呢？很多交通事故也是因为你不让我，我不让你，就顶到一起了，这一下几公里就跟着塞住了。很多人开车不守规矩，乱并线乱加塞，本来路上只有三条行车道，能被他们挤成四五条，在这中间再加塞，就导致堵车。如果大家都能按照规则开车，互相让一让，肯定不会像现在这样堵。

乱停车

拍《龙少爷》的时候，我每天住在台北的华国饭店，附近的路有一个转弯，每次我们收工后开车回来，总有一辆车停在那里，堵着路口，车就转不过去。他一部车把整个巷子全堵死了，我们就下车走路回酒店，让司机去慢慢倒车。

刚开始的时候我找了一张纸，写上“请你尊重大家，不要把车停在这里”，用糨糊贴在那个人的车上。贴过之后发现没有用，连续好几天还是看到这辆车，有那么一天，巷子里又是大排长龙地往后退，我真的很生气。

对于乱停车的现象，我在电视台接受采访时给他们出过主意，说乱停车的人，你就把他的车吊走，运到旁边的城市去。以北京举例子，如果有那种很过分乱停车的，就把他的车吊起来运到天津去，车主要把车拿回来，他除了要自己出运费，还要到那边去领车，现场再缴一次罚款。这种为什么有效呢？因为大家都怕麻烦，有些时候罚款没有用的，尤其那些有钱人，他们根本就不怕你罚钱，但要是让他去另外一个城市把车取回来，那就麻烦很多了，今后大家在乱停车之前就会很慎重地考虑一下。

洗厕所

拍摄《警察故事续集》的时候，日夜班连续拍，为了节省时间，我让制片组在现场用两个货仓，搭了两个厕所出来。一边男生，一边女生。我自己这边，有一个单独的厕所。

有一天，我正在现场刷牙，就看到怎么大家都去我那个厕所呢？明明货仓那边的位子是很充裕的呀。于是我就自己走进货仓厕所那边看，一进去，我的天！

那个脏的程度简直让人无法直视。

我看现场大家都忙得不可开交，干脆自己接了一根很粗的水管进来，挨个冲厕所，最后冲洗得干干净净。

结果呢，等我回到我的单独厕所之后，完蛋了，所有的脏东西都跑到了我这边来，我简直要抓狂了……

捡垃圾

拍《大兵小将》的时候，我们去一个拍摄地，离开的时候比我们来时还干净，所有的垃圾都捡光了。一开始大家还没完全领会我的意思，看到我在捡垃圾，他们就说，大哥，那不是我们剧组扔的。

我说就算不是我们扔的，也都要捡干净，因为只要我们一走，人家就会认为是我们，他们会说是“成龙那组戏扔的垃圾”。过了一年，再见到那边的宣传部长，他还在说，从来没见过一个过来拍摄的剧组是这么干净的。

我每次拍完戏要回家，知道我快要到门口了，我老婆和儿子就会互相给眼色，“爸爸回来了”，然后马上把所有的鞋都摆整齐，把垃圾扔掉。

我去捡水沟里的瓶子，唐季礼怕我掉下去，赶忙过来拉住我

路遇“碰瓷”

这么多年在路上开车，难免会有剐蹭。所有这些小事故，数不清多少次了，没有一次叫人家赔过钱，每次都放人家走。不过有两次的经历倒是蛮有趣的。

有一次在香港，我开车，看见旁边一个货车，前面驾驶室坐着两个文身的，后面车斗里面也坐着两个文身的。那辆车从我们身边超过去，超的时候就蹭到了一起。

车停下来。我们还没说什么，那边的人已经过来找碴了。我的司机是当时一个老演员的儿子，叫阿孝，性格很老实。他看那几个文身大汉走过来，战战兢兢地说，“你们怎么没有看呢，就这样靠过来……”对方很嚣张，“是吗？是我们没看吗？”

我一看这个情况，就把墨镜戴上，从车里走出去说，“你们看看那个线，你们是怎么开过来的？你们还这么大声，没礼貌！”

4 个裸着上身的大汉一句话都没说，眼睛一直看着我。我想自己戴着墨镜，他们看不出我是谁，就继续说，“你们这样是蛮不讲理。我的车子坏了，有人修，也不需要你们赔钱，但你们这样开车，出了人命怎么办？你们不要这种态度，恶人先告状！”

其实我是随时准备打架的。反正真打起来，他们 4 个人，我不会占多少便宜，但他们一定也会吃亏。

一会儿，其中那个带头的忽然说，“对不起，龙哥。”

原来还是认出我了。我说，“没事。我的车你们不用管，但你们以后不要再这样，走吧。”

几个人就散了。一上车，我马上跟阿孝说，“快开车快开车！”

还有一次是在大清水。晚上我们去拍戏，在很黑的没有灯的路上开车，好多摩托车从我旁边一辆一辆超过去。半夜三更的，我很不喜欢这种摩托车的声音，很吵。嘴里就骂，“臭飞仔。”这句话还没讲完，就看一辆摩托车想从我旁边切过去，但是方向没弄好，直接直线撞到我车门上，那人就翻到我的车盖子上面了。还好当时速度不算很快，那人也没大碍。我的车门已经全部凹进去了。

这一来，所有摩托车就都停了，全部人都围过来。他们先去看那个人的情况，把他扶起来靠在一边。我把车停下来，车门打开，这次墨镜也没戴，直接招呼他们，“年轻人！”他们所有人一起转头看我。我说，“你们这种行为是非常危险的知道吗？你们撞到我的车没关系，如果他死了怎么办？”

那群人很沉默地听我的“教训”。其实我心里还是有点怕的，毕竟寡不敌众。

忽然间，也是有个人站出来，“对不起，龙哥。”

我又问，“要不要帮你们送他去医院？”他们说，“没事没事，还站得起来。”我说，“好，以后小心一点啊，再见！”

公路救援

在香港的时候，碰到刮台风下大雨的夜晚，我就把吉普车开出去。我的吉普车排气管在车顶上，所以完全不怕水。在路上走着，陆续看到有车在大风雨里抛锚，我就会下车问他们需不需要帮忙，然后就一辆辆帮他们把车子从水里顶出去。

有一次我要赶着去剪片，开到一个斜坡的地方，碰到一对男女骑着电动车摔在地上，女孩子看起来伤势很重。

我赶紧下车把她抱起来，放在我的吉普车上，让她的男朋友也一起上车，然后打开大灯和双闪，一路狂飙往医院开，直接开到我常去的浸会医院，把女孩子抱下车往里冲。我低头看到她大腿的骨头都露出来了，她男朋友在旁边，一路一直叫着她的名字，说你千万不要死……

到了医院，里面的人见到我就问，“大哥，在拍戏吗？”我骂了一句脏话，朝他们大喊，“什么拍戏？赶紧救人哪！”我把她抱进急救室，医院说我们是私家医院，这样的普通病人不能收。我说你敢不收，你们必须管，一定要救她。

帮他们安顿好我就走了，继续去剪片。晚上路过那个地方，看到有人在烧香，我心里想，希望不是那个女孩子吧。一周之后，警察来公司问话，我才知道那个女孩已经去世了，才二十出头，很可怜。看到这样的事情，每次都会很难过，大家平时不管开车骑车，都要注意安全。

还有一次也是碰到交通事故，一辆车撞上了路边的铁栏杆，都凹进去了。男的在外面瘸着腿，女的还卡在车里，当时我和元奎在一起，就叫上他跟我一起去救人，拿千斤顶把车先撬起来，然后用力把变形的车踹开。我想把女孩子拉出来，可一碰她的腿就说疼，我也不敢碰，就赶紧把大哥大给她男朋友，让他打电话叫救护车和消防车，后来才把她救出来送去医院。消防员看到我处理现场的方式，跟我竖起大拇指说，“成龙大哥，好嘢，就是要这样做。”我跟警察和消防员们的情分也是在这样的过程中积攒下来的，不然当初拍《警察故事续集》时，大家也不会那么帮我。

遇到这种紧急情况，我知道应该怎么做，都是拍戏积累下来的经验。在现场，经常要做各种紧急决定，已经养成临场反应的习惯了。

拍摄《大兵小将》的时候，有一次开车从盘山公路下山，忽然发现路中间有个大石头，非常恐怖，好在当时及时刹车。这是货车司机中途停车的时候留下的，他们也许去小便或者有其他事情，会用大石头顶住车轮，自己开走之后就不管了。我当即就让司机停车，自己跑下去把那个大石头搬到旁边，以免后面有车撞上，或者过度刹车翻车。这种小事，你不做，他也不做，最后就可能会酿成不好的后果。

教育年轻人

在香港，有一次晚上开车上山，半路上看到一个十四五岁的女孩，拎着东西一个人在走。我觉得怪怪的，就停车问她要去哪里，她说要去大清水，我说你上来我送你。她认得出我是谁，所以不会觉得我是坏人。

路上我问她去大清水干什么，她说约了朋友在海边见面，要一起过生日。我往她指的方向开去，快到海边的地方就看到聚集了很多飙车的人，看起来都不像是好人。我觉得不安全，就问她，你确定你要自己去这样的地方吗？她说我约了人。

我说你从山顶望下去，海边一个人一盏灯都没有，你如果要过去，还要穿过这群人，很不安全。她说我的朋友会来的。我说不行，今天这样的情况，我不会让你去，我要送你回家。她想了想，决定听我的话。我又掉转车头把她送回观塘的家。可能她的爸爸妈妈到现在都不知道我曾经做过这样一件事。

出门在外要小心

有一次陪罗维导演在意大利，他在机场准备值机，刚打开公事包，看到陈自强走累了坐在一个马路边，他觉得那个画面很好笑，就拿出相机转身拍照。也就是“咔嚓”一声的时间，再转头回来，公事包就不见了，里面有用信封包着的现金。

在外面，那些贼看到我们这种的不会抢，但是看到女孩就一定抢，看你穿个高跟鞋，拿个名牌包，知道你追不上也打不过。

在西班牙、意大利，都是那种骑摩托车的飞贼，路过你身边一手就把你的包抓住，你如果不松手，就会摔在地上。不一定是在没人的地方才抢，有些胆大的在闹市区也会抢，所以出门在外，一定要把钱包等贵重物品放在视线内，要么挂个腰包，要么把皮包挂在前面抱着。

很多年前我们在西班牙的拍戏现场，我刚刚完成一个镜头，在大概隔着100 米的地方，就看我们的制片一直啊啊啊啊地比画，我远远地问：“怎么啦？”他也说不出来，我赶紧走过去才知道他是被抢包了，接着就指给我那个贼跑的方向。

一看那个小偷已经兜了个圈跑了挺长一段，我和元彪立刻就跳过去追，就跟拍戏的场景一样，从很高的地方跳下来，我先是爬，再踹一下电线杆，再踹一下墙就下去了，元彪从旁边抱着电线杆一滑就下来了。结果我们一路追，贼就一路扔我们的护照，他扔一个我们只好捡一个，最后就没追到他。后来我俩还在讨论，觉得当时不应该停下来去捡护照，就应该直接抓到他才对。

还有一次在国外，在酒店大堂看到有个很漂亮的女孩子，牵着一只狗，穿着迷你裙，坐在沙发上。很多人都围上去，有看狗的，说好可爱好可爱，也有偷瞄女孩子的。那个女孩也会跟他们搭几句话。等都看完了，他们转头发现身边所有的包都不见了。人家就是故意找个女孩，转移你的注意力，你过去看狗看女生，人家同伴早就把你的东西偷走了。

能帮则帮

当我还在一天赚 65 块的时候，有一天，走在香港佐敦道的一个拐角，转过弯要去嘉禾戏院。看到有个人趴在地上，用粉笔在写自己的经历，希望大家给他一些钱。围观的人很多，给钱的人很少。我看他一手字写得很漂亮，觉得他很可怜，就走到他面前，放了一张 50 块，所有围观的人都看着我。我放下钱转身过马路就走了。

走的时候觉得心里很痛快，感觉帮到了别人，很开心，过了一会儿才开始想现实的问题，身上的钱都给了别人，接下来几天的日子要怎么过？那时候并不保证每天都有工开、有钱拿的。

1992 年，我们在长春拍戏，在一个老的火车站，我们在火车上面拍，底下有那种卖瓜子的小摊，摊主是个老婆婆。休息的时候我往窗外看，就看剧组里很多人都到老婆婆那儿，抓一把瓜子转头就走。我就把他们叫过来，“你们干什么？给钱了吗？”他们说，“大哥，我们给了，给了 5 块呢！”我走下火车，沿着火车道往两边看，看不到底也看不到头，就问，“老太太，你是怎么来的？”“我每天早上推着车过来。”“这些瓜子都卖完是多少钱啊？”“大概几块钱吧，他们给了我 5 块，我就给他们随便吃。”

我那时候也不了解内地的物价，也不知道瓜子真就是一毛钱一大把，就说这个太离谱了，我给你 100 块，你今天早点收工回家吧。

那时候火车还是烧煤的，片场附近有个废弃的火车头，里面有个大水箱，打开盖子里面都是水，特别脏。拍戏的中间，我老看见旁边一个小孩子，才八九岁，就在那个火车头的大水箱里面游泳。在片场溜达久了，他也认识我了，常常一副吊儿郎当的样子，有时候嘴里还叼根烟，浑身上下脏得哟，全身都是黑的，还跟着剧组的人管我叫大哥。

有天我就跟他说，你干什么的？怎么弄得这么脏？给你 300 块，把烟扔掉，先去洗个澡，再去买套衣服！没想到他还挺听话，一个下午之后回来了，哇，白得呀，干净得我都认不出来了，还穿着一套全白的衣服，“大哥，我洗过澡了！”我说，“不错！”

第二天我再看，又变回一个小黑孩儿了。

拍《十二生肖》的时候，有一段盘山公路的追车戏是在京郊拍的，拍摄过程中封路，我看附近有个卖水果的老大爷，就过去把一车水果全包了，让他早点回家。

平时坐车走在路上，只要是看到流浪汉或乞丐，我都会叫人拿一些钱给他们。很多朋友也会劝我，大哥，那都是骗人的。可是我总是想，万一不是呢？

有朋友跟我说，“大哥，这种情况下应该有一个标准，如果是失去劳动能力的老人，不管他们是不是骗人的，都可以给钱，但如果是有劳动能力的年轻人，那他完全可以去找一份工作……”

我知道这话有道理，但是想起自己当年空有一身本领，很多事想做却做不了，也很难赚到钱，我只能说，“你们不懂的，就算是年轻人，有时候也会没有办法，其实很可怜的……”

给那些乞讨的人几百块，想象着他们可以拿着钱去买急需的东西，我就会很开心。也许他们心中窃喜又有一个傻子上当，我也无所谓。这么多年来我坚持做慈善，如果每天都听人们说这个是骗人的，那个是骗人的，那就没办法做下去了。

生活总监

我在一部电影里面的职务太多了，除了导演、编剧、演员、武术指导之外，我还会做生活总监。什么叫生活总监？每个人的衣食住行我都要管。我要每个人都吃得很好，每个人都住得很好，每个人在片场用餐的时候都要有座位。350 个工作人员，现场要有 350 把凳子。400 人吃饭，现场要有 400 人坐的台子。不能坐在马路上吃饭，要有帐篷给他们挡风遮雨。

这么多年下来，我看过太多不好的事情。有很多制片主任把饭钱扣一半，把临时演员的钱从 80 块压到 20 块，正因为如此，我才要在自己的片场树立一个典范，给所有现在开工的制片、导演、老板知道，这样的情况在我的剧组不允许出现，我会亲自去管。每个临时演员都是自己领钱，不允许 10 个人的钱让一个人代领，因为这个人也许会把人家辛辛苦苦赚来的钱坑掉。

在大沙漠里拍《天将雄师》，有一天，我的车开到现场，就看到有个穿戏服的女生，从很远很远的地方走过来，我问旁边的人那是谁，她们说是林鹏，我说，她去那么远的地方干什么？她们说，应该是去上厕所。啊？去那么远的地方上厕所？走回来起码十几二十分钟。我就赶紧让他们开一部车过去，把她接过来。

之后我就跟现场的副导演讲，准备一部车子，专门给女生上厕所吧，演员和工作人员都可以用。男生在这样的荒漠里面，如果想要小便，那可以就地解决，女生真的太难了。

第二天，我在拍一个特写镜头的时候，突然间，听到旁边有人非常大声地说话，我通过一个反光的地方看，有一个人在对着副导演大吼：我是管制作的！我管钱的！没有！我说没有就是没有！

我不知道是怎么回事。拍完这个镜头等着换下一个镜头的时候，副导演就过来了，“大哥，对不起。”

我问，“怎么了？”

“你昨天的要求，说给大家准备一个上厕所用的车，我没做到。”

“为什么？”

“制片组不给。他们说没有车。”

下一个镜头准备好了，我说先稍等一下，然后我就过去那个制片那边。

“什么叫没有？就算没有，你的态度也不对。你可以有很多种方法讲‘没有’，比如我们没有这个预算，比如我们没有这个人力去做管理和清洁，比如这边条件受限制，找不到适合的车，这些都可以，但是你不能态度这么恶劣地朝人家吼。”

制片听了，嘴里嘟囔着解释了一句什么，很不以为然的样子。

我看他是这个态度，朝他非常大声地说，“你现在马上离开现场，你可以回香港了！”

这时候，我余光里就看到现场很多工作人员，在悄悄地拍手，我一看这个情况，也就不再朝他吼了，因为不希望现场出现这种幸灾乐祸的气氛。

后来剧组的总制片来找我解释，说其实不是故意不安排，而是最近是旅游旺季，那些大车都更喜欢接跟游客有关的活，那样可以多赚一些钱，来剧组的这种活他们不愿意。我说人家不愿意没关系，我可以把我自己的车拿出来，成家班的车也可以拿出来给大家用。又或者，如果真的要去远的地方上厕所，我可以专门有一部车让大家开着去，钥匙可以一直放在车里，谁需要都可以用，这些都是解决办法，但是制片不能在现场朝其他工作人员大吼。

其实制片这个岗位，在剧组经常会被人“讨厌”，毕竟他们的工作是要帮剧组省钱省资源，也很不容易，但是，你做事可以有很多方法，有些制片让人非常“讨厌”，有些人是有点“讨厌”，有些人却可以跟大家处得都还不错，这就要靠自己的态度和智慧。

这一次发飙事件之后，我就自己准备了一部车在现场，专门给女生用来上厕所。

当人是人

拍《十二生肖》的时候，我们要在中影一个摄影棚搭一个巨大的景，我的景要求搭得真实，并且满足拍动作戏的要求和强度。

那天制片通知我去看现场，一进去我就看到所有工人在烧铁焊，摄影棚1500平方米的大空间，我刚走到门口就受不了，要马上戴上口罩。我走进去看他们搭到哪里了，发现里面没有灯，只是靠照进来的太阳光在工作，越往里走气味越严重。

我当时就心头一阵怒火，“谁是负责人？”他们就把这个景的总负责人叫到我面前，“大哥，什么事情？”“开灯，开抽风。”那个人就说，“大哥，这个要钱的。”我说，“马上开！没人给钱我给！开个风扇要很多钱吗？你们这样是在害人你知道吗？我今天下午就要看到现场有抽风机！”

他们看我真的生气了，马上就想办法在现场放上了抽风机。

第二天我看到韩三平，就跟他反映了这个事情。那天，韩三平和张宏森又跟我一起来现场检查，他们确实把现场条件改善了很多。现场负责人过来说，“大哥你看，这里是我们吃饭的地方，这里是我们休息的地方……”我说，“你对我好没用，你要对工作人员好。”

几天之后，我正在现场工作，旁边有个很年轻的工人走过来，说，大哥谢谢你。我转头看，也不认识他，后来才知道是烧焊的工人。

我常跟自己剧组的人说，咱们拍戏的，要当人是人。这是我拍戏的一个原则，很要紧。

吉尼斯世界纪录

2012 年底，我被授予两项吉尼斯世界纪录，分别是“还在世的表演特技最多的演员”和“一部影片中身兼职务最多的电影人”，这两个说法都是从英文直译而来，读着略微有点拗口。其中第二个奖项，应该是对我多年来“管闲事”的最高褒奖了。

在颁发证书的活动现场，我说：“工作人员从《十二生肖》的纪录片里面发现，怎么哪儿哪儿都有大哥，最后他们算了一下，我正儿八经担任的职务竟然有 15 个，这连我自己都很惊讶！在拍戏现场，我已经习惯了拿起摄影机就拍，拿起灯光就打，道具我也能参与做，替身我也干，对我来说都是很简单的事情。可能在别人眼里这也是一种不专业，但我自己这么多年已经习惯了，这个奖给得很意外。不过呢，‘还在世的表演特技最多的演员’最好笑，幸好我还活着，可以自己来领这个奖，不然他们还要找我儿子代领。”

我也会害怕

打针

一直以来我最害怕的就是打针。像蛇啊，蟑螂啊，老鼠啊我都不怕，但一看见针就怕，想针插到肉里面，还要推一管液体进去，真的好可怕！护士

在这之前，我还曾获得“单个场景拍摄次数最多”的吉尼斯世界纪录，那部电影是《龙少爷》，那个场景我拍摄了 2900 次

一拿着针走过来，我整个人就会发软。

我拍《拳精》的时候摔伤了，一直流血。大家把我送到医院去，医生说要打破伤风的针。我问能不能不打，所有人都说不行。我记得那个病床很小，是带滚轮的那种，我脱了裤子趴在那里等，护士过来了，我看到针就很害怕，趴在床上推着床就跑，护士是个女孩子，一直跟在后面追，后来大家帮她把我拦住，她还没把针扎进去我就已经开始大声叫唤了。周围很多人听到了就过来看，发现是我因为打针在大叫，都觉得很好笑。

每次打针我都是能逃则逃。有时候为了逃避打针要忍受别的疼痛，那我也愿意。

拍《醉拳》的时候，我把眼角摔伤了，开了一个缝。去了医院，人家说要缝针，我说不想缝，就让人用很大的医用胶布把伤口贴上，又马上回到片场继续拍戏。结果拍着，血又流出来了。吴思远又带我到医院去，医生说要缝针。我就问，除了缝针有没有其他的办法，医生说只有一种办法，就是把伤口翻开，用电把每一个破掉的毛细血管封上，我说就这样。医生提醒我说，这样比缝针还疼，我说没事。等电的时候，电一下，我就疼得抖一下，但就是不想缝针。

有一次要去拔牙，因为怕打针，我没让打麻药，疼得我把人家的椅子都抓出来一个印子，人家觉得我神经病，我还要在那里假装没事。又有一次在片场，又是伤到眼睛，眼角开了，医生说这次必须要缝针，我这次没赖掉，只好打了麻药缝针。不知道是缝针的过程慢，还是麻药的量少，总之麻药劲儿已经过了，我已经开始感觉痛了，还有七八针没缝完。医生说可以给我加一针麻药，我说不用，直接缝完吧。忍受这种疼我也觉得比再打进一管液体要好点。

最惨的是拍《十二生肖》时被狗咬，要连续打 5 针狂犬疫苗!

李小龙的休息室

嘉禾公司的位置原来是一片乱葬岗，很多人原本就爱议论这边发生过怎样灵异的事情，鬼话连篇，后来李小龙在拍戏的中间过世，嘉禾公司里他的休息室就没人敢进去了。我当时想，没有人要，那我要那间休息室。那间房间门口“李小龙”的名牌就换成了“成龙”。

那时候我经常在公司剪片，有一天剪完片已经很晚了，也很累，懒得回家，想睡在公司算了。大家就都说，不要睡这里，“闹鬼”。我说，我就要看看怎么“闹鬼”。

睡觉的时候，忽然听见外面有“啪啪”的声音，我想，是木头在热胀冷缩。过了一会儿，楼上又有“哗啦哗啦”的声音，我想，那是老鼠。一会儿又有节奏有点快的声响，我想，那是猫在抓老鼠。只要我可以找个合理的解释，就没什么可怕的。

忽然间，就在我的门口，咚咚咚，像是有人敲门。这下我就解释不出来了，为什么这样？为什么会有敲门声？

不行，我要去看清楚！如果真的有鬼，那我要跟他讲话。

为了壮胆，我一边开门，一边同时“喂”地大叫一声！打开一看，原来是只狗，它一听我大叫，吓得一下子跑掉了。这时候我才注意到，整个走廊都是水泥地，只有我的门口有一块小地毯，狗为了暖和，就躺在地毯上睡觉，等身上觉得痒的时候就抓，抓的时候碰到了门，听起来就像是在敲门。

你看，很多事情要自己去确定，如果我没有开门去看，自己去联想去害怕，那我第二天就会跟人说，原来真的有鬼啊，很可怕。现在我解开了谜题，以后再睡在那里，再怎么响，我也就不害怕了。

黑社会

很多年前，中国香港和中国台湾的黑社会都很猖獗，他们总跟演艺圈搅在一起，我们避不开。

有天我们几个人吃牛扒，忽然有个小孩，胸前挂一个口袋，手就塞在里面，哐当一脚踢开门，我们抬头看他，他也看着我们，就觉得有点不对劲。我旁边的人就说，“你干什么的？”“没事。”“靠！你拿出来，别他妈的吓人，你把手拿出来，说你是干什么的？”那小孩转身就走了，结果他是要去旁边的房间，开错门了。我那个牛扒吃得是心惊胆战。就在他们俩对话的时候，我还把烟灰缸啊杯子啊都偷偷藏起来。那个小孩袋子里面装的应该是手榴弹，如果对方人多火力强就直接丢手榴弹了。

有一年拍戏，住在林肯酒店，做武术指导。那天快要收工了，天气很热，我就站在外面。这时候就看两个人走过来，问，谁是武术指导？我说，我是，什么事？他们就说，兄弟什么都没有，扁钻一根，你们看着办。"扁钻"就是像戒指一样的圈，外面有很长的三角形铁刺，用大拇指勾着，用来捅人。如果只是想伤到你，但不害你性命，他们会在尖头上绑一团布，露出来一两厘米，能把你的肉都捅烂，很长时间都好不了。看他们两个很嚣张的样子，我就说，哦，我去跟制片说一下。进去就问大家，这些都是什么人啊？那时候片场有些工作人员也是有帮派背景的，大家就跟我出来看，对方看人多，就转身走了。

那个时候我爸爸在澳大利亚做厨师，台湾有一种菜刀很有名，我忘了是什么牌子，就买了两把菜刀放在行李里面，准备杀青之后送给爸爸。平时在剧组，我的房间门要么就是开着的，要么就是听到人按铃，就直接开，也不看门外是谁，开了就转身，反正都是自己人才会来我房间。像现在也一样，知道工作人员会过来，我就会把房间的锁拧出来别住门，就不管了。

那天早上6点多，听到门铃叮咚一声，我想应该是有人来接我拍戏。也不知道当时是怎么回事，我就很自然地趴在猫眼看了一下，这一看不要紧，外面两把三尺六的武士刀！两个人一人抓着一把，就站在门口。我当时下意识地往后一仰，整个人浑身发麻，接着就轻轻往后退，一退之后整个人就在发抖，看着门下面的两只脚的影子正在晃。

我当时就想，怎么会这样子？不要慌，定！

然后我把要送给爸爸的两把菜刀拿出来，把武行的那种保护身体的护具戴上，每样戴两个，小臂大臂都护好，跟自己说："我有菜刀，不要怕。"我练习武术的，自己知道，如果你用两把刀，很容易伤到自己，比如说你右手拿刀往左方砍，就容易砍到自己的左臂，所以我又提醒自己："我有两把刀，我有两把刀。"

这时候就已经不怕了，武器在手里整个人就很定。再轻轻地走到门前，想的是只要一开门马上就砍。等我走过去往外面一看，发现外面已经没人了，那两个人已经走了。我就把菜刀放下，拿个枕头捂住电话，小声说，喂，我出事了，你们快来。放下电话，又拿着菜刀站在门口，看着底下有没有脚的影子，心想，你们敢回来我就砍你们。

等了二三十分钟吧，门铃又响，一看，是我的两个徒弟。我开门，看两个都是穿西装，但走路的姿势很奇怪，好像一条腿是瘸的，就问，你们这是怎么回事？原来他们也带三尺六，但不能拿在手里明晃晃地过来，就插在裤管里面，搞得走路是僵硬的。我跟他们描述了刚才的情况，他们说，没事，不怕，我们刚刚在下面也没看到可疑的人。

后来确认那两个人就是冲我来的，因为白天我在片场没给面子，晚上就过来寻仇。还好我没马上开门，他们待了一会儿就走了。如果我像平时那样不看是谁，一开门转身就走，那就完了，肯定就被砍了……

不沾赌

拍戏时除了人身危险，还要防备骗局。

有次一收工，当地的制片很热情地邀请我去他们家，一进去发现没什么人，只有一个人来开门，我就问，大家干什么呢？他说在里面赌牌九。

我从小出来跑江湖，见多了各种各样骗人的把戏，自己就留了一个心眼，小心被人家捉黄脚鸡。走到里面房间，确实一大群人全部都在赌。我就故意说，“这样子吧，咱们先吃晚饭，吃完再赌好不好？”他们就说“好好好”，接着马上把牌放下，我心里就明白怎么回事了。

如果你真的是在玩牌，怎么会这么痛快就把牌放下？比如你们现在几个人在玩斗地主，有人说咱们先吃饭吧，你们是不是会把手里这把牌打完再走？结果他们都特别干脆，把牌一放就说，“好，吃饭！”我心想，哼，连设计都没设计好。

接着就坐下来跟他们吃饭，吃的时候故意喝酒，吃完之后说，哎呀，改天吧，我今天喝了酒有点不舒服，咱们明天再约。第二天就直接坐飞机离开。

好几年以后，这个制片自己跟我讲，大哥对不起，那一次我们是全部人在那里要设计你的。那时候有不少人上当，到那边就被人设计，一下就输1000多万。输了之后你的责任就是把其他人拉来赌钱。

有一次，在中国台湾有朋友陪我吃饭，吃完饭之后他们带我们逛街，一逛街就逛到了地下赌场，还立刻给我50万台币的筹码。我说改天再来吧，我今天喝了酒，就又躲过一劫。

第二次，又是同一帮人跟我吃饭。我当时就想，今天吃完饭肯定还是被带到那个赌场去，于是我马上二话不说，直接12杯威士忌，倒得满满的，每人跟他们干一杯，干完一坐下我就吐，就被送回酒店了。

现在回想起来，那时候还真是不容易。幸亏自己从小出来跑江湖，见过很多场面，也听了很多事情，所以自己总是小心小心再小心。

雪山遭遇

当年跟唐季礼拍一部戏，是在雪山。那时候刚开始用大哥大，收工的时候，我开着雪地摩托带着他下山，发现大哥大掉了，找不到了。我就说咱们回去找找吧。当时很喜欢开那个摩托，两人开着车就回去了。结果一路找都没找到，天却忽然一下子就黑了，周围什么都看不见，只有雪山。

那时候我只穿着一件普通的长袖，没有穿大衣，车要上山的时候又上不去，我们俩还要下来推车，周围大雪纷飞，分不出东南西北，当时那种强烈的恐惧，很恐怖，现在想起来还在后怕。就这么一边害怕，一边找路，还好忽然发现路边一根电线杆，就沿着那条路继续走，看到了远处有灯塔的光，继续走，看到了剧组的人，这才松了口气。

这之后，我总是跟大家说，对大自然要有一种敬畏之心。不要逞强，不当回事。

差点坠机

当时我们在非洲的约翰内斯堡。

先是开了10个小时的车去看外景，看完外景，接下来就要去开普敦。在等飞机的时间里，我们在一个酒店聊剧本，聊的是《我是谁》，忽然就看到窗外昏天黑地，接着就是狂风雷暴。酒店也停了电。这时候我的制片人Barbie说，时间到了，我们去机场吧。我看着窗外是这个样子，就说，这种天气我不要坐飞机，我要开车。她说开车要开12个小时哦。我说12个小时就12个小时。

她就不太高兴，“那你是要我们先飞过去在那边等你喽。”确实那时剧组很多人刚收工，又跟我一起聊剧本，大家都很累，我犹豫了一下，心想，算了，那就去坐飞机好了。

到了机场，发现是一个很小的飞机，只有十来个座位，一边一个，大家刚好坐满，每个人都紧挨着。虽然地面上是昏天黑地的，飞起来之后窗外的蓝天白云很漂亮，大晴天，我就欣赏窗外的景色。飞到开普敦附近，就看到那座很有名的Table Mountain（桌山），山顶果然是像桌子一样平。这时飞机上的广播介绍说，我们的左边就是桌山，这座山怎么样怎么样，我就听着这个介绍往下看。

忽然间，我们所有人在机舱里都升了起来，整个飞机除了我其他人都在尖叫，原来是飞机在急速下坠！当时幸好绑着安全带。

飞机一直在往下掉，我就看着窗户外面的样子，跟自己说，如果我今天摔下去，也要看着自己是怎么摔下去的。

已经看得到地面的时候，飞机忽然停止了下坠。驾驶员又慢慢把它拉升起来。后来据说是在桌山那边遇到很强的气流，才导致这场虚惊。那是我坐飞机以来最害怕的一次，以为自己要死了。半空中明明是蓝天白云大太阳，哪里想到会碰到这种事。

伤痛

我家里一直摆着一个吊环，没事就用它来练一练。

原来年轻的时候，我一抓就上去，随便做几个动作也很轻松。吊上去一伸腰一放松，吊环就会哗哗哗地响。后来有那么一次，一抓吊环想要翻上去，居然上不去了。卡在那里吊了3分钟，叫了助理过来，她抬不起我，我自己也没办法爬下来，只能以一个很奇怪的姿势卡在那里，最后是掉下来的。

《十二生肖》现场钢丝断掉，伤到背部和脚踝

那个时候我就想，真的是岁月不饶人。我拍戏受过太多伤了，身体已经开始抗议。

拍《十二生肖》的时候意外受伤。当时我要穿过画框去踢一个人，连续拍了好几次都不太满意，再拍的时候忽然钢丝断掉了，我整个人从半空中垂直落在地上，当时我以为腰椎要断了，那个感觉很恐怖。痛了好长时间，我缓过神来，站起来走了几步，好像问题不太大，但背后被框架挫伤，血肉模糊，简单包扎了一下，坚持着先把戏拍完。

电影上映前进行宣传的时候，我之所以说《十二生肖》是最后一部这么大动作的片子，是因为觉得自己不能老这么下去，我也不希望最后坐着轮椅过下半辈子。拍《十二生肖》的时候，我快要60岁了，这个年纪还在拍动作片，有些远景会用替身，即使观众看到，也会原谅我吧。

你们不知道，经历了这些年，现在满身的伤，每天有多辛苦。几年前医生就说我的肩膀要开刀，放两个钉子进去，我一直拖着不想做，所以现在拿不了很重的东西。身体上还有很多地方需要“修理”，但我总是找各种借口一直拖着，总是逃避，不想去面对。

现在我哪怕是平时走在路上，脚踝都经常脱臼，因为太频繁了，就自己扭一扭，扭回去。有时正洗澡，脚又脱臼，自己使不上劲了，就叫成家班的人过来，“咔嚓”一声推回去。医院的检查结果说我的脚踝有两根韧带撕裂，已经没救了。

膝盖软骨磨损得很严重，已经快磨没了，所以我现在已经不能再跑步了，脚老是会很痛。原来我健身可以练到把袖口扎住再打开的时候，汗就会像水一样哗哗地流下来。现在膝盖和脚这样，也不能像过去那样高强度地健身了。

最近，我的腰伤又犯了，很长一段时间里没法坐，没法躺，没法睡觉，怎么都难受，走路也直不起腰，每天真是苦不堪言……

检查身体

我害怕进医院检查，所以身上的很多伤都一直拖着没有好。

2013 年有一阵子脚疼得厉害，回到香港就被大家抓住说一定要去照 X 光。我只好投降。到了跟医生约好的那天，工作人员过来通知我，我就假装在扫地，收拾房间。“大哥，准备好了，要出发了。”我就很不高兴地说，“我在扫地，不去！”他们就说，“大哥，还是去检查身体比较重要！”我说，“不，收拾公司比较重要。”他们看我这样，只好把预约取消掉，改约在了第二天。

第二天，没什么借口了，他们在旁边一直催，我只好乖乖出发。

到了医院，医生说要先照膝盖和脚，就把我先放进一个小房间，机器嗡嗡地响，我一只手要抓着一个铃铛一样的东西，坐在一个很窄的椅子上，一会儿我就睡着了。接下来又换另外一个膝盖。医生问我，这样你会不会累？我说，睡觉有什么好累的。

接着又要反过来照，要套上一个东西，再把我推进一个舱里面。被推进去之后，我睁开眼睛，忽然间整个人紧张死了，马上使劲敲舱的内壁，“放我出来！放我出来！”一出来我就说，不行不行，我在里面很怕很怕。医生就说，很多人都是这样子的，有点幽闭恐惧，你要不要吃个药打个针，我马上说“不要”。

其实这种恐惧来源于拍《龙兄虎弟》的那次受伤。从那之后，每次进这类地方就会想起那一次的经历。在南斯拉夫脑开刀那次，医生把我推进一个类似这样的舱里面，我躺在里头迷迷糊糊的，虽然我不相信那种迷信的说法，但有一瞬间真的看到一束光从远处来了，我真的看到有第二个成龙飘起来要往外走，我感觉自己在大声喊，“别走，别走，别走！”后来我就被放出来，人也醒来了。

那之后再去医院做检查，如果被推进去的那个舱空间很大就没事，你甚至可以看到外面的环境，那就更不会害怕了。这一次因为是帮我预约在医院的旧楼检查，设备是旧的，只是一个很窄小的圆筒，进去之后人被死死地包在里面，一瞬间那个感觉又回来了，真的很害怕。下次如果再回去检查，一定要换个大的舱。

三次晕倒

我年轻的时候曾经晕倒过两次。第一次是十七八岁的时候，在澳门拍《广东小老虎》，做男主角。有天早上在厕所上大号，上完之后冲水，一站起来，整个人就倒在地上了。等人家开门进来发现我晕倒的时候，我的裤子还没穿好呢。很糗。

第二次是在美国，二十一二岁，开拍《杀手壕》的前夕，我刚刚健完身，洗了澡，换了干净的衣服，去找两个朋友吃意大利餐。那个时候喜欢光膀子穿“三件头”，露着肌肉，觉得很得意。几个大男人一碰面，肯定是先要几杯啤酒，喝了一会儿之后，我说要上个厕所。结果站起来走了几步之后，整个人就开始走斜线，接着就撞到门上晕倒了。醒来的时候，我靠在门口的一个沙发上，两个朋友一个人一脚踩在自动门那边，另外一个人在往里用力扇风，帮我透气。我就看到他们的嘴在动，但什么都听不见。

经纪人赶紧打电话回公司汇报，老板特别紧张，马上要我去做全身检查。我被押到医院又打针又抽血的，弄得自己也跟着害怕。检查结果出来之后，医生过来问我，你多少岁？我说，21 岁。他告诉我，你的胆固醇是 38 岁的人的水平，太高了。他就问我每天吃什么，我说，“早饭，汉堡。午饭，汉堡。晚饭，汉堡。”那时候我刚到美国，英文又不太会讲，每天到餐厅就只会说，“汉堡，比萨。”一天三餐都是吃快餐喝汽水。医生听了之后警告我，“你再也不能这样了，千万不要再吃这个。你的体质是喝水都会有营养的那种，不能再吃这种高热量的食品，这对你的健康特别不好。”从那以后我就戒掉了那些东西。这么多年以来吃快餐喝碳酸饮料不超过 5 次。

2013 年夏天的一个晚上，我跟朋友见面喝东西，直到早上 7 点才睡。睡到 12 点醒来，又睡了一觉，2 点才起床。

因为北京的家里楼上漏水，家具都泡毁了，在修，我就住在酒店。起床之后就去桑拿房，先是泡澡，本来应该泡几分钟就进去蒸汽浴，但我泡的时候看到有人进了蒸汽浴。我想，哎呀，不要给人家看到我裸体，那就干脆多泡一会儿吧，前后泡了有十多分钟。等那个人离开之后，我马上站起来准备进去，一站起来想要小便，就先去旁边上厕所，上两个台阶，下两个台阶。可能是因为起得太快，也走得太快了，我开始小便之后就不知道是怎么一回事了。

醒过来的时候发现自己躺在地上，整个人是冰凉的，很轻、很空的感觉。耳朵什么都听不见，灯光的颜色是蓝色的。很恐怖。

我慢慢回想，刚刚在干什么，好像做梦一样。清醒一点之后，就起来去冲冷水澡，冲完又出来站了一会儿，自己是低血糖吗？是因热水泡太久吗？那我要不要再泡热水？要！就又进去泡了一会儿，再站起来已经恢复正常了。

出来就赶紧打给医生。医生问，有没有失禁？我说没有。有没有抽筋？没有。他说你是泡太久，起来太快，所有的血都涌上来了，加上又去小便，这叫“便晕厥”。后来他告诉我说，男生最好也坐着小便，最安全也最干净。尤其在泡完澡之后，一定要小心。

这已经是第三次晕倒了。回想起来还蛮可怕的，也幸亏倒下的时候没有撞到什么东西。经过这一次，晚上我睡觉的时候，躺在床上就想，自己会不会明天一早就醒不过来了。其实这样也不错啊，反正走也走得没感觉，可是又觉得如果真的睡过去就醒不过来了，那我还是先不要睡吧，就死撑着不睡。很好笑。

第二天早上醒来之后，不敢一下子起来，先慢慢地做一些舒展动作，再慢慢起来，看有没有事。去上厕所的时候也是，不敢一下子站起来，也是慢慢起来，感受一下，不晕，再站起来。

胡思乱想

我发现自己有些时候真的蛮胆小的，也爱胡思乱想。

经过一个过街天桥都会害怕，尽量不把车停在天桥下面，能过就赶紧趁绿灯过了，就怕天桥垮掉。过海底隧道的时候，心里就默念快点快点，千万不要堵车，看着周围那些水，就开始幻想如果这个水涌来我要怎么办。假如赶上堵车了，车一慢下来我就赶快看周围的环境，先看离哪一个地方近，水一进来应该是往前走还是往后走。万一要是下到水里面之后，自己要怎么样往上爬、往上游。在外面住酒店，一到那里就先看后门在哪里，逃生门在哪里。

整天就是想这些有的没的，其实蛮怕死的。

慈善没有止境

小时候很穷，没有好的衣服穿。记得有一天，街上有个神父在派送衣服，我很开心地凑过去，看着那些衣服，心想穿在自己身上该多好。排队领到衣服之后，我不停地跟神父说谢谢。神父对我说，不要谢我，以后当你有机会去帮助别人的时候，你一定要去帮助他们，那就是对我的感谢了。这是我对慈善的最初印象。

有名了之后，开始有人叫我出席一些慈善活动。人家过来跟我说，大哥，香港大口环儿童医院里面有很多小朋友想见你，叫了好几次我都不想去。后来人家说了很多次，我就想，那就去一次吧。

去的时候是晚上，因为前一天喝酒喝得脸肿，我还戴着太阳镜，都不晓得去干什么。结果一走进去我就被震撼了，那些孩子们的模样真的令人很难过。他们一看到我就拥过来，还围在我身边摸我，身上有很重的药味，很可怜。他们跟我讲，“我喜欢你啊，我爱你啊，我能不能摸摸你啊。”我一下子就被触动了。再一听工作人员说的话，我都恨不得找个地缝钻进去——“成龙大哥非常忙，他昨天拍戏拍通宵，都没睡觉，所以眼睛是肿的，只能戴着眼镜，一会儿他还要赶回去拍戏，我们欢迎成龙大哥。”我心想，什么没睡觉，都是喝酒喝的。

小孩子们用力拍手，工作人员又说，“成龙大哥买了礼物给你们哦！”小孩子们就很高兴，“买的什么礼物啊？”我也说不出来，因为没有一样是我买的，都是人家帮我安排好的。当时就觉得太内疚了。小孩子又问，“你什么时候再来看我们啊？”我说，“圣诞节吧。”回去之后，我一个礼拜没开心起来，.每天就想，自己怎么这么坏？

到了那年的圣诞节，我搬了一大堆东西去儿童医院，他们看到我就特别开心。这次我知道自己带来的每一箱都是什么东西，一点点发给大家，自己也跟着开心。这时候才把上一次的愧疚感放下来，也是从那时我开始真的参与慈善。后来影迷再送来的东西，我都存起来，自己用不上，都捐给老人院、孤儿院这些地方。

当我开始认真做慈善，学到了很多东西，也看淡了很多东西。现在经常一件衣服穿很多次，出席很多颁奖和活动都穿同一件，不再浪费。

有一年，我跟儿子很久没见，他一见我就提了两个要求，要买一台新电脑，再买一辆新车。那时候，东南亚海啸发生没多久，我没说什么，就直接把他送去泰国受灾地区，让他去看那里的人们正在经历的一切。回到香港之后，他对我说，爸爸，我什么也不买了，那里的人们连水都不够喝，我要把自己所有的钱都捐出来给他们。其实慈善也是一种教育方式，不需要我跟他多费口舌，他已经可以明白。

很多年前，云南遭遇旱灾，两百多天没下雨，我们带了 16 辆卡车的水，用吉普车拉着上山。城市里的人太幸福了，根本体会不到那种辛苦。我听说一位老人家，每天都要走 5 公里去取水，每次只能拿得动两瓶，路又很难走，一不小心就会摔伤。

当我们把水送给乡亲们的时候，有 80 多岁的老人家向我跪下来，我的眼泪一瞬间就流了下来，赶紧把她扶起来。那里断水断粮断电，也没有电话，但那里的小孩子一直都是笑着的。回程的路上，我就在想接下来他们冷天怎么过。晚上跟朋友们吃饭，听到的就是菜不好吃啦，汽水不够冰啦，要换车换电话啊……大城市的人们不断地去追求一些奢侈品，这些东西没有止境，大家也永远不会满足。

我们拥有的已经够多了，但还在不断要求，真应该带他们去山区感受一下，也许他们就会更懂得关心别人。过去几年，在政协会议的提案中，我持续提出“文艺工作者应该在扶贫工作中履行社会责任”，与电影频道一起发起了“星光帮扶行动”，很多明星同行都加入了进来，为扶贫尽自己的一份力量。

感谢全世界的影迷与我一起做慈善，地上的画是全世界的小朋友寄给我的

Welcome
To
KOREA

For:
Charity
Asako
成龍慈善基金

世界各地小影迷的慈善信、慈善画和捐款等

BANK INDONESIA
I love you Jackie Chan
THIS IS A INDONESIA
By, Johan

Welcome
To
KOREA
BUILD A SC
LOVE

2021年，我国脱贫攻坚战取得了全面胜利。8年来，近1亿人脱贫，832个贫困县全部摘帽，虽遭遇疫情影响，我们国家依然如期完成了新时代脱贫攻坚目标任务，提前10年完成联合国2030年可持续发展议程的减贫目标，这真的非常了不起，也给了我更多的鼓舞和力量做慈善。

我自己小时候没有好好读书，至今都常常为此感到遗憾，有时候也会想，如果以前受过好的教育，也许就会少走一些弯路，所以我一直希望能够在这方面为我们国家的小朋友做出一些贡献。“龙子心”小学是我们一直在坚持做的慈善工程，至今已经完成了几十所小学，每次去学校参加开学仪式，我都会跟小朋友们说，“希望你们好好学习，将来回报社会”，这是一句最简单的话，但也是最朴素最重要的道理。

以前我公司有面很大的墙，我希望用一些画来装饰墙面，于是就跟全球的影迷发起号召，以爱与和平为主题，希望他们能画画寄来给我，公司就一直不断地收到作品。后来我号召大家一起盖学校，有的人就说，我们没有你那么多钱，我说一块钱也可以慢慢盖起学校的，后来我们把它叫作“一元计划”，我告诉全世界各地的小孩子们，你们寄给我一块钱，我就捐出一块钱。

小孩子们都很可爱，他们开始寄全世界不同的钱来给我，还常常会把钱贴在一幅画上一起寄来。这些画很漂亮，我舍不得把人家的钱拆下来，就变成他们给一块我给两块，他们的一块钱跟画放在一起，那一块捐出的钱我来给。现在这个计划的规则，已经变成小朋友捐一块，我捐两块。只凭这一点承诺，我做慈善就已经停不了了。

一开始，我会拿着每一幅画拍照，再寄回给他们，让他们知道他们的善心已经被收到。后来收到的画越来越多，就只能隔一段时间把那些画集中到一起拍一次照片。很多人会把钱跟A4纸放在一起，做成很漂亮的花，或者有特别的设计，很好看，我就把来自全世界的画，贴在公司的外墙，很多人都见过。后来因为下雨，那些画会被洗掉，就舍不得贴了，改成放在房间里面的墙上或铺在地上。

今后在成龙艺术馆，或者我的公司的墙上，大家依然有机会看到这些年我存下来的影迷的画。

随着做慈善的深入，我和团队也开始积累一些经验。汶川大地震发生后，我包了一架飞机，载满水、食物、急缺物资，第一时间飞到那里，发给在场的受灾群众。玉树地震那一年，我在第二天就调集了一架装满物资的飞机，带上工作人员一起出发去当地。到了那里发现自己其实在给人家添乱，部队战士们原本正在救灾，看到我们来了，就要拨出来一部分人帮我们发物资，指挥救灾的干部们也要抽出时间接待我们。

第二天，我们带过去的飞机要运送一批伤员离开，都登机之后，发现飞机超重无法起飞，我就带着所有自己人下了飞机。大家阻拦说，大哥你不能下啊，我说我们是最没用的人，所以我们一定要下去。他们说，接下来不知道几点才有飞机，我说没关系，我们可以等，伤者不能等。自从那一次之后，再遇到这种天灾，我都会先看前方的情况，如果去了会添乱，就不会马上跑过去，等过一段时间再去，到时候再送去他们最需要的东西。

我去成都认养了两只熊猫，名字叫龙龙和凤凤。在美国宣传《功夫梦》的时候，我做了两只小熊猫公仔，给它们起名叫 Lazy。我到哪里都带着它们，跟很多世界名人和地标都拍了照。

这些年我也常去国外做慈善，有人质疑说，国内有那么多需要帮助的地方，你为什么还要去国外？其中一部分原因来自我自己的人生体悟。当初我在国外的时候，遇到很多人帮我，哪个国家的人都有。很多年前，我在韩国拍戏，天气非常冷，吃的都是冷饭，片场有个韩国老奶奶，给我盛了一勺热热的辣牛肉汤到饭碗里，我真的很感动。到今天我还记得那个画面，还是很爱吃辣牛肉汤。

在澳洲的悉尼，我们想找一个地方，怎么都找不到。在路上遇到一个人，他跟我们讲了半天，看我们一知半解的样子，直接就说，你们跟着我。他开着自己的车，开了很久，把我们带到了那个地方。

若干年后，我在香港，本来要去一家餐厅吃饭，在餐厅门口刚刚停好车，就看到一对外国夫妻带着孩子，在跟计程车司机吵架，大概是因为司机把他们带到的这家餐厅不是他们要去的那家，两边因为语言不通，争得面红

我认养的大熊猫龙龙和凤凤；我的小熊猫公仔 Lazy

耳赤。我问他们是从哪里来的，他们说是澳洲，我说，我带你们去吧。那时候我在国外还没有名气，那对夫妻也不认识我，我把他们送到了同名的另一家餐厅，他们下车后要给我小费，我说不用了，很多年前一个澳洲人帮过我，我这次就是想要帮助你们。

那些陌生人带给我的善意，我一直都记得。人家帮助过我，我愿意帮回去。我到世界各地帮助别人，大家都会知道，我是一个中国人，是中国人在帮助他们，所以印度尼西亚海啸、日本地震，我都会去现场。到现在还有很多越南、柬埔寨、老挝、日本、韩国、德国、俄罗斯等世界各国的孩子们，年年月月都会寄钱给我的“龙子心”工程，帮助了很多国内的小朋友。

也有很多无奈的时候。你们看媒体上的新闻，如果是演员的八卦，版面永远都是那么大；要是做慈善的新闻呢，每次都是豆腐块。明星的绯闻大家都追着做访问，但如果你是做慈善，那人家就觉得没意思、假正经，我们每次还要去求媒体去关心那些需要帮助的人。在这一点上，真的很希望媒体和公众可以多分一些精力到需要关心的人身上，刘德华结婚跟你没关系，吴彦祖的老婆生孩子跟你也没有关系。那些穷乡僻壤，那些自然环境恶劣的地方，他们更需要我们的关注，了解之后，就可以去帮助他们。有能力的话，多捐一些钱给真正需要的人，给那些忍受病痛的孩子们，该多好。疫情发生以来，我陆续捐出了几百万个口罩，身边的人也在跟我一起捐。

坚持做慈善多年，我已经越来越清楚自己的目标。慈善教会我做人，教会我看世界。现在我除了拍电影之外，没有什么其他嗜好。不拍电影的时候，做慈善让我有机会去到很多不同的地方，看不同的人。看到别人因为得到帮助而快乐，我就会跟着开心。

正因为世界不够公平，人心才更要足够美好，慈善这件事，不管遇到多少困难和阻力，我会一直坚持下去。

左图是和玉树救灾的官兵们

右上图是和“龙子心”小学的学生们；右下图是影迷给“龙子心”工程的善款

Dragon's Heart
龙子心
Dragon's Heart
龙子心
Build a School
Dragon's Heart
龙子心
For a Dollar

Lazy 和朋友们的合照

FITCH
97

圆明园最重要的标志性文物就是十二生肖兽首。一天有12个时辰，乾隆皇帝希望做一个计时的东西，让它一个时辰喷一次水，最后做出了十二生肖。

铜首在2000年被拍卖的时候，我开始关注这件事情。那一年，虎首拍卖了1000多万，后来它的价格一直在飙升。有一次跟保利的人吃饭，他们就说，大哥，你拍部电影吧，这是个很好的题材。

我就回想起自己这些年的经历，去埃及，去柬埔寨的吴哥窟，看到很多佛像半个头没了，好好的一尊菩萨半个脸没了。去到其他的地方又发现，法老王的胡子居然在那儿，就问，“为什么不送回原来的国家呢？”他们回答得很漂亮，“这是世界的遗产，是属于大家的……”可是我想说：“既然是属于大家的，你摆在自己那儿干吗？为什么不送回去呢？”

回顾一下，几十年前的《龙少爷》，就有讲到一帮人要把国宝偷运到外国，被两个黄毛小子保护了下来；到后来的《醉拳2》，外国奸商想把国宝运出去，被戏里面的黄飞鸿保护了下来；到《神话》里，那段我特别要求加的、后来被很多人关注的台词，“没有人可以从别人的国家抢走人家的文物，摆在自己国家的博物馆，说是帮人家保管，其实想据为己有，这是可耻的行为”；到《尖峰时刻》里那个历史博物馆布景，我为了保护场内的古文物，在被一群坏人打的时候无法反击……

我动了拍《十二生肖》的念头，不仅是为了中国的国宝，也为了别的国家流落在外的国宝。其实我曾经真的去拍过兽首，但没拍下来，太贵了。一开场就太贵了，马首六千多万，我本来请朋友帮我看，说3000万以内我都可以，结果一下子就过了这个限度，最后好像是6800万成交。

《十二生肖》我筹备了7年，拍摄了整整1年，还特意邀到黄永玉老先生出山，为我亲笔题写片名。拍摄的过程中，如果遇到文物领域的问题，我就会向马未都老师请教，跟他学了很多知识。这部电影宣传期间，我跟他一起做了一期对谈节目。他跟我说，电影的传播力真的很大，居然连非洲那么

黄永玉老先生帮我题写的《十二生肖》片名

远的地方的人都认得你。我说您的人生经历才令人佩服，有那么大的一个博物馆，里面全都是好东西。他跟我说，将来要把整个博物馆捐给国家。

电影开始筹备了，首先面临的问题就是做道具。我不能弄几个粗制滥造的东西放在电影里，这对自己和观众都是不尊重。从 2009 年开始，我就自己花钱制作铜首，到电影上映的时候，还在做，花了五六百万吧。不管你做 1 套还是 100 套，都需要先去开模，这是最贵的。刚开始做的时候，我的团队也是边学习边摸索，倒硅胶啊，脱蜡啊，好多程序。

第一批做出来 40 多个，只有 6 个可以用。我听他们说的那些专业术语，自己也不太懂，什么脱蜡脱两次之后硅胶就坏了，就要重新做一个硅胶，如果硬度不适中，把铜注进去的时候，就不能把每个鼻孔都注满。打开之后就发现少了一块，又不能修补，只能重做。最后我花了 3 年，才做成了两套。一套拿来拍戏用，其他的继续做，就陆续捐给一些机构。比如鸟巢、圆明园、军事博物馆，甚至看将来要不要送一套给法国，送一套给英国，提醒他们这些文物是我们中国的。

电影拍摄的过程中，12 个铜首只有 7 个知道下落，有 1 个是模糊的，剩下的 4 个根本不知道在哪里，而且再发现它们的可能性越来越小，因为媒体的力量越来越大，人家一定不会轻易拿出来的。又或者根本不在别人手里，可能已经随着历史湮没了或者毁掉了。

“制造一段历史可能需要 100 年，但毁掉一段历史，一把火、一个炸弹就够了。”这也是我在《十二生肖》里特意加的台词。

早在《神话》上映的时候我就跟媒体说过，如果有哪个国家的人看了我的电影，还给我们一件文物，岂不是一件很好的事？当时很多人觉得这是异想天开。

拍《十二生肖》的过程中，我也不止一次地想过，有没有可能通过电影的力量，让铜首回到国内？假如有天有人出来捐献兽首，哪怕只有一个，我的使命也完成了。

没想到，2013 年 4 月，法国皮诺家族宣布将兔首和鼠首送回中国。

那之后，我有个富豪朋友刚好跟皮诺家族的人碰面，提到两个兽首回归的事情。对方告诉他，皮诺之所以想要把两个铜首送回中国，就是因为有次坐飞机的时候看到了《十二生肖》，这部电影让他下定决心这样做。

兽首真正回归，我的梦想就这样实现了。

关于退休

很多年前，每次一看到儿子，哇，怎么那么高啊！每次都很久没见，他总是一下子就长高很多。后来我每一次见到他都觉得很不真实："原来我有个儿子，他已经长得这么大了。"他不在我身边的时候，我常常觉得自己一个人很轻松，也很年轻。可是一见到他，我又要做出爸爸的样子，有时候要故意装得很严肃很庄重。现在每天看着他我就更害怕，就怕他结婚生小孩，他一结婚生小孩我就要变爷爷了。好恐怖！

一些以前不会思考的问题，现在也开始出现在自己的脑海里。我想起几年前去拍摄《十二生肖》的时候，为了拍到真正的火山，我们去了非洲的瓦努阿图。如果不是通过电影，可能很多人都没听过这个国家。那里的生活条件特别差，去之前我已经做好了心理准备。

到了那里之后，几乎每过 5 分钟或者 10 分钟，就会听到火山内部小爆炸的声音，或者地震的声音。很响，轰隆隆的。马路上都是火山灰。我问当地人，什么时候有过火山爆发？他们说 10 年前有过一次大爆发。

我们住的酒店是个澳大利亚人开的，有酒店也有餐厅，但整个酒店只能容纳 28 个人，那你就可以想象那个规模了。进到我的房间，看到竟然有一台风扇，心想还不错啊，接着就放下行李，去餐厅跟大家集合。到了餐厅，我看到大家都在那里，聊着拍摄的事情。我心想，太阳从西边出来了，这是我第一次看到几十个人，没有一个在看手机，居然都在讨论工作。我心里就很高兴。坐下来，我拿出手机准备报平安，就听到几十个人一起跟我说："没信号……"我这才反应过来，怪不得！

过去一到酒店大家一下子就冲回房间，抱着电脑，抱着手机，都有一阵子要忙，现在都没得玩只能跑来餐厅。我一看这样就更高兴，大家平时的交流已经越来越少，这是所有现代人的问题，现在刚好什么信号都没有，大家就可以好好交流一下了。

晚上吃过饭，走出酒店，周围什么都没有，全都是黑的。一抬头就能看到整个银河系。我拿了个电筒回到自己房间，走廊上也都是黑的，没有灯。当时我手里拿着一支笔，不小心掉在了地上，举着电筒找了半天没找到，忽然后面有个人碰我，说，嘿，你的笔。我转头看，开始都没看见人，过了一下才看出那是酒店的服务员，接着我就更惊了，走廊那么黑，他怎么看得见我掉的笔啊？后来才知道，他们所有人的视力都比我们好很多倍。在那样的环境里面生活久了，他们都练就了在黑暗里看东西的本事。

整个剧组在那里拍了 10 天，我从没见到一个人戴近视眼镜。

也许你会觉得他们穷，但其实他们很开心。他们的交通工具就是自己的脚，也不穿鞋子，沿途看到的所有人都是走路。那里的路没怎么开发，都很不好走，从酒店到片场，我们要开一个多小时的车，就算是越野车也开得很慢，没有比人家走路快多少。等到下午，片场的人会越来越多，都是走路过来看我们拍戏的。瓦努阿图是海岛气候，天气瞬息万变，经常现在还是大太阳，一会儿就下倾盆大雨。我们是在一整片大的空地拍，如果下起雨来，他们也不避雨，就淋着雨看。

他们会看云，知道何时下雨，何时会出太阳，那是他们天然的智慧。

那里每个人的脚趾都特别大，脚底板特别宽。不管大人还是小孩，每人都会随身带一把刀，不是用来打架的，是平时走路的时候用来砍树枝开路，有时候还可以拿来换东西，大的刀可以换吃的，换衣服。有时候我坐在车上往外看，看到他们走累了停下来，随便就在路边堆成小山一样的椰子里挑一个，用刀咔的一声砍开就喝，喝完又吃椰肉，吃完了就继续走。

整个岛一万多人，大家彼此都认识。我心里很羡慕，这才是世外桃源。

想到这里就觉得，现代化的生活，到底是好还是坏呢？现在地球环境越来越差，气候越来越极端，人类还能在这里平安生活多久呢……这么一直想下去，于是就失眠了。

睡不着的时候，想到自己如果活 80 岁，那十几年后就会死掉，忽然觉得很害怕。想到自己躺在地底下会被虫子咬，就想将来一定要火葬。后来又想，我儿子如果也活 80 岁的话，那 40 多年后这世界上也就没有他了。好残酷。想着想着就觉得身上像生起了一个大火球一样，烧得难受。我就赶紧爬起来做运动，一做运动就会忘掉这些。

儿子小时候跟爷爷在一起很长时间，后来他爷爷离开，他哭得啊……有时我看着我们全家福的照片，上面有爸爸妈妈，有小房子和他妈妈，就想，现在两个已经走了，之后不知道哪天第三个也要走了……

回想过去几十年，从 6 岁起，我跟洪金宝、元彪他们过了 10 年的集体生活，从此之后大部分时间都在拍戏，在剧组也都是集体生活。

现在是人少了怕闷，人多了又怕烦，很矛盾的心理，所以我喜欢拍电影，现场几百人，可以做我想做的事情，完成我想完成的梦想，收工之后有人陪我开会，要休息的时候，我一个人在房间也很开心。可以热闹，也可以一个人，就很好。如果说你现在让我去一个地方，一直都是一个人，我想我会疯掉。

说到退休，我一直以来都想找个很好的理由和台阶给自己，也一直在想什么时候退最漂亮。我不希望有一天观众看到我很老了还在打，他们在银幕对面说："哎呀，求他不要打了吧！好可怜哦！"

全世界的动作明星里，现在还在打的已经没有几个了。好多都已经在拍机关枪的戏了，这个还比较容易拍，不像我现在这样这么艰难。其实我可能也就再坚持一两年。这 20 年来我一直在改变，《玻璃樽》《神话》《功夫梦》《新警察故事》《警察故事 2013》《英伦对决》这些电影，都是希望让观众知道我不只是一个武打演员，而是一个演员，这样我的职业生涯才会更长久。

四十几岁的时候我就已经想退休了，观众只看见我打得很潇洒，但这个潇洒背后是无数的伤痛。晚上回去洗澡时的那种痛，早上起来腰伸不直的那种痛，很多人是无法了解的。我经常跟自己说，你做的事都不是人做的，但每一次疼过之后就又忘了。等站在影院看观众鼓掌欢呼的时候，所有这些痛苦就都被抛到了脑后，反而跟自己说，我还要拍得更好，跳得更高。

最好的离开方式是什么？像李小龙那样年纪轻轻就走了，他就成了一个传奇。如果是我，比如拍《十二生肖》跳火山死掉，这也是一种漂亮的收尾，全世界影迷肯定都会哭，大家也都会说成龙为电影而牺牲。这是最好的，但是又不舍得，不舍得死，也不舍得退休。有时候我想，要不要哪天忽然就消失掉，自己背着包去旅行，过无忧无虑的生活？想想，不行，还得把成家班都带上。再想想，不行，还得把公司的人都带上。唉，算了，还是继续工作吧。

到了现在，经常是一种又矛盾又害怕的心情。如果身体还能坚持，就继续做下去吧，自己会小心保护自己，希望观众不要对我太苛刻就好了。

永远的成家班

成家班从 1976 年成立到今天，创始的时候只有几个人，到现在已经是七八十人的规模。从第一代发展到了第八代、第九代，曾有超过 1000 人参与训练，只有最优秀的人才能入选。

从发展轨迹来看，成家班发展壮大于香港，到了 20 世纪 90 年代，第三代成家班开始有内地的成员加入。从第四代开始，成家班呈现出明显的国际化趋势，日本、韩国、泰国、澳大利亚、德国、美国、俄罗斯的成员陆续出现。

成家班中很多人是全世界特技人协会的终身荣誉会员，多年来包揽了国内外大大小小的电影奖项。他们为几十年来的成龙电影、华语电影，乃至世界电影都做出了卓越贡献。无论走到哪里，JC Stunt Team 的名号在业内都如雷贯耳。

兄弟们，40 年了。

当年我们这群臭武行刚混在一起的时候，怎会想到能在一起 40 年？

怎会想到它能从第一代延续到第八代，拥有从“50”后到“90”后的这么多成员？

怎会想到我们能拿下 9 座金像奖，6 座金马奖，还有 1 座奥斯卡？

可是，我们做到了。

因为我们知传承，有勇气，能坚持，所以我们一起创造了历史，创造了奇迹。

这段人生记忆，会永远伴随我们，不管人间还是天上。

兄弟们，这辈子与你们相识相知，出生入死。

我不枉此生。

成龙

2017 年 6 月，我把所有人都请到了成家班国际动作训练基地，给每个人准备了一份专属于他们的礼物包，包括带着成家班 logo 的行李箱、手表、衣服、勋章、纪念册等，我还把印着上面这段话的卡片，也一起放进了里面。

初创

与这群兄弟的缘分，要从 40 多年前说起。那时候，香港电影的幕后工种里面，有一个非常帅气的名字，叫“龙虎武师”，也就是我们常说的武行、替身、特技人员。

我们都知道，很多演员很会演戏，但不一定擅长演打斗戏，有很多专业的动作，普通演员无法完成，也有一些或许难度不高，但是危险系数很高的动作，电影公司是不敢冒险让演员亲自上阵的，就算电影公司敢，演员自己或者他们的经纪公司也不会同意。这时候就需要很多专业人员参与进来，代替演员完成一些动作戏份，或者在其中直接参与演出一些需要打斗的配角。

一般情况下，“龙虎武师”就是专门替演员完成危险动作戏的“玩命专家”。在今天看来，这样的工作分配似乎很不公平，但当年有很大一群人，就是在靠玩命吃饭。我自己也曾经是其中的一员。

1976 年，我在《少林木人巷》担任武术指导的时候，已经意识到如果想要在行业里立足，就必须要有自己的班底。我开始留意身边优秀的武行，他们后来逐渐组成了成家班最初的雏形。跟吴思远到台湾拍摄《蛇形刁手》

和《醉拳》的时候，我开始给大家印制颜色鲜艳、辨识度非常高的队服，在拍摄现场非常夺人眼球。

我是那么多动作班底里面第一个给团队做制服的，那时候也没多想，就是喜欢整整齐齐，于是想着帮所有人统一制服。买好开胸的短袖衫，送到很好的绣匠那里，请人家帮我绣上“JC”，再分发给大家。我准备了白色、黑色、黄色三种，大家一起走出来显得特别有型，现在我香港的家里还有那些几十年前的照片。

不谦虚地说，能真正进入成家班的，都是行业内的顶尖好手。早年间在香港，我们还有“武行里的飞虎队”之称，别人不敢做、做不到的，就由成家班出马。其实那时候洪家班、袁家班、刘家班，彼此之间都在暗暗比拼，你做个危险动作，我就做个更危险的，这种同行之间的竞争，造就了那个年代很多优秀的动作电影。

在我自己的作品里，很多危险的动作，我会先站到最前面去，自己先做一次，这对于成家班的兄弟们来说是种正向刺激，久而久之，大家就越来越拼，初生牛犊不怕虎。后来成家班开始吸纳内地成员及海外成员，他们当中很多人加入过武术、体操、跆拳道国家代表队，有的人还拿过全国冠军。

对大家来说，能加入成家班是一种荣誉，能换上写着“龙”字的服装，成为团队中的一员，是很多练武的年轻人的梦想。大家也会因为在片中出彩的表现而获得更多的工作机会。比如当年在《警察故事续集》里对我发出三连踢的“小哑巴”黎强权，那一个动作之后，不断有人邀请他演戏或做武术指导。

暂停

成家班刚刚成立的那些年，我都是给每个人发月薪的。如果有电影开工，大家还可以领到片酬，因此成家班一直都是业内最高薪的团队。随着年纪的增长，很多成员从毛头小子变成有家有室的人，有妻子孩子需要照顾，大家当然希望可以赚到更多钱，所以在我这边没有电影拍的时候，会去外面的片场接点工作。

他们有的人会跟我报备一声，有的则偷偷去拍，其实香港电影圈一共就那么大，我当然知道谁在接外面的戏，谁在外面受了伤。我就意识到，其实大家在我这边赚的还是不够，谁不希望能有更好的生活呢？那时候，我自己也还没有非常清晰明确的计划，也是走一步算一步。我理解大家的不易，不会多说什么，只希望大家不要受伤就好。

1990 年，拍摄《飞鹰计划》的时候，制片团队出了严重的工作问题，其中一件没有处理好的事情，就是动作团队的待遇问题，导致拍片期间外国籍替身可以领到钱，成家班却没有。后来大家请资历最深的火星出面，去跟制片组谈判。

那时候我还不清楚制片组的问题，只是忽然觉得自己的兄弟们怎么会只谈钱不谈感情，这中间有些误会当时也没有完全弄清，在第二次谈判的时候，我决定解散成家班，给每个人多付两个月的薪水作为遣散费。说完这个决定，全场沉默，大家还是跟着我去了摩洛哥，把后面的戏份拍完。

杀青后，成家班暂时解散了。

重聚

几个月之后，大家又重新聚在一起。我决定改变以前的管理方式，不再支付月薪，把大家生硬地绑定在一块，而是改为开工领酬的合作方式，更像一个“家”的概念。

我们这个特殊的“家”，没有证书，没有合约，随时会有新人进入，但每个人能不能留下来拍第二部片，就看各自的本事了。

除了把专业技能作为入门前提，我更重视每个人的态度和人品。这个人懂不懂得尊师重道，对待其他兄弟是怎样的态度，对待基层工作人员又是怎样的态度，我都会在旁边悄悄观察。通常合作完一部电影之后，我能基本摸清这个人的个性和品行，适合的人才会接到下一部片的邀约。

在我的团队中，越是资深、地位高的前辈，越要身先士卒，扛下最大的困难。团队的领导者，要多说一点谢谢、对不起之类的话，要对所有人足够尊重。进入成家班这个团队之后，大家不仅要学动作上的技术，更要学习如何关心别人，帮助别人。

除此之外，我还有很多规矩。

在拍摄现场，每个人拿了瓶装水之后，要先写上自己的名字，这样就不会搞混，而且水必须喝光，瓶身踩扁了再回收。地上有纸屑或其他污渍，一定要自己清理干净，反正你不扫，我会去替你扫。很多年前我就已经戒烟了，当时也带着其他人一起戒，在拍摄现场，我们会设置吸烟区，但是烟蒂不能乱丢，要扔到指定位置，或者自己打包带走。吃饭一定要吃完，吃多少拿多少，不能浪费粮食……

有一次，儿子到《红番区》片场探班，他不知道我片场的规矩，看到放饭的时候是自助餐，就拿了一大盘。我看他拿的量，料想他应该吃不完，但是我既不能为他破坏了规矩，又不想当着众人的面骂他，让他没面子，我就跟成家班的阿志（李忠志）使个眼色，他当时刚刚盛了饭，我悄悄跟他说，你现在就假装这是剩的饭，要去扔。

阿志心领神会，去扔食物的时候，我就对他大声训斥了几句，“吃多少拿多少！不许剩下，这些你必须全都吃掉！”阿志赶紧说，好的好的，就端着刚刚盛出来的饭，去座位那边吃了。我就瞄到小房子吓坏了，他赶紧去找成家班的人，跟他们说，你们帮我分吃一点啊，就给大家挨个拨一点，这才逃过一劫。那之后，他再到我的片场，就知道规矩了。

吴宇森导演曾经跟我说过，现在社会上对传统美德如此重视的团队，已经很少见了。

学习

对我来说，成家班就是家人。多少年来，我一直都很喜欢送大家礼物，但我也知道，对于大家来说，最好的礼物是在电影中展示自己能力的机会。

我自己经历过漫长的片场岁月，知道对于成家班的成员来说，只是在动作领域专精是不够的。我会带大家一起学习其他工种的工作。动作片想要好看，摄影、灯光、剪辑都是必要的功课。如果不懂剪辑，就不会知道那些高速度、强爆发力的动作场面是怎么做出来的；如果不懂灯光，就不会知道如何拍出动作最漂亮的弧线；如果不懂摄影，就没办法在极端情况下代替摄影师上阵，在危险的高楼大厦边缘扛起摄影机拍片……

在我们的拍摄现场，成家班的动作指导常常直接扛起摄影机，挑战最高危的拍摄。比如《新警察故事》，我和谢霆锋从大楼上速降的戏，就是由动作指导李忠志拴上威亚，凌空挂在大楼的外墙一边跟着我们下降，一边拍出来的。这样的场面，一般的摄影指导根本无法完成。

成家班对于威亚的使用也有自己的一套方法。用那种比牙签还细的钢丝，搭配由黑布条制成的威亚装，就能把100公斤的壮汉拉上高空。不过这种威亚装，只有我们自己人打的结，我们才能相信它的安全性。如果没有弄好，你一做动作可能就断掉了，很危险。

有一样东西，我们从十几年前一直沿用到现在，那就是我常说的“纸皮盒”。拍摄从高处跳下的镜头时，总是少不了它们。要跳之前，武行们按照跳的高度铺好纸皮盒，上面再视情况铺上软垫，接着就靠跳的人自己了。

在我看来，跳之前，有三件事一定要克服。第一，你要有足够的胆量。第二，你要控制好跳下来的动作，不然膝盖就会打到自己的嘴。第三，要信任底下帮你铺纸皮盒的兄弟们。在美国的片场，他们会用到很多气垫，我们以前真的没有钱去买那种东西，所以我们用的一直就是普通海绵加纸皮盒。它最大的好处是省钱又环保，哪怕用久了破掉了，还可以把它粘一粘继续用，一直用到彻底烂了为止。

现在我们买得起气垫了，但是买了回来之后，如果只有我自己的戏在用，就会经常闲置，是一种资源浪费。我以前总会有一些比较天真的想法，比如说早年间很厉害的那种伸缩摇臂，我想着如果我个人花几百万美金把它买下来，交给香港的导演协会，每个剧组都可以花钱来租这个机器，慢慢收回一点成本。但是这样的事情需要很复杂的协调工作，后来就放弃了。又比如这种气垫，不是说只是买下来就可以的，它需要配备专门的人运送，要专门的车去装，现场还需要有专人去操作，用之前把它吹起来，用完之后再收起来，因为整个过程太麻烦，大家就都不会去用了，最后还是用回纸皮盒。

成长

年轻的时候意气用事，拉着大家一起玩命，总是自己站出去做最难的动作，要的是那个大哥的范儿，也是对兄弟们的一种感染。如果以前流行拍纪录片，你们就能看到我们那种做法，简直就不是人，现在回想，当时没死真算是幸运。拍戏无法保证万无一失，他们当中有人为我断过手，有人为我断过脚，我也曾经因为自己人的失误受过伤，这些都是难免的。

拍《简单任务》时，成家班几个人拉威亚的时候还在嘻嘻哈哈地开玩笑，我提醒他们要认真不要闹，结果威亚在拍摄的时候断掉了，我虽然没掉下来，但悬在空中动都不能动，旁边的直升机马上就要朝我飞过来，我心里想，完了——好在那个螺旋桨没有削到我，但我被机身重重地撞到了头，他们都吓死了。

还有一次是拍《飞龙再生》，也是拉威亚的时候不够专注，导致整条威亚“嘣”的一声弹到我脸上，当时脸上就高高肿起来了一条，如果位置稍微偏一点，我的眼睛就瞎了。

此外还有千钧一发的危险时刻。在拍《宝贝计划》的时候，我要从十几层楼的窗户悬空出去，往上面爬一层，成家班的人需要在我出去的瞬间，在我的后腰上准确扣上威亚扣。实拍的时候，彼此的节奏没有配合好，我已经爬上去了，自以为身上已经挂上了安全绳，殊不知那个威亚扣还在他们手里，我就这么毫无保护措施地完成了动作，他们全都吓傻了……

前几年拍摄《绝地逃亡》时，有在香港取景的部分，我觉得难得回到香港拍戏，就想干脆带着早期一批武行兄弟一起开工。大家很久没在第一线工作，已经没有那么熟练，在某场戏拉威亚时出现了失误，让我吊在空中撞上了钢片，弄伤了肋骨。受伤之后，这群兄弟不断地道歉，我一直说没事没事。

有时候，这群大男生仗着自己有功夫，在非常惊险的地方拍戏依然嘻嘻哈哈，这时只能由我充当唠唠叨叨的那个人。比如我们在高空，看到他们毫无支撑地抱着个杠子，身上只绑着一条绳子，还在那里开玩笑，我就会在对讲机里一直重复，“注意，我们现在在高空，我们在高空，集中精神，不要

成家班 40 周年各代成员合影

分心……”有的人在高空中甚至连绳子都不绑，就会被我骂，越到后来，帽子、眼镜、护腕、护肘、护膝，所有这些我都会盯着他们穿好戴好。拍摄现场，如果我不做导演，在拍危险动作之前，我都会注意提醒导演不要催，一定要让武行们准备好再开始。

说来也奇怪，每次我因为自己人的工作失误受伤，之后会好几年都不受伤，大家都会变得非常警醒小心。

经历过以前的玩命年代，自己受了太多的伤，知道那种滋味不好受，也意识到自己的不成熟。后来慢慢地，很多动作成家班会先试一遍，确保没有问题，再让我去做，我自己主动要求先做，他们也不会同意。真的多亏他们多年来的保护，我的命才能保住到今天。

现在不管是我们自己拍戏，还是跟别人合作，一个很小的危险动作，跟我们原来比大概也就十分之一难度的那种，也要算来算去思前想后，把现场安排得万无一失才让人家尝试。我不想让人家再走自己的老路，去吃那种苦，让他们的家人担心。

以前的成家班，没胆的人都不敢加入，有时候想新招一些武行都招不进来。现在成家班有最安全最先进的器材，四部房车里装着全部的设备，到哪里就把东西直接带去，每一个轱辘、每一条绳子、每一个扣都是最安全的，慢慢地教给别人使用，不仅保护大家的安全，也尽量让他们不苦不痛。

传承

改变了管理模式之后，成家班的状态越来越好，大家像一个大家庭，但又都是自由的。以前我自己刚做武术指导的时候，带两个副指导，赚来的钱平均分，那是最初的合作雏形。后来成家班的队伍越来越壮大，一代带着一代，我们的合作也更加游刃有余。

现在成家班第五代的两位中坚力量，一位是何钧，一位是伍刚，前者是被第四代的动作指导李忠志（《新警察故事》《战狼》《杀破狼 2》）带进成家班的，后者则是由第四代的 Brad Allan 拍了视频介绍来的。两个人性格不同，擅长的功夫也不同，在现场全都敢打敢拼，后来都留在了成家班，他们跟着我走南闯北，国语、粤语、英语全都没问题。

从以前只跟着我拍戏，到后来可以跟其他导演做出新的代表作，体现出了他们的能力。何钧不仅凭借《十二生肖》拿下香港电影金像奖最佳动作指导，后来还凭借与姜文导演合作的《邪不压正》拿下了金马奖最佳动作指导。伍刚也凭借与陈思诚导演合作的《唐人街探案》，拿下了那一年的金马奖最佳动作指导。他们俩把成家班带到了外面的天地，我很为他们开心。

我总是跟大家说，每一个动作指导手上，都要有一个属于自己的导演名单。你接到一个项目，一定要跟导演合作好，这样他们拍下一部戏的时候，就会主动想到你。有些明星有了合作无间的动作指导，也会希望长期合作，拍每一部戏时都想到你，这样你就成功了。

出去跟别人合作，我也跟大家说，要放下以前跟我工作的一些思维模式，同样是一个踢腿的动作，我踢到的高度跟吴京踢到的高度是不一样的，要根据自己的合作伙伴去重新编排动作，不能想当然。

现在成家班的运营模式已经非常清晰，团队里有好几个可以独挑大梁的动作指导，除了前面提到的成员之外，还有吴永伦、韩冠华等等。我不拍戏的时候，大家都可以在外面独当一面，一旦我有项目开机，大家都会回来加入，组出成家班的最强阵容。我们之间的默契度极高，我一瞪眼、一皱眉、一笑，他们全都能明白是什么意思。

现在第七代、第八代、第九代的成家班都还很年轻，有的尚未成家，有的刚刚结婚，大家都是很有担当的男孩子，时刻会把报答父母和赚钱养家放在心中。他们多半会告诉爸妈自己来拍成龙的电影，却不告诉爸妈自己担任的是动作演员，怕他们担心。拿到片酬之后，可以帮家里盖房子，这就是他们最骄傲的事。

成家班的年轻成员里面，有三个好兄弟苏杭、李磊、吕世佳，他们感情非常好。有一次拍戏，我发现每个月发工资之后，他们三个人里面总有两个人的工资数显示是 0，就去问是怎么回事。原来他们三个约定好了，这段时间三个人赚的钱，就全都给一个人，让他先给家人攒钱盖房子，等其中一个

成家班 40 周年大合影，中间那件黄色衣服就是成家班最早的队服；成家班部分奖杯合照

的盖好了，再换另外一个人拿三个人的全部薪水。

现在他们已经有两个人在老家盖好了房子，他们三个还一起买了一部车，三个人轮流开。我听到这样的故事，真的是非常非常开心，这就是成家班的一种精神。

这些二十多岁的小朋友，平时看起来跟那些爱笑爱闹的顽皮男生没什么两样，但是真的到了工作现场，敬业的程度一点也不比前辈们差。在前两年的成龙国际动作电影周上，他们在舞台上表演撞玻璃的极限动作时，有人在现场被玻璃割伤，皮开肉绽，被送去医院清创缝针的时候，连一声都不吭。

家

几年前，我成立了成家班国际训练基地，里面有最先进的拍摄器材、动作器材，还有 40 多年来的道具宝库。不开工的时候，大家可以在最好的环境中进行学习和训练。所有这些积累和学习，对成家班兄弟们来说，是很大的财富，也是未来可以更上一层楼的本钱。

我相信，以目前特效与视觉效果的技术程度，武行们已经不需要再像以前那样搏命演出，剧组更需要的是把技术与专业的动作结合起来，做出更令人惊叹的效果，所以我很重视用科学的方式培训新一代的动作人才。我们很欢迎全球各地对动作电影有兴趣的年轻人来进修，体验资深成家班成员的训练课程，把我们用血汗换来的经验更好地传承下去。

在 2017 年的一个综艺节目上，工作人员瞒着我请来了成家班的很多新老成员，给了我一个巨大的惊喜，也让我当着全场人泪奔。当时在舞台上说的话，现在依然代表我对成家班的心声——

> 40 年，他们跟我出生入死，断手断脚，一早五六点就进医院，这些都没有人知道。今天就算我拿了奥斯卡终身成就奖，这奥斯卡是跟他们分享的。到今天我们可以在世界闯出名堂，成家班变成现在 7 组人，看着他们一个一个老去，自己也老去，看着一班一班的成长……真的谢谢你们。我希望每年都可以有机会跟大家聚在一起，有些人已经走了，

将来我们在一起的时间也会越来越少，所以多一天是一天，谢谢你们陪我这么多年，谢谢成家班。

《警察故事》主题曲里有一句歌词，“生命做赌注，留下了英雄故事”，这是以前成家班的真实写照，我们在好莱坞工作时，代表我们的口号是“we don't ask why, we just do or die（我们不去问为什么，我们只是去做，除非死在片场）”。随着年龄的增加，技术的进步，我希望大家都可以更好地保护自己。当大家老了，不能再拍动作戏了，训练基地的大门向大家永远敞开。成家班永远是每一个成员的家。

我希望在若干年以后，即使没有成龙了，成家班也依然存在，为我们中国的动作电影继续发光发热。

全身受伤“地图”

自从《师弟出马》开始，我的所有电影都会在片尾放上幕后花絮，除了说 NG 的那些笑料之外，很大一部分内容是我在特技动作中的失误，于是大家经常可以看到我以各种狼狈的模样摔倒在地，片场所有人一拥而上的画面。这些年，有人帮我整理过全身的受伤记录，这些对我来说也是一个有意义的回顾。

头部：拍摄《少林门》时被人打得当场晕厥。最严重的是《龙兄虎弟》那次严重意外导致脑开刀。

耳朵：《龙兄虎弟》那次摔伤让我左耳留下听觉障碍。

眼睛：拍摄《醉拳》时眉骨受伤，差点连累一只眼睛瞎掉。

鼻子：拍摄《剑花烟雨江南》时鼻子断了。拍《龙拳》又一再伤到鼻子。

人中：拍摄《简单任务》时被戳穿，通过人中能看到露出了牙齿。我用大力胶粘住继续拍戏，晚上的时候就快要长好了。

颊骨：拍摄《超级警察》时颊骨脱臼。

牙齿：拍摄《蛇形刁手》时被踢掉一颗。

下巴：拍摄《龙少爷》时弄伤，好长时间疼得没法说话。

喉咙：拍摄《师弟出马》时受伤差点窒息。

脖子：多次受伤。最严重的是《A 计划》和《一个好人》的两次跳楼。

颈椎：拍摄《一个好人》时受伤。

肩膀：拍摄《城市猎人》时脱臼。

手部：拍摄《警察故事》时被烧伤。拍摄《威龙猛探》期间伤到了手和指骨。拍摄《A 计划》时手摔断，整个都翻过来了。

胳膊：拍摄《蛇形刁手》时被剑砍伤，到处是血，被摄影机拍了下来。

胸部：拍摄《师弟出马》时胸骨受伤。拍摄《飞鹰计划》时从悬索上摔下，造成胸骨错位。

肋骨：拍《绝地逃亡》时撞伤。

腹腔：拍《功夫瑜伽》《英伦对决》期间腹腔肌肉破裂，肠子跑了出来，做了紧急手术。

后背：多次受伤。《警察故事》那次差点摔断第七和第八节脊椎。《十二生肖》威亚断掉坠地受伤。

骨盆：拍摄《警察故事》时骨盆脱臼。

大腿：拍摄《重案组》时被汽车挤伤。

膝盖：多次受伤，最严重的是在拍摄《城市猎人》时。

脚部：《红番区》里摔断脚踝，整个脚都翻过来了，打上石膏继续拍。无聊时我把那个石膏套上袜子画成了运动鞋。拍《我是谁》的时候拿瑞士军刀扔着玩，一不小心掉地上，我也不知怎么想的，用脚去接，结果直接戳进脚面，脱掉鞋子看看只是流了一点血，就贴上胶布继续工作。

我这几十年来受的伤无法一一尽数。上面这些信息里，有些也可能是错的，很多都已经记不清楚了。外面的报道有些也不准确。有人说我身上的每一块骨头都断过，那有点夸张，但我可以说的是——我从头发尖到脚趾头，身上每一寸都伤过，但我相信这是每一个特技人都有的经历，不止我一个。

我的理想

小的时候，什么都想做，有好多的理想。

五六岁的时候住在使馆区，能看到很多国外的片子，觉得里面的牛仔好帅，好喜欢他们，自己就很想当牛仔。缠着爸爸妈妈买了一套牛仔的衣服，出门的时候就美滋滋地穿在身上，觉得自己很帅。

到了学校之后，开始跟大家一样喜欢电影里那种风流倜傥的帅哥，希望自己有一天也能变成那样。后来又在电视上看到萧芳芳的电影《窗》，她在里面饰演一个盲女，觉得她好漂亮，就希望长大以后自己的女朋友是盲人。

到了戏剧学院，刚开始跑江湖时，觉得拳击手很厉害，就希望将来可以做拳王。那时候我在学校里可以1个打7个，就只输给1个人，他叫洪金宝，因为我不能打他。

再大一点之后，希望能做一名保镖，觉得很有型，很威风。后来一直在片场做武行，就想什么时候可以从小武行变成可以做高难度动作的龙虎武师。等做成了龙虎武师，我找到了人生中第一个真正的目标：成为武术指导。

这个目标，是因为爸爸的一个提醒。到现在我还一直记得那个画面。

那是第一次去澳大利亚找爸爸妈妈，有一天，太阳快落山的时候，我趴在厨房的台子上闷闷不乐。夕阳下，爸爸正在准备晚餐。我从早上就看到他在切肉备菜，他慢慢地转身过来，穿一件白色的衣服，站在窗边的夕阳下，问我："儿子，我已经60岁了，但还能靠做饭谋生。你现在才不到20岁，你到60岁的时候还能打吗？"

这句话给了我很深的刺激。

那时候我在香港做武行，收入不稳定，朝不保夕，每天到片场又老是跟一群同行赌钱。运气还特别背，每次赌每次输。爸爸这句话点醒了我，我要找到自己未来的方向和前途。

有了这个目标，再回到片场就不赌钱了，开始看人家镜头怎么摆，场面怎么调度，动作怎么控制，跟导演和演员怎么沟通，这才发现里面好多的学问。我就在旁边默默地学习。

后来真的当上了武术指导，一部片的片酬一万多块，这已经非常不错了。从那以后，现场的很多东西我都用心去学，导演、摄影、灯光、美术、道具、布景……什么都去学。

我成为武术指导的时候18岁，到22岁时就做了导演，这在当年算是一个小奇迹，即使在今天，依然是很年轻的。

因为在片场常年的学习和训练，后来只要我在导演椅上一坐，现场没有一个人可以骗得了我，因为我每一个工种都懂，而且很清楚自己要的是什么。这场戏是过场戏还是重场戏，这里的灯光应该怎么打，这里的镜头应该是推一下还是拉一下，我都非常清楚。我可以控制整个现场，有效调度每一个部门。

其实不仅是我，今天影坛很多大导演，原来都是现场的小工、灯光助理、摄影助理。像陈可辛、刘伟强、陈德森、关锦鹏，他们当年经常跟我一起混在片场，有的曾经帮我做过副导演，有的是我的资料收集员，有的是我助理，今天他们都是很有成就的导演，每一个都很棒。因为他们也一样有理想，有目标，并且付出了足够的努力。就像我做武行的时候，一天只赚几十块钱，但要拿命去拼，别人无法想象有多难。现在回看当时，觉得信念真的很重要，人就要朝着梦想的方向去努力，永不放弃。

年轻的时候，在片场没有权力讲话，总是拍一些不适合自己的电影，但我从拍戏的过程中学会很多，也知道很多技巧。后来觉得很多导演其实不如我，那还不如自己做，就开始找人一起写剧本，把小时候的梦想都写出来，一一去实现。

我自己弄剧本的那些故事，《A计划》《警察故事》《红番区》《我是谁》《大兵小将》《十二生肖》……这些作品让我有机会去体验本来没机会体验的生活。电影里的人生总是那么多姿多彩，我也知道自己是多么幸运，可以在这个行业做到今天。

多年前，我被邀请去参加史泰龙电影的首映礼，跟着他第一次走美国的红地毯。那时候没什么人认识我，在红毯上我就尽量走得快一点，不要

我的手印留在了好莱坞的星光大道上

挡住后面的人，也不要妨碍大明星接受访问。看着周围的热烈气氛、热情的影迷、不断亮起的闪光灯，我在心里跟自己说，有一天我一定要在这里走自己电影的红地毯，而且要把自己的手印、脚印也留在好莱坞的星光大道上。

几年以后，这两个愿望全都实现了。变成别人来为我的红毯捧场，我是那场活动的主人。柯达剧院外面星光大道属于我的那颗星星，也被摆在引人注目的位置，全世界很多影迷都去那里拍照。

2013 年，《十二生肖》连续拿了两个动作指导的奖，我在台上说，这个奖要跟全世界的特技人分享。他们每天在幕后拼命，做的是一些不为人知的事情，有时还会被人欺负被人骂。我算是非常幸运，可以从幕后做到幕前，让大家在银幕上看到我。受伤了，大家可以通过新闻知道。很多特技人员断手断腿，甚至死掉都没人知道，也没有人去关心。

我很希望全世界的电影观众能了解他们的贡献，多给他们一些掌声，希望有朝一日可以为我们中国的动作特技人成立协会。

我还希望能办一个只有动作电影参赛的颁奖典礼，而不仅仅是文艺片去拿那些奖。我要设置最佳动作片、最佳动作导演、最佳动作女明星、最佳动作男明星、最佳替身演员……希望那些在幕后拼命的人也有出头的一天。

很开心的是，这几年，两个愿望全都实现了。

拍过动作戏的人都知道，要完成一部动作电影有多不容易，为了一个好看的镜头，我们十几遍几十遍地做着危险的动作，很多人因此流血受伤，但遗憾的是，动作电影在全世界的很多电影节里总是“陪跑”的状态，最多就是拿一个“最佳动作指导”奖。当然，艺术作品原本就没有一定的评选标准，但也正因为如此，我认为动作电影可以作为一个专门的艺术种类，进行单独的评价。

“成龙国际动作电影周”是我为了实现这个梦想所做的尝试，到 2021 年已经连续举办了 6 届。很感谢所有来参与竞赛的影片和全世界的同行，以及来给动作电影人颁奖的导演、明星朋友们。2018 年的动作电影周，评委会把“终身成就奖”颁给了我的大师兄洪金宝，我们俩一起站在台上的时候，几十年的岁月闪过眼前，感慨万千。我想起他曾经在一个采访里说，“以前，我、成龙、元彪三个人，拿着一个巨大的音乐盒，开车去西班牙的山顶，躺在草地上，听着音乐，觉得特别好——回去就感冒了，风吹的！我们就是这样，从小的情谊，我们的故事，写出来拍个电影，一定很有意思……”

多年前，我在香港组织大家成立了演艺人协会，之后编剧、剪辑、灯光、摄影陆续都有了自己的协会，后来我还组织大家成立了香港电影工作总会。这些年里，当协会遇到困难支撑不下去的时候，我会掏钱给他们，让他们坚持下去。

为我们自己的动作特技人成立协会，也是我几十年来一直想做的事。我们很多人都是从底层做起，知道最基层的武行有多辛苦，很多人都是拿命在拼，但是得到的报酬很少，平时的工作也很难保证安全，有时受了伤也得不到妥善的处理。毕竟不是所有人都有机会从武行成为动作指导，成为导演，甚至明星，我很希望去替他们争取一些基本的保障和权益。这个愿望到2019年也终于实现了，中国动作特技人工作委员会正式成立。

疫情让“动作电影周”一度停摆，但我一定会坚持把它办下去。动作特技人工作委员会的相关工作，也将是我未来工作中的重要部分。这是我到了这个人生阶段，有能力做，应该做，也必须做的。

一晃入行竟然60年了，此刻想想对未来的期待，我希望自己不要有太多病痛，还可以健健康康地拍戏，也还可以为世界再做点事情。

到今天，我每天看着镜子，都会对自己说，你真幸运，可以走到今天。如果这个世界上有神，我想谢谢他，也要把我的幸运送给别人。这就是我现在的理想。

附录：成家班历代成员表（截止到 2022 年 01 月）

No.	成家班	姓名	国籍	别名 / 绰号	出生年	性别
1	第一代（1976-1981）	王耀	中国台湾	阿耀	1950	男
2		谢见文	中国台湾	小文	1953	男
3		彭刚	中国台湾	小彭	1953	男
4		冯克安	中国香港	克哥	1950	男
5		周润坚	中国香港	地理坚	1950	男
6		王坤	中国香港	黄锦钧	1954	男
7		蒋荣法	中国香港	火星	1954	男
8		黎强权	中国香港		1952	男
9		陈勋奇	中国香港		1951	男
10	第二代（1982-1986）	黎强根	中国香港		1962	男
11		李建生	中国香港	福建生	1962	男
12		张耀华	中国香港	老作华	1955	男
13		尹发	中国香港		1951	男
14		唐炎灿	中国香港		1955	男
15		潘炳忠	中国香港	大鼻忠	1963	男
16		易天雄	中国香港	发瘟	1959	男
17		岑潛波	中国香港	波仔		男
18		杨升	中国香港		1963	男
19		林国斌	中国香港	杀人斌	1960	男
20		吴伟业	中国香港			男
21		彭晓生	中国香港	彭晓新		男
22	第三代（1987-1991）	李忠志	中国香港	杀人志	1963	男
23		韩春	中国香港	斩崩刀	1963	男
24		赖胜光	中国香港	没人性	1960	男

No.	成家班	姓名	国籍	别名 / 绰号	出生年	性别
25		李俊杰	中国香港	大头杰	1965	男
26		卢惠光	中国香港	光仔	1959	男
27		陈达广	中国香港	大只讲	1963	男
28		贾仕峰	中国香港	Antonio Caprio	1965	男
29		姜国华	中国香港		1965	男
30		陈世腾	中国香港			男
31	第四代（1992-1996）	唐季礼	中国香港		1960	男
32		丛培勇	中国香港		1969	男
33		黄明升	中国香港		1966	男
34		陈文清	中国香港		1965	男
35		郑继宗	中国香港	Andy	1966	男
36		薛春炜	中国香港		1962	男
37		童川	中国	王彤川	1970	男
38	第五代（1997-2001）	Bradly James Allan	澳大利亚		1973	男
39		Paul Andreovski	澳大利亚		1968	男
40		伍刚	中国		1974	男
41		李仁燮	韩国	Lee In Sob（Mr Lee）	1969	男
42		朴贤真	韩国	蒙查查	1975	男
43		何钧	中国		1979	男
44		韩冠华	中国		1981	男
45		于浩儿	中国		1979	女
46	第六代（2002-2006）	吴永伦	中国香港	靓仔伦	1982	男
47		车国斌	中国		1984	男
48		刘若显	中国		1979	男
49		刘俊伟	中国		1982	男

No.	成家班	姓名	国籍	别名 / 绰号	出生年	性别
50	第七代（2007-2011）	Julian Maximilian Widjaja	德国	Max	1988	男
51		吕世佳	中国		1993	男
52		Andreas Nguyen	德国	Andy Long	1988	男
53		张金爽	中国		1978	男
54		张蓝心	中国		1986	女
55		吴兴宇	中国		1986	男
56		姚星星	中国		1980	男
57		王珂	中国	阿滔	1980	男
58		胡铭武	中国	小武	1988	男
59	第八代（2012-2016）	王海岐	中国		1990	男
60		姚学力	中国		1985	男
61		苏杭	中国		1995	男
62		李磊	中国		1995	男
63		王丹	中国		1989	女
64		崔龙龙	中国		1988	男
65		尹纯雄	中国		1982	男
66		王振威	中国		1995	男
67		刚胤轩	中国		1989	男
68		闫宁杰	中国		1993	男
69		李志远	中国		1997	男
70		黄潇萱	中国		1992	女
71		盛亚欢	中国		1990	女
72		杜滨	中国		1994	男
73		马永立	中国		1983	男
74		魏国君	中国		1990	男

No.	成家班	姓名	国籍	别名 / 绰号	出生年	性别
75		杨傲	中国		1990	男
76		邢世帅	中国		1989	男
77		马腾飞	中国		1990	男
78		Temur Mamisashvili	美国		1974	男
79		Vi Dan Tran	德国		1984	男
80		Thomas Hacikoglu	德国		1981	男
81	第九代（2017-2021）	沈伟超	中国		1987	男
82		苏晓朋	中国		1991	男
83		苏兢晶	中国		1991	男
84		曹佳龙	中国		1993	男
85		姜兴举	中国		1998	男
86		张勇	中国		2000	男
87		冯浩龙	中国		2000	男
88		单乾飞	中国		2001	男
89		苏鑫	中国		2001	男
90		张宜波	中国		2001	男
91		易锰芮	中国		2001	男
92		单友缘	中国		2000	男
93		任晋坤	中国		1999	男
94		周永琪	中国		2000	男
95		Kevin Ta	英国		1991	男
96		Konstantin Widjaja	德国	Lee Huang	1993	男
97		Bouvet Marvin Didier Fabrice	英国		1992	男
98		贾连强	中国	黑子	1990	男
99		胡亚楠	中国		1993	女

后记

这本书重新编辑和撰写的过程，让我重新回顾了人生中很多或宏大或微小的时刻，如今回头看，时光如白驹过隙，留下很多美好回忆，也留下一些无法弥补的遗憾。每当心中的叹息响起，我就会提醒自己，好在还有时间，在这个人生阶段，去继续发挥自己的能量，坚持做正确的、对社会有意义的事。

书的工作进入收尾阶段时，我刚好也开始了庆祝建党100周年文艺演出的彩排工作，每天跟同行一起练习歌曲，一起学习党的历史，过得很充实，很有意义。

这辈子我参加过很多的大型活动，国内国外的都有，2008年来北京参与奥运盛事，让我对内地的发展有了全新的认识。这之后的世博会、军运会、庆祝新中国成立70周年文艺晚会，每一次都让我对祖国的强大有更全面更深刻的了解，如果说对我触动最深的，还是这次参与建党100周年文艺演出的历程。

年轻的时候在香港街头拍戏，我们经常被港英政府的警察围追堵截，得不到任何支持，在外国人面前，香港本地人总觉得低人一等。后来到了好莱坞工作，外国演员问我是哪里人，我跟他说我从香港来，人家一脸迷惑，问我香港在哪里，那时我英文不好，解释不清楚，就跟对方说I'm Chinese，他才听得明白。也是因为如此，我几十年前就开始在国外穿唐装，就是为了让大家知道我从哪里来。

1997 年香港回归之后，我终于不再需要跟别人解释我是哪里人，每次到了国外，不等别人问，我就会主动说“我是成龙，我是中国人”。那之后，我越来越多地来内地拍戏，对于祖国日新月异的发展，我是见证者，也是亲历者。过去这些年，我们华语电影市场逐渐进入全球最大的电影市场行列。尤其是疫情暴发以来，我们中国的电影市场是全世界最快恢复的，我身为行业中的一分子，为此深深骄傲。

2008 年以后，我开始常住在北京，以前会说“回香港，去北京”，近些年已在不知不觉间变成了“去香港，回北京”。

刚来北京的时候，我会受邀去唱一些主旋律歌曲，在熟记歌词的过程中，我会暗自感叹，那些几十年前写出来的歌词，是如何做到有那么磅礴的气势和信心的？“歌唱我们亲爱的祖国，从今走向繁荣富强”，这是先辈们对今天的期望。

来北京生活这十几年，我觉得自己每一天都在学习，越学习越觉得我们中国厉害，我们共产党领导的厉害。这次参与建党 100 周年的庆祝活动，我学到了更多党的历史，先辈们是如何穿着草鞋，用单发子弹对着人家的机关枪，拿着大刀长矛对着人家的先进武器，并且在这样艰苦的条件下获得了一场又一场的胜利。

共产党那种坚持不倒的信念，无论抛头颅洒热血，都坚信我们要做到，能做到，就算今天做不到，将来总有一天会做到，这种精神深深感染了我。看着今天的祖国，我们的生活，我坚信现在国家向人民承诺的事情，不仅一定会做到，而且还会越来越快地做到。

我走过那么多国家，看过人家那么多事情，在这方面的感触比很多人都更深。以前看到外国好的东西，我们中国没有，我就很急躁，就想我们什么时候可以像外国一样有，现在，我们都有了，而且是他们有的我们都有，我们有的他们没有，真的太厉害了。

以前我在国外总是说，I'm proud to be Chinese，我很骄傲我是一个中国人。我现在要在这句话后面再加上一句，我很骄傲我是一个中国人，我还很羡慕那些共产党员。没有那些先驱、先烈的付出，就没有我们今天的强大，可以生活在全世界最安全的国家，没有党的领导、所有党员们的付出，我们老百姓不会有这么无忧无虑的生活。

现在再重新唱起《歌唱祖国》，我发现歌词里写的美好愿景，今天都已经实现了。“歌唱我们亲爱的祖国，从今走向繁荣富强”，我庆幸自己生活在这个伟大的时代，也会继续为这个时代奉献自己的一点力量。

[END]

I AM JACKIE CHAN

小时候

1984

1985

1985

1986

1989

1995

1996

1996

1997

1997

2002

2003

2003

2004

2005

2008

2009

2009

2010

2010

2014

2014

2015

2016

2017

小时候

1981

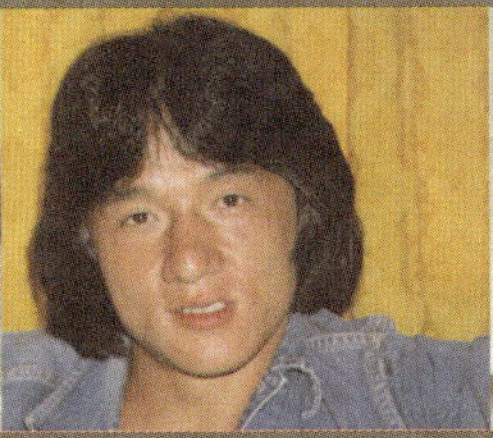
1981

1982

1983

1990

1991

1992

1993

1995

1998

1999

2001

2001

2002

2005

2005

2006

2007

2008

2010

2010

2012

2013

2013

2018

2019

2020

2021

2022

篇章标题手写
成龙

我是成龙

作者 _ 成龙 朱墨

产品经理 _ 曹曼 邵蕊蕊　装帧设计 _ 付禹霖 孙莹　产品总监 _ 曹曼
技术编辑 _ 陈鸽　责任印制 _ 刘淼　出品人 _ 于桐

营销团队 _ 阮班欢 李佳 杨喆 孙菲　物料设计 _ 孙莹

果麦
www.guomai.cc

以 微 小 的 力 量 推 动 文 明

图书在版编目（CIP）数据

我是成龙 / 成龙，朱墨著 . -- 南京 : 江苏凤凰文艺出版社，2022.9（2022.10 重印）
ISBN 978-7-5594-7108-6

Ⅰ. ①我… Ⅱ. ①成… ②朱… Ⅲ. ①成龙－传记 Ⅳ. ① K825.78

中国版本图书馆 CIP 数据核字 (2022) 第 152345 号

我是成龙

成龙 朱墨 著

出 版 人	张在健
责任编辑	白 涵
特约编辑	曹 曼 邵蕊蕊
装帧设计	付禹霖 孙 莹
出版发行	江苏凤凰文艺出版社 南京市中央路 165 号，邮编：210009
网 址	http://www.jswenyi.com
印 刷	北京盛通印刷股份有限公司
开 本	710 毫米 ×1000 毫米 1/16
印 张	26.5
字 数	400 千字
版 次	2022 年 9 月第 1 版
印 次	2022 年 10 月第 2 次印刷
印 数	30,001—40,000
书 号	ISBN 978-7-5594-7108-6
定 价	128.00 元